MARGUERITE

玛格丽特·杜拉斯

写　作　的　暗　房

黄荭 —————— 著

DURAS

華中科技大学出版社
http://www.hustp.com
中国·武汉

图书在版编目(CIP)数据

玛格丽特·杜拉斯:写作的暗房/黄荭著.—武汉:华中科技大学出版社,2021.6(2022.5重印)
(女性天才.生命、思想与言词系列)
ISBN 978-7-5680-6878-9

Ⅰ.①玛… Ⅱ.①黄… Ⅲ.①迪拉斯(Duras,Marguerite 1914—1996)-传记 Ⅳ.①K835.655.6

中国版本图书馆 CIP 数据核字(2021)第 077213 号

玛格丽特·杜拉斯:写作的暗房
Marguerite Duras: Xiezuo de Anfang

黄 荭 著

策划编辑:薛 蒂　　封面设计:三形三色
责任编辑:康 艳　　责任校对:刘 竣
责任监印:朱 玢
出版发行:华中科技大学出版社(中国·武汉)　　电话:(027)81321913
武汉市东湖新技术开发区华工科技园　　邮编:430223
录　　排:华中科技大学惠友文印中心
印　　刷:武汉精一佳印刷有限公司
开　　本:880mm×1230mm　1/32
印　　张:10
字　　数:208 千字
版　　次:2022 年 5 月第 1 版第 3 次印刷
定　　价:48.00 元

丛书总序

2020年秋，华中科技大学出版社的薛蒂女士来邮，告知"女性天才：生命、思想与言词"系列第一批四种即将面世的消息，我十分高兴，不由回想起当初她和我商谈此套丛书的情形。2018年初，薛蒂联系上我，交流了自己关于这套丛书的构想。作为学哲学出身的、年轻有为的女编辑，她很期待推出一套由中国学者自行撰著，面向广大人文、哲学与社会科学爱好者的西方著名女性哲学家、思想家与文学家的传记。不久我有事到武汉，于是我们相约在武汉大学图书馆见面详商。

那天恰逢暴雪，从未来过武汉的我先是兴奋地和先生一步一滑地在武大校园内寻觅那条著名的樱花路，然后好不容易才找到图书馆。和薛蒂见面，我们相谈甚欢，丛书的定位、框架设计与作者队伍也眉目清晰起来。之后我们保持着联络，邀请的各位专家也开始撰稿。2019年夏我在武汉开会，再有机缘探访美丽的东湖和珞珈山，并和学生相约来年樱花盛开的时节三赴武大，前往学校档案馆寻访当年英国"布鲁姆斯伯里团体"的二代成员、剑桥才俊、弗吉尼亚·伍尔夫的外甥、曾任国立武汉大学英国文学教师的朱利安·贝尔的相关史料。遗憾的是，突然爆发的疫情阻挡了我们前往武汉的脚步。好在丛书的各位作者的书稿已陆续到位，华中科技大学出版社的编辑们亦在前所未有的艰难处境中坚守岗位，终于在云开雾散的日子里推出了这套来之不易的丛书。因此，丛书的出版，可说伴随与见证了英雄的城市武汉和坚韧不屈的武汉人民奋勇抗疫的全过程，凝聚了出版人的职业操守、精品意识和人文情怀，有着特殊的纪念意义。

丛书第一批四种，分别是《弗吉尼亚·伍尔夫：永恒的英伦百合》《苏珊·桑塔格：大西洋两侧最智慧的人》《艾丽丝·沃克：妇女主义者的传奇》和《玛格丽特·阿特伍德：加拿大文学女王》，是20世纪英国、美国、加拿大最具影响的女性作家、评论家与思想家弗吉尼亚·伍尔夫、苏珊·桑塔格、艾丽丝·沃克与玛格丽特·阿特伍德的思想与文学传记，出版后受到了读者的欢迎，多家新闻媒体也报道了这套由女性编辑策划与推动，由中国女性学者撰写的国内首套西方女性思想家、文学家系列传记面世的消息。丛书第二批四种也将于今年上半年陆续与读者见面，分别是《玛格丽特·杜拉斯：写作的暗房》、《西蒙娜·德·波伏瓦：书写与存在》、《西蒙娜·薇依：为万般沉默放行》和《汉娜·阿伦特：爱、思考和行动》。上述传主均为在思想文化史上拥有崇高地位与深远影响的西方女性思想家、文学家与批评家，在当代中国亦拥有广泛的读者与文化影响力，如弗吉尼亚·伍尔夫对“一间自己的房间”和“双性同体”的憧憬、西蒙娜·德·

波伏瓦对女性“第二性”的社会性别身份的揭露、艾丽丝·沃克对“寻找我们母亲的花园”和“姐妹情谊”的畅想，玛格丽特·阿特伍德的“使女”系列小说对“基列国”女性作为“行走的子宫”的悲惨命运的呈现等，均激发了读者对男权中心的思想与文化传统的反思和建构两性平等协作的性别关系理想的探索。再比如苏珊·桑塔格关于疾病被视作修辞手法或隐喻加以使用的振聋发聩的分析，启迪我们从历史与文化、道德与心理深层去理解诸多社会现象与问题，而作为自我书写的典范与文本表演大师的玛格丽特·杜拉斯，其极具个性的作品亦在不少中国作家的作品中留下了深深的印痕。

这套丛书的作者的阵容也很强大，均为国内在各自的研究领域有精深造诣的中青年专家，尤其是女性学者，体现出她们对女性作家与思想家的天然深情、深刻领悟与独到阐释，以及强烈的使命担当。这种使命担当，自然源出于她们自觉的性别意识和可贵的人文情怀。因而，这套系列传记，既可以被看作伍尔夫所向往的、在“一间自己的房间”中所书写的“她们自己的文学”的一部分，亦是当代知识女性以东方视角解读西方女性思想与文学成果的结晶，体现出中西文化-文学交流的开阔视野与积极意义。

如果从18世纪欧洲的启蒙时代算起，西方妇女解放运动迄今已有两百余年，中国的妇女平权运动也走过了风风雨雨的百年历程。从鲁迅先生的“娜拉走后怎样”之问，到女性如何在个人幸福与社会担当之间抉择的两难与痛苦，再到女性对自我实现的求索与私密欲望的正视，以及女性在拥有了“自己的房间”

之后又如何不一味地浅唱低吟，而是打开视野以拥抱整个世界等方面，中国的女性思想者和文学家们始终在探索如何践行伍尔夫所构想的“双性同体”的两性包容、沟通、理解与合作的理念，如何摒弃西蒙娜·德·波伏瓦所批判的主体与他者二元对立的思维定式，以及反思所谓的男性气质与女性气质的社会建构本质，推进中国社会的两性平等。在此过程中，西方众多女性思想家、哲学家与文学大师不仅以自己坚韧的担当、卓越的才智和出色的文化-文学实践反思与批判着长期以来男权中心的历史文化传统，推进着社会的进步与文明的发展，亦为20世纪中国的思想文化发展提供了丰厚的精神资源和异域滋养。

这些在人类文明史上熠熠生辉的名字，即包括英国的弗吉尼亚·伍尔夫、多丽丝·莱辛、A. S. 拜厄特、爱丽丝·默多克，法国的西蒙娜·薇依、西蒙娜·德·波伏瓦、玛格丽特·杜拉斯，美国的苏珊·桑塔格、托妮·莫里森、艾丽丝·沃克，加拿大的玛格丽特·阿特伍德、艾丽丝·门罗，等等。她们从西方波澜壮阔的女权运动和女性主义文化思潮中汲取了滋养，又以激越的思想能量与艺术才华，成为这些运动与思潮中的中坚力量与精神旗帜。如伍尔夫在延续自英国维多利亚时代、女性尚未获得接受正规教育权利的20世纪初年的情境中，虚构了莎士比亚的妹妹“朱迪丝”被扼杀了戏剧创作潜能的悲剧故事，强调了一定的经济基础和独立的精神空间之于女性实现创造力的关键意义，提出了“双性同体”作为男女两性和谐互补的人际关系理想，以及理性与情感交融共通的完美艺术创造标准，对后代的作家创作与性别文化观念的发展，均产生了重大的影响，成为西方女性主义文化与文学运动的先驱；再如艾丽丝·沃克从黑人女作家佐拉·尼尔·赫斯顿、琼·图默等那里获得启发与激励，强调了尊重黑人民间文化，回溯黑人女性的生活历史与精神线索以"寻找我们母亲的花园"的构想，提出了凝聚黑人女性的姐妹情谊、释放黑人女性的艺术创造力的"妇女主义"观念；玛格丽特·阿特伍德以其在诗歌、小说、戏剧、评论等多文类、多领域的造诣，成为当之无愧的加拿大文学女王，代表了加拿大女性文学与女性主义文学批评最出色的成就……她们不仅在根深蒂固的男权中心思想文化传统中开拓出了一片片崭新的天地，亦以丰硕多姿的思想文化与文学成果，给中国的读者带来了美好的艺术享受。其中不少思想家与文学家已在中国拥有了广泛的读者群，并与20世纪的中国女性文化与文学发展有着深厚的精神联系。

因之，华中科技大学出版社推出的这套女性传记系列，相信会给广大的读者带来心灵的共振。丛书的作者均为长期从事欧美女性文学翻译与研究的专家，这就使得丛书首先建立在作者对于传主人生历程、思想探索、学术造诣和文学成就的全面而深入的把握基础上，令人信服地呈现出了传主精神成长的内在逻辑与完整过程，揭示出了人物的个性风采和心灵世界；同时，传记亦体现出对传主思想、文化与文学成就的细腻把握与精到阐释，较之一般意义上的传记作品而言，其更展现出文学与学术评传的鲜明特色，能够满足读者通览全书，即可对作家与思想家的生平经历、人生探索、思想风貌、文学与学术成就有较为全面了解的需要，使读者接受思想的洗礼与美的熏陶。

伍尔夫在《一间自己的房间》的最后，曾满怀期待地鼓励了在场听讲的剑桥大学女学生，说莎士比亚的妹妹“朱迪丝”还“活着”：“伟大的诗人不死；他们是不灭的魂灵；一有机会，就会活生生地出现在我们面前。这个机会，我想，目前就在你们的掌握中。”表达了对女性书写的无限期待。从某种意义上说，列入和未列入这套丛书之中的女性思想家、文学家与艺术家们，就是一个个的“朱迪丝”，她们拥有着和莎士比亚同样的艺术天分与创造才情，并冲破了历史与现实的重重阻碍，为社会的进步和全人类的发展做出了自己卓越的贡献。而我们通过阅读她们的故事，走近她们的人生，将有可能传承她们的高贵精神和“不灭的魂灵”，将美好的未来努力掌握在自己的手中。

杨莉馨①
2021 年 3 月于南京滨江

---

① 杨莉馨，南京大学文学博士，南京师范大学文学院教授、博士生导师。主要从事英美文学、女性文学与中英文学关系研究。先后主持“弗吉尼亚·伍尔夫小说与视觉艺术关系研究”、国家社科基金项目“‘布鲁姆斯伯里团体’现代主义运动中的中国文化元素研究”、教育部人文社科规划项目“弗吉尼亚·伍尔夫汉译与接受史研究”等五项国家社科基金项目。在国内外重要刊物上发表学术论文近百篇；出版学术专著 7 部，翻译文学与学术译著 6 部。

推荐序

喝完威士忌，杜拉斯写下一行字：杜拉斯，我烦透你了。

这也是我想对杜拉斯说的。这个没完没了的矮个子女人，我整个青春期不断地遭遇她，她在我的书架上有漫长的序列，她写小说写专栏写剧本，玩先锋拍电影搞戏剧，把一个文艺青年能梦想到的事情，全部干了一遍，然而还不止这些。整整一生，她夜以继日地恋爱恋爱恋爱，又高调高能地政治政治政治。从1914年活到1996年，真正“享”年82，她把我们十辈子才能做完的事情，用一辈子终结。

1992年，电影《情人》公映，被导演从千万个亚洲男人中挑选出来的梁家辉的屁股也风靡全球。尽管杜拉斯本人不认可这部电影，但毫无疑问，《情人》让她成为超级明星、小资偶像。她的脸出现在各种时尚刊物上，我们在电影院看到她，在商场看到她，在飞机上看到她，临睡前一个电话，还听闺蜜感叹一句：哎呀，真希望等我老了，也有一个男人走过来对我说“我更爱你现在备受摧残的面容”。如此，杜拉斯挤走叶芝的《当你老了》，挤走昆德拉的“不能承受之轻”，成为又积极又颓废的世纪末月亮。

抵抗杜拉斯的路上，我爱上加缪。再后来，我重返巴尔扎克和雨果，觉得他们俩，一人一句，就能把杜拉斯缴械。比如，雨果会说，人的心只容得下一定程度的绝望，海绵吸够了水，即使大海从它上面流过，也不能再给它增添一滴水。巴尔扎克接着总结，痛苦也有它的庄严，能够使人脱胎换骨。依傍着19世纪的两个男人，简直可以嘲笑杜拉斯：生活的痛苦，你还给写作，但写了一辈子，为什么一直没有脱胎换骨？

一辈子，她始终是个情人。一辈子，她始终用叛逆少女的语法和这个世界撕扯、拥抱、分手、和解、决裂再握手。她的人生主人公和小说主人公拥有共同的名字：情人。这个情人出生在加尔各答，出生在维也纳，出生在巴黎，出生在世界上任何一个城市任何一个小镇，杜拉斯说她可以同时拥有五十个情人当然是一种激进表达，但她锲而不舍的爱情生涯，的确有天神般的意志在其中。她反复地爱，反复地受伤，反复地书写《战争笔记》中雷奥的故事，她把它写成《抵挡太平洋的堤坝》，再把它写成《伊甸影院》《情人》《中国北方的情人》，它是《琴声如诉》的题辞，也是《广岛之恋》的旋律。她写啊写，决意把全世界收入她的情爱宇宙，从她的第一个句子，到她生命终点的最后一句，她一直用酗酒的方式交出自己也灌醉别人，所以，当她说着，“即使在死后，我也能继续写作”，我们相信她。

至死不休，死了还要爱。在这个意义上，她当然拒绝脱胎换骨。她一生固执，从来没有赞美过别人对她作品的翻拍。当法共理念和她个人理念出现矛盾时，她就退出了法国共产党。一生，除了不断升级她的情人故事的版本，她没有修改过自己的身心。所以，有时候会突然觉得，大概，这就是杜拉斯的终极革命性。在现代主义风靡的时代，她在读者身上召唤出了涌动的情感潜流，人人都能和她的第一人称认同，她的湄公河往事也就成了全球的青春故事。她肆无忌惮地收割人心，睡了很多男人，政治生活也丰富多彩，还是个好母亲好园丁好厨师，去了时间的对岸后还有一波情人出来追忆她，她肯定很嘚瑟，觉得这个世界没人能拿下她。

然后，黄荭出来。

黄荭的专业身份不用我介绍了，反正她就是全世界法语系都渴望拥有的那种教授。有一段时间，我们华师大外语学院院长袁筱一朝思暮想地想把她挖到上海来。权钱，黄荭都看不上，但大家知道黄荭是很牛的杜拉斯专家，将心比心，我们就准备策动一个特别好看特别有才也特别具有情人潜力的男人去南京大学拿黄荭。然而没等计划实施就有消息传来，黄荭已经有自己的王子，而且是不可能插足的那种。这样就和黄荭熟起来，知道她露台上的玛格丽特快开了，她去机场路上的柳树绽了新绿，她在厨房又炖了一锅腌笃鲜。和杜拉斯一样，她对生活中的一切都格外敏感；但她又和杜拉斯不同，黄荭从容，游刃有余，她和世界的关系是春花秋水，她享受她的孤独，并且把这种孤独变成灿灿莲花。像我们，进入法国文学，基本都沦为普鲁斯特、杜拉斯的手下败将，我们被他们弄昏了头清醒后，对他们又爱又恨，但身心惨淡。黄荭不是。黄荭爱杜拉斯，翻译杜拉斯，在她身上豪掷四分之一个世纪，硕士论文写她，博士论文依然和她缠斗，然后，她拿下杜拉斯。

《玛格丽特·杜拉斯：写作的暗房》因此不仅是一本杜拉斯传，黄荭在书中展示的是一次征服杜拉斯的过程。即便杜拉斯在世，也做不到对自己一生的脉络如此了然于胸。阅读此书，让我觉得，一个传记作者，就应该是传主的对手，而不是粉丝。

我们看杜拉斯，满纸情人，黄荭却说：其实不管是“印度支那”系列还是“印度”系列，爱情故事并非杜拉斯网络的结点和主题，爱情常常是表象和素材，主题一直都是写作，孜孜不倦对写作方式的探索。写作，怀着绝望写作，把一个故事重新写一遍，再写一遍。我们在杜拉斯的无数情人故事中看到的是情人的不同版本，黄荭看到的是，一个故事的另一种可能。她也因此能在杜拉斯杂花生树的一生中，钩沉出后者小说、电影和戏剧暗房里的理念：青春和专政、革命和阶级、殖民地和孤独。而黄荭最令人击节的地方是，所有这些理念，她不灌输，全部用杜拉斯自己的人生和文本来举证。比如，关于杜拉斯和电影，我一直不太能理解杜拉斯为什么要把电影推到那么反电影的地步，看了《暗房》，明白了。

黄荭用了一整章来写杜拉斯和电影，她特别征引了《抵挡太平洋的堤坝》中的一个细节：苏珊茫然地走进一家电影院，“下午黑暗的电影厅好比沙漠中的一片绿洲，是孤独的人的黑夜，是人为的、民主的黑夜”，而当观众沉浸于银幕上刻骨铭心的爱情时，杜拉斯间离出来，说了一句，“银幕这时被照亮了，变成如裹尸布那般的白布一块”。这是杜拉斯的辩证法。她总是在相爱中看到离别，在拥吻里看到抛弃，“棺材里将有爱情和尸体”，电影在裹尸布上存在。不过，杜拉斯的“杀”，杜拉斯的“尸体”，光用常识理解是不够的。写到杜拉斯爱上美男子迪奥尼斯·马斯科洛时，黄荭用了一段引文，杜拉斯给迪奥尼斯留言，说：“清晨六点。我是一具尸体。没有你我成了一具尸体。”

这是杜拉斯的“尸体”，她重新命名了她的世界和周边。黄荭的高超在于，每次，她都能以生擒的手法，让活生生的杜拉斯就范。杜拉斯如果能读到这本传记，一定也会为黄荭点赞，尤其黄荭的写作技艺，星辰般照亮了《暗房》，在形式层面，印证了杜拉斯，“唯一的主题，是写作”。

杜拉斯自己说，其实作家都是让人难以忍受的，他们杀人，自杀，无恶不作。而一个好的传记作家，就是把这些流浪在人类意识危险地带的人物带回家，把他们洗刷整理得可以和我们在一个桌子上吃饭，因此本质上，每一本传记都应该是一本“驯悍记”。遇到黄荭这样的对手，杜拉斯终于可以安息。

而《暗房》也让我理解了，杜拉斯可以一代代“烦死”我们的主要原因。穷尽一生，她把“情人”变成了一个概念，一门理论，一种世界观。情人出没的地方，就有杜拉斯。

毛尖①

2021 年 4 月初于上海

① 毛尖，华东师范大学教授，作家，著有《非常罪，非常美：毛尖电影笔记》《有一只老虎在浴室》《夜短梦长》《一寸灰》《凛冬将至》等二十种。

目录 *Contents*

Contents

Contents

Contents

第一章

黑色大陆，“没完没了的童年”

我们就在这里。我们的历史就是在这里形成的。不是在别的地方。①

Nous sommes là. Là où se fait notre histoire. Pas ailleurs. ②

“玛格丽特·杜拉斯生在印度支那，在那里她父亲是数学老师，母亲是小学教员。除了童年时代在法国有过一次短暂的逗留，她直到十八岁才离开西贡。”这是杜拉斯用在很多书前面的一段简短的自我介绍。第三人称。很奇怪的概括。仿佛“我”已经变成了书上的“她”，整个人生都还滞留在那个已经逝去的印度支那，回不去的童年，而她在出生以后只有一个寓意深远、矛

① 玛格丽特·杜拉斯：《物质生活》，王道乾译，上海：上海译文出版社，2007年版，第85页。

② Marguerite Duras, *La Vie matérielle*, “La maison”, Gallimard, 1997: p. 74.

盾但决绝的动作和姿态:“离开”。

离开,为了回去,经由文本而实现的迂回的进入。“虚构和重复”(*Fiction and Repetition*),恰如J.希利斯·米勒(J. Hillis Miller)一本文论的书名,归纳了杜拉斯写作的特点和策略:东方,那一片隐没在遗忘之海上的黑色大陆,它既是虚构的原点,也是解构的症结,无所不在的缺席,犹如20世纪“已死的”上帝。

劳拉·阿德莱尔(Laure Adler)在《杜拉斯传》(*Marguerite Duras*)的开篇引用了奥古斯特·斯特林堡《书信集》中意味深长的几句话:“我觉得自己仿佛在梦游一般,弄不懂什么是故事,什么是生活。写了那么多东西,我将自己的生活变成了影子的生活;我觉得我不再是在地面上行走,而是在飘,没有重量,四周也不是空气,而是阴影。”①从某种意义上说,杜拉斯从来没有真正离开过印度支那,每当她写作的时候她都会回到那里,回到童年。东方内化为“内心影子”,再转化为文字,得到纾解和释怀,换言之,“我”成了文本,“我发现书就是我。书唯一的主题,就是写作。写作,就是我。因此我,就是书。”②

的确,仔细阅读杜拉斯的作品,我们不难发现,其实不管是“印度支那系列”还是“印度系列”,杜拉斯作品并不是孤立散落的,而是一个藕断丝连、盘根错节的互文本③,爱情故事并非这

---

① 劳拉·阿德莱尔:《杜拉斯传》,袁筱一译,沈阳:春风文艺出版社,2000年版。

② *Libération*, 13 novembre 1984.

③ 户思社的《玛格丽特·杜拉斯研究》(复旦大学出版社,2008)有一章专门分析杜拉斯文本的互文性问题。

劳拉·阿德莱尔《杜拉斯传》

个网络的结点和主题，爱情常常是表象和素材，主题一直都是写作，孜孜不倦对写作方式的探索，“仍然写作，不理睬绝望。不：怀着绝望。怎样的绝望，我不知道它的名字。写得与作品之前的想法不一样，就是失败。但必须接受它：失败的失败就是回到另一本书，回到这同一本书的另一种可能性。”①玄机就在“同一本书的另一种可能性”，“我”如何在孤独、绝望，乃至酒精中沉淀、迷失、转化为文本，最终与“我”无关。

1914 年 4 月 4 日，玛格丽特·杜拉斯出生在交趾支那（现为越南南部）嘉定市。除了童年时代在法国度过短暂的假期（她还

① 玛格丽特·杜拉斯：《写作》，桂裕芳译，上海：上海译文出版社，2005 年版，第 22 页。

太小，应该是不记得了），十八岁前她都在印度支那长大。“在那个国土上，没有四季之分，我们就生活在唯一一个季节之中，同样的炎热，同样的单调，我们生活在世界上一个狭长的炎热地带，既没有春天，也没有季节的更替嬗变。”①这份一成不变、无法逃避的炎热从此滞留在杜拉斯的血脉里，热情、疯狂又绝望；法属印度支那殖民地成了她的精神故乡，深入她的思想、她的灵魂，甚至她的面容，“成了她生命的底片，西贡那散发着毒气的灿烂令她沉迷，神秘的中国城酝酿着种种被禁止的罪恶，小路上种着罗望子树，掺杂着干枯玫瑰的花毯……”②

玛格丽特·多纳迪厄一家

那是混沌初开的景象：

---

① 劳拉·阿德莱尔：《杜拉斯传》，袁筱一译，沈阳：春风文艺出版社，2000年版，第1页。

② 同上。

> 一直以来，甚至很小的时候起，我就看到地球上的生命是以这种形式出现的：一个巨大的沼泽地，表面上毫无生气，突然，一个气泡破裂了，发出臭气，唯一的一个，然后——几千年过去了，又出现一个。同时这些气泡，这些生命的泡沫终于从底部冒出来，光线变了，潮湿渐渐消失，光到了水的表面。创世纪的水，对我而言，就是这样，沉重得像液体的钢铁，但在雾气中很浑浊，没有光的照耀。①

这种创世纪的水就是世界"印入"小玛格丽特脑海的图景，对日后的作家杜拉斯而言，它既是生命的开始，也是日后创作最重要的素材。太平洋每年泛滥摧毁母亲堤坝的黑水，这象征了遥远的原法国殖民地上不公正、穷困和绝望的沉重海水成了她创作的灵感之泉。安娜·古索在《玛格丽特·杜拉斯的童年诗学》②中分析了童年的生长土地和人物在女作家全部创作中所占据的主导地位。

印度支那的风景和画面从来就没有离开过她：湄公河三角洲上强烈的阳光，一眼望不到边的稻田，覆盖了城市、乡村的安南方言，洒在对着暹罗森林的平房游廊上的月光……在这片原本不属于法国的土地上，这片他者的土地上，她度过了童年和青

---

① Marguerite Duras, *Les Parleuses, entretiens avec Xavière Gauthier*, Éditions de Minuit, 1974: p. 239.

② Anne Cousseau, *Poétique de l'enfance chez Marguerite Duras*, Droz, 1999.

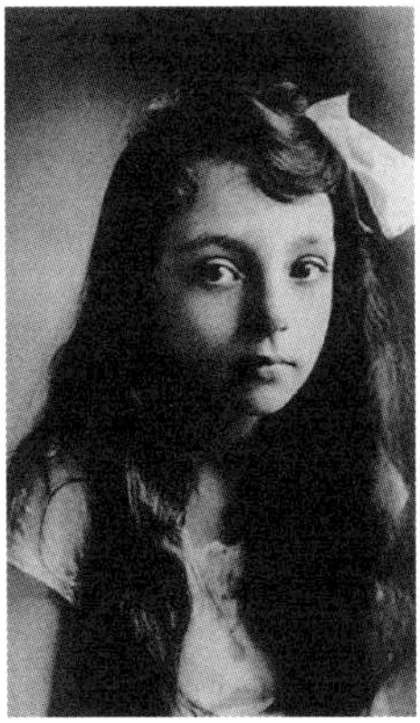

童年杜拉斯

少年时代，于是这片土地于她是母亲的土地、故土和精神的栖居地。她对朋友米歇尔·芒索说过："我，我有过森林，雨水，有过我的出发点。我的根在越南的土地上。"①印度支那让她沉迷，东方的神秘开启了她创作的灵感，和她个人经历一样，20 世纪上半叶的东方也充满了"沧桑"、"耻辱"和"身不由己"。殖民地凄凉、麻木的痛苦生活成了她以"毁灭"、"绝望"、"荒凉"为主题的小说理想的温床。

一切都始于童年：生命、爱情、绝望和写作。处在一个侨民、普通白人、越南人和中国人混居的世界，玛格丽特·多纳迪厄一家既不属于白人殖民资产者阶层，也不属于被殖民的黄种民众。肤色象征了尊卑，财富代表了贵贱。堤坝的故事、母亲的疯狂和殖民地极度的穷困占据了她童年最初的也是唯一的梦境。杜拉

① Michèle Manceaux, *L'Amie*, Albin Michel, 1997: p. 142.

斯的身份一开始就是特殊的：出生在殖民地一个贫穷的白人家庭，不被有钱的白人认同，同样也不被有钱的越南人和中国人认同，所以小玛格丽特找不到自己的位置："我是一个再不会回到故乡去的人了。这或许与一定的自然环境、气候有关，对孩子来说，那就是既成事实。一旦他长大成人，这一切就成了外在的东西，他把它们留在它们成形的地方。我生在无处。"①印度支那于她既是异地又是故乡。"人们受到自身经历的纠缠，必须听之任之。"②的确在很长一段时间杜拉斯任由童年潜伏在记忆的黑夜，没有道路，她只是偶然谈及少年时代故事的某些"明亮的部分"。

虽然在杜拉斯的语汇里，读者轻轻松松就能找到许多亚洲的地名和河流名：印度、加尔各答、拉合尔、恒河、交趾支那、越南、老挝、柬埔寨、暹罗、西贡、永隆、沙沥、湄公河、中国、抚顺、广岛……但总体的指称"东方"(Orient)的一词却极其罕见。玛德莱娜·博格马诺(Madeleine Borgomano)在《玛格丽特·杜拉斯作品中的东方问题》(*Questions d'Orients dans l'œuvre de Marguerite Duras*)③一文中指出杜拉斯曾在两处使用了"东方"一词。

一处是在发表于 1964 年那本谜一样开启了"印度系列"的

---

① Marguerite Duras, *La Vie matérielle*, "La maison", Gallimard, 1997: p. 78.

② Aliette Armel, *Marguerite Duras, les trois lieux de l'écrit*, Christian Pirot, 1998: p. 13.

③ C. f., *Orient(s) de Marguerite Duras*, textes réunis et présentés par Florence de Chalonge, Yann Mével, Ariko Ueda, Rodopi, 2014: p. 19-28.

小说《劳儿之劫》里。雅克·霍德和塔佳娜·卡尔在森林旅馆的房间幽会，雅克·霍德说着情意绵绵的话，嘴里喊着塔佳娜的名字，心里不自觉想的却是那个在爱中迷失的劳儿。塔佳娜先是陶醉，之后突然意识到了，愣在那里，"面对着这些话的不良指向"①(Tout d'abord dans le plaisir qu'elle aime de voir dans quelle liberté on était auprès d'elle puis，tout à coup，interdite，dans l'orient pernicieux des mots. ②)。中文翻译已经湮灭了"orient"的本义，的确杜拉斯这里的 orient(orientation?)用得令人费解，甚至十分可疑。一点启示是前几段里出现过的另一个意思相近的表述，塔佳娜表示对雅克·霍德话中的"所指目标没有把握"③(incertaine de la destination des mots)。如果杜拉斯用 orient 是故意留了一条线索，那我们不妨做一个杜拉斯喜欢的文字游戏，"l'orient pernicieux des mots"(词语恶意的指向，但脱离原文本的语境，这个词组完全可以译成"词语(建构)的能毒害人的东方")调换一下词序可以得到"des mots pernicieux de l'Orient (discours sur l'Orient)"，即"关于东方的能毒害人的词语(话语)"。前一种语序排列似乎可以这样解读：东方被认定能毒害人的危险特性是由词语建构起来的，是近代西方对东方一种日趋定式的想象，随着东方文明的衰败，东方也成了贫穷落后、疫

① 玛格丽特·杜拉斯：《劳儿之劫》，王东亮译，上海：上海译文出版社，2005年版，第 127 页。

② Marguerite Duras, *Le Ravissement de Lol V. Stein*, in *Duras, romans, cinéma, théâtre un parcours* 1943-1993, Gallimard, 1997: p. 806.

③ 玛格丽特·杜拉斯：《劳儿之劫》，王东亮译，上海：上海译文出版社，2005年版，第 126 页。

病流行的受难之地。后一种排列似乎更多可以理解为关于东方的词语(描述)常常是带有欺骗性,能毒害、蒙蔽人的。《抵挡太平洋的堤坝》中的父母不就是受到殖民地宣传画和"皮埃尔·洛蒂的一些阴郁神秘作品"①的蛊惑才毅然决然地抛下让人"厌烦得要命"的法国北方乡村,来到那个预示着财富、冒险和梦想的远方?而等待他们的却是残酷的现实和理想的幻灭。

另一处是在《乌发碧眼》中:

> 事情随着死亡的突然降临而发生。
>
> 她用很低的、含糊不清的声音呼唤着一个人,仿佛那人就在这里,她似乎在呼喊一个死去的生命,就在大海的那一头,大陆的另一侧,她用所有的名字呼唤着同一个男人,回声中带着东方国度呜咽般的元音……②

意象加深了,东方③是那滴眼泪闪烁的珠光,被文本诗化的痛苦和绝望,在对立于西方的"大海的那一头,大陆的另一侧"呜咽(沉默)。而那一个人是死在印度支那的小哥哥保尔,是杜拉斯无处告别、始终无法被彻底埋葬的童年和童年的一切。杜拉斯用所有的名字朝同一个方向(东方)呼唤"无名的"东方,呼唤"永失我爱"。

---

① 玛格丽特·杜拉斯:《抵挡太平洋的堤坝》,谭立德译,上海:上海译文出版社,2009年版,第14页。

② 玛格丽特·杜拉斯:《情人·乌发碧眼》,王道乾、南山译,上海:上海译文出版社,2002年版,第146页。

③ 在法语中,orient 也有"珍珠的光泽"的意思。

玛格丽特和母亲还有两个哥哥一起,1921 年

一、母亲和堤坝的故事

1950 年《抵挡太平洋的堤坝》掀开了杜拉斯自传叙事的冰川一角,堤坝的故事浮出水面,但所有的地名还是模糊的,母亲和儿子约瑟夫、母亲和女儿苏珊娜,尤其是苏珊娜和若先生(Monsieur Jo)的关系也没有明朗。需要迂回进入:“其他的进展本来可以出现,其他的运行,在处于我们这个位置的其他人之间,有着其他的名字,其他的时限本来可以生成,更长一些或更短一些,其他的充满遗忘、向遗忘垂直下坠、猝然进入其他记忆的故事,其他的有着无尽的爱的长夜……”[①]1954 年的小说《成天上树的日子》和 1965 年的同名戏剧照亮了母子关系,但作为

① 玛格丽特·杜拉斯:《劳儿之劫》,王东亮译,上海:上海译文出版社,2005 年版,第 196 页。

地点的东方已然不在——除了书名中的“树”让人联想到暹罗茂密繁盛的森林。

自身经历的故事就是一个结束不了的故事，“拔不出的泥潭”。

> 不过，在这讲述这共同的关于毁灭和死亡的故事里，不论是在什么情况下，不论在爱或是在恨的情况下，都是一样的。总之，就是关于这一家人的故事，其中也有恨，这恨可怕极了。对这恨，我不懂，至今我也不能理解。这恨就隐藏在我的血肉深处，就像刚刚出世只有一天的婴儿那样盲目。恨之所在，就是沉默据以开始的门槛，只有沉默可以从中通过。对我这一生来说，这是绵绵久远的苦役。我至今依然如故，面对这么多受苦受难的孩子，我始终保持着同样的神秘的距离。我自以为我在写作，但事实上我从来就不曾写过，我以为在爱，但我从来也不曾爱过，我什么也没有做，不过是站在那紧闭的门前等待罢了。①

杜拉斯一直在等待，无望地等待，等待母亲如春风的手抚摸她的秀发，但母亲的目光越过她的头顶，眼里只有大哥，永远的大哥。从杜拉斯的第一部小说《无耻之徒》(1943)开始，她的作品就带了强烈的自传色彩，始终萦绕作者的三角关系女儿-儿子-

---

① 玛格丽特·杜拉斯：《情人·乌发碧眼》，王道乾、南山译，上海：上海译文出版社，2002年版，第23页。

母亲也在此形成。我们在《平静的生活》《抵挡太平洋的堤坝》《成天上树的日子》《伊甸园影院》《情人》《中国北方的情人》中都不难找到极度偏爱长子的母亲、放荡无耻的大哥皮埃尔的影子。小哥哥保尔或许是杜拉斯童年唯一的慰藉，他让她体会到贫穷却自由的童年。在那里，母亲不管他们，兄妹俩四处乱跑，爬树、抓鸟、猎猴子，像当地人一样生活，讲越南话，和越南孩子一起玩耍。自然的美景、殖民地的阳光、各种气味和颜色深深地印在了杜拉斯的记忆里。但这份美好是脆弱的、短暂的，被大哥的霸道和母亲的不幸淹没、扼杀了。

杜拉斯的母亲

母亲一直是杜拉斯挥之不去的主题。照片上年轻的她面容姣好，目光中有一抹散不去的愁绪和一定要战胜命运的坚定，看上去更像一个母亲，而不是一个女人，痛苦已然写在她的脸上。1904年11月24日，师范毕业刚当上老师的玛丽·勒格朗(Marie Legrand)和一个从印度支那回法国休假的小学教师费尔曼·奥布斯居尔(Firmin Obscur)相遇并结婚,婚后不久夫妻双双去了印度支那任教。1905 年 3 月 10 日,玛丽被任命为西贡市立女子学校的临时教师,费尔曼仍在嘉定师范学校教三年级。但不到一年半时间,费尔曼就染病被送回国接受治疗,于 1907 年 2 月 5 日去世。丈夫的离世对玛丽打击很大,她也病倒了,担心回印度支那会跟很多在殖民地的白种人一样,受到各种来势汹汹的地方病和传染病的侵扰:疟疾、麻风病、肝炎、痢疾、鼠疫、霍乱……但她还是在 1909 年 12 月 1 日回到了西贡,第二天就去了女子学校上课。是出于对殖民地教育事业的无私热爱?责任感?她无法忍受一个孩子因为太贫穷、因为买不起书本和文具而不能上学。因为她坚信只有教育才能改变命运。抑或是跟她丈夫的姓氏一样,有什么其他"晦暗不明"(Obscur)的原因?比如爱情?

人们只知道,1909 年 10 月 20 日,亨利·多纳迪厄(Henri Donnadieu),三等教师,嘉定师范学校年轻英俊的校长,娶了同事奥布斯居尔的遗孀玛丽·勒格朗为妻。当时他妻子阿丽丝去世才五个月,给他留下了两个儿子:让和雅克。是两个孤独的灵魂撞出了火花,希望开始"新生活",重组新家庭?还是两人早已有了私情?在亨利·多纳迪厄的档案中保存着一封匿名信,从中可以读到某种居心阴险的告密:"这个男人让妻子不明不白地死在西贡,他有家丑,情妇怀孕了,妻子必须消失,情妇变成了多纳迪厄夫人,事情自然也就不会败露了。"玛丽和亨利的第一个孩子皮埃尔是他们结婚后一年出生的,那么匿名信中未婚先孕的指控便不攻自破。但事情的真相究竟如何?

杜拉斯的父亲

1911年12月23日，圣诞节前夕，亨利和玛丽迎来了第二个儿子保尔。1914年4月4日，玛格丽特的出生让父亲很高兴，但这一年也是多事之秋，第一次世界大战爆发，亨利的身体也每况愈下：急性阑尾炎、两侧性肺炎、痢疾和慢性疟疾。唯一的好处或许是疾病让他躲过了上前线当炮灰的厄运。再回到印度支那，亨利被委派到东京地区，负责有“热带巴黎”之称的河内的小学教育，之后被派往金边。1920年12月31日，他们搬进了一栋豪华的巴洛克风格的公务员官邸，玛丽也顺利地找到了公职，很快被任命为诺罗敦学校校长。但亨利越来越感觉体力不支，1921年3月，病重卧床，4月被送回国急救，12月4日离开了人世。玛丽又一次成了寡妇，这次还有三个孩子要抚养，分别是十一岁、十岁和七岁。处理完家事和遗产问题，1924年6月5日，带着她的三个孩子，玛丽回到了西贡。她在途中还不知道将去何处任职，她希望是西贡，最好是河内，而等待她的任命却是金边，她给印度支那总督写了一封充满绝望的信：

如果我是孤身一人，我当然很乐意到柬埔寨就职，因为我曾在1921—1922年间任诺罗敦学校的校长，我非常喜欢我的职业。但是我有三个孩子，其中两个儿子分别是十一岁和十岁。他们已经结束了六年级的课程，柬埔寨根本无法让他们继续受到教育。

……

我二十几岁起在殖民地工作，我对于交付给我的工作，我在儿童教育方面一直是恪尽职守的，而现在，正是我自己的孩子需要得到帮助的时候，他们的前途不应该受到影响。①

总督收到信后，让殖民行政当局进行了调查。柬埔寨小学校长发了封电报给西贡方面，说多纳迪厄夫人“不论在诺罗敦学校还是在考试委员会，都声名狼藉”，只要有她在，就有“混乱和不团结”。第一次，玛丽感觉遭到了“自己人”的背叛，她被陷害了，她想和同事评评理，但所有人都躲着她。一个人在这个充满敌意的城市生活，没有面对面的对抗，有的是暗箭难防，告密、诽谤和指指点点。她的疯狂和偏执或许就是从这个时候开始的，“我母亲害怕为国家做事的人，公务员，财政部官员，海关官员，所有以法律名义做事的人……她总觉得在他们面前，自己是错

① 劳拉·阿德莱尔：《杜拉斯传》，袁筱一译，沈阳：春风文艺出版社，2000年版，第37—38页。

的”。[①] 最后是总督帮了她的忙，她被调往永隆，任女子学校的校长。但玛丽也没有真正融入永隆的白人圈子，她是寡妇，个性太强，嗓门太大，又爱抱怨，还爱提要求，喜欢指手画脚教训人。玛丽厌倦了这样的生活：做枯燥乏味的公务员，按资历缓慢晋级。她开始幻想发财，她穷怕了，她一辈子都认为只有金钱才能带来尊严和幸福。在不停地写信要求之后，她终于得到了那笔期待已久的抚恤金，她卖掉了河内的那栋房子，加上微薄的积蓄，头脑发热的她开始筹备一项宏图伟业：她要买地，她要成为太平洋稻米女王。

玛丽一心想买的“特许经营地”其实是法国行政当局从当地农民手中抢来的，然后转手卖给做“地主梦”的白人。1927 年 3 月 28 日，印度支那总督颁布了一份通报，允许教师参与国有土地的竞标项目，这对玛丽来说绝对是利好消息，她又给相关部门写信，一遍遍强调自己的情况，她要一块地，一块很大的地，她可以等。

她终于等来了她的地，柬埔寨一块 850 公顷的地和一片位于象山与大海之间的森林。因为玛丽没有贿赂土地管理局的官员，他们给了她一块太平洋岸边备受海潮侵蚀的盐碱地。太平洋的海潮一来，地里的收成旦夕之间就没了，只有竹楼孤零零地杵在这片巨大的沼泽中央，母亲带着孩子，撑着船，巡视她这片荒芜的土地。“一年当中有六个月，这块地都泡在海水里。而她

---

① Marguerite Duras, *La Vie matérielle*, “La parole chanceuse”, Gallimard, 1997: p. 131.

为了这样一块地，付出了二十年的积蓄。”[1]但玛丽不认命，她要再次向命运抗争。她抵押房屋、购买木料（红树的树干）、雇当地农民修筑抵挡太平洋的堤坝，她自己也干。“我们招来了一百多个工人，堤坝在我母亲的监督下造起来了，正好是在旱季。不幸的是，堤坝给涨潮时躲在泥沙里的螃蟹啃噬一空。”[2]堤坝被毁了，稻田被毁了，玛丽也被毁了。周围是令人绝望的平原，单调而呆板，吊脚楼孤零零地立在海滩中，没钱翻新的屋顶有白蚂蚁，它们不断落在床单上、饭桌上。饭是有得吃，只有米饭和涉禽肉，千篇一律令人作呕。平原上不断有光屁股的小孩玩泥巴，因吃青杧果害霍乱一茬茬死去，再一茬茬出生。死去的孩子被他们的父亲埋在泥土里用脚踩平。多纳迪厄一家一无所有，债台高筑。玛丽并非唯一受殖民地地方行政官员欺骗的人：“胡志明市的殖民档案有这方面的记录。一共有几十个人，都买了这种无法耕种的土地，都在坚持不懈地与绝望作斗争，在当地农民的帮助下，他们用泥沙和粗木修筑抵挡太平洋的堤坝。在放弃以前他们都反抗过。他们甚至试着申诉，不过一直毫无结果。”[3]

堤坝于是成了不公正的现实给杜拉斯打下的最初也是最深的烙印。杜拉斯的毁灭感就源于母亲的被毁，她生存的世界已被毁灭，她的家园、她的亲情。在母亲买下的，每年都会遭到季风和潮汐侵袭的小楼平台上，她常常梦想“财富与奢华”，而“傍

---

① Marguerite Duras, Michelle Porte, *Les Lieux de Marguerite Duras*, Éditions de Minuit, 1977: p. 56.

② 现代出版档案馆档案。

③ 劳拉·阿德莱尔：《杜拉斯传》，袁筱一译，沈阳：春风文艺出版社，2000年版，第63页。

《抵挡太平洋的堤坝》

晚出奇的安静，太阳西下，消失在山的后面……”①一起消失的还有少女玛格丽特对生活的热望与信心。

所以杜拉斯一开始就不相信爱情，甚至不承认它。在《抵挡太平洋的堤坝》中，苏珊对若先生有的只是羞耻感，她成了交易对象，而情人则成了金钱的化身。“由于各种原因，我的一生充满了耻辱。”②这种羞耻感是家族和社会灌输给她的，出于白种人的倨傲，母亲、大哥还有苏珊自己都排斥中国人（属于白人看不起的黄种人），但由于生活窘迫，他们无法拒绝中国人的金钱和钻戒的诱惑。母亲紧紧抓住中国人送给她女儿的钻戒时双眼迸射出希望的凶光：只要有钱，生活就可以重新开始。可是生活

① 阿兰·维贡德莱：《追寻杜拉斯的足迹》，安妮·斯坦莱恩绘图，胥弋、褚淑芬译，北京：中信出版社，2007年版，第7页。

② 米歇尔·芒索：《闺中女友》，胡小跃译，桂林：漓江出版社，1999年版，第219页。

不能重新开始。母亲的青春与健康已经耗尽。在《伊甸园影院》这部戏剧中，母亲默默地坐在舞台的一隅，儿女们讲述着她的过去，生活已磨平了她的锋芒，她麻木了，斗志熄灭了。曾经如此相信殖民主义的美梦，结果却遭到了无情的背叛和嘲弄，这种痛苦从此一直深深地镌刻在多纳迪厄一家的身上，也渗透到杜拉斯的全部作品里。

和母亲紧紧联系在一起，并死死纠缠着杜拉斯生活和作品的另一个人物是“大哥”皮埃尔，她恨他、嫉妒他，因为他，她有一种被母亲抛弃的感觉。杜拉斯最初的两本小说《无耻之徒》中的雅克和《平静的生活》中的热罗姆身上都分明有“大哥”的影子。

《平静的生活》

杜拉斯在《无耻之徒》中借女主人公“慕”之口说：“如果没有雅克，母亲也许留下她。无论如何，母亲不会这么快就抛弃她，仿佛在无意识中卸下包袱。母亲不自觉地在大儿子周围继续制造真空，直到她在完成对其他儿女的责任以后，只剩下这个儿子去全身心地爱。”[①]作为不受宠的孩子，“一想到哥哥，她就感到奇异的痛苦，疼倒不是太疼，但无法忍受，像脓包一样在她体内抽搐”。[②] 大哥不仅独享了母亲特殊的爱护，还是个“败家子”，在《平静的生活》中，“热罗姆挥霍了我们的所有家产。因为他，尼古拉一直都上不了学，我也是一样，我们永远也没有钱走出布格，这也是我还没有出嫁的原因”。[③]

《无耻之徒》

他是压抑玛格丽特和小哥哥生存的阴影。“母亲的殴打和大哥的殴打的不同之处就在于，大哥的殴打更疼，更让我无法接受。每一次，我都觉得他简直要把我杀了，我不再是愤怒，而是

① 玛格丽特·杜拉斯：《无耻之徒》，桂裕芳译，上海：上海译文出版社，2006年版，第213页。

② 同上，第214页。

③ 玛格丽特·杜拉斯：《平静的生活》，俞佳乐译，沈阳：春风文艺出版社，2000年版，第5页。

害怕，害怕我的头会掉下来，在地上乱滚，或者头还在，但是疯了。”[1]他对她有的不仅是肉体上的暴力，还有对她的心灵造成的不可愈合的创伤。他也殴打小哥哥，不让小哥哥和妹妹亲近。他一边挥霍妹妹从中国人那里得到的钱，一边嘲笑中国人的愚蠢和笨拙，让妹妹觉得自己堕落、肮脏、罪孽深重。玛格丽特要反抗，“我想杀人，我那个大哥，我真想杀死他，我想要制服他，哪怕仅一次，一次也行，我想亲眼看着他死。目的是要当着我母亲的面把她所爱的对象搞掉，把她的儿子搞掉，为了惩罚她对他的爱；这种爱是那么强烈，又那么邪恶，尤其是为了拯救我的小哥哥，……大哥的生命却把小哥哥的生命死死地压在下面，大哥的那条命非搞掉不可，非把这遮住光明的黑幕布搞掉不可，非把那个由他、由一个人代表、规定的法权搞掉不可……”[2]有大哥在，杜拉斯就只会受到不公平的待遇，受到压抑和摧残。只有“杀死”大哥，用刀或用文字，杜拉斯才能摆脱恐惧，走出童年的阴霾。

在《情人》这部自传色彩更浓的作品中，“大哥”形象更加暴露无遗：“他就是那么一个人，贼眉鼠眼，嗅觉灵敏，翻橱撬柜，什么也不放过，一叠叠被单放在那里，他也能找到。藏东西的小角落，也发现被翻过。他还偷亲戚的东西，偷得很多，珠宝首饰，食

---

① 玛格丽特·杜拉斯：《平静的生活》，俞佳乐译，沈阳：春风文艺出版社，2000年版，第5页。

② 玛格丽特·杜拉斯：《情人·乌发碧眼》，王道乾、南山译，上海：上海译文出版社，2002年版，第8页。

杜拉斯和大哥皮埃尔

物，都偷。他偷阿杜，偷仆役的，偷我的小哥哥。偷我，偷得多了。"[①]玛丽也不得不面对这个让她伤心欲绝的现实：她最看重的长子不学无术，成天游手好闲在外惹祸，不是赌博欠债就是在烟馆吸食鸦片，甚至肆无忌惮地偷窃，仗着母亲对他的溺爱和毫无底线的迁就，蛮横霸道，一副殖民地害群之马厚颜无耻的嘴脸。玛丽知道儿子已经误入歧途，在殖民地任何教育都不可能让他走回正道。1929 年，玛丽痛下决心把长子送回巴黎，希望他重新上学，有朝一日可以考取机电学校，但这一切都是徒劳。他像混世魔王一样消磨着日子，拉过皮条，二战期间曾经和德寇合作，出卖过很多犹太人；后来母亲死了，他伪造遗嘱继承了母亲所有的家产，继续无所事事，继续赌博，很快败光了一切，包括那

① 玛格丽特·杜拉斯：《情人》，王道乾译，上海：上海译文出版社，2005 年版，第 91—92 页。

栋误传属于路易十四的古堡。一直到年过半百，他总算在海运保险公司谋了一份信差的差事，有生以来第一次靠薪水过活，干了十五年。最后，他孤零零地死了，和母亲葬在一起，墓穴里没有其他人的位置。

二、中国的小脚

在谈论"中国情人"之前，不妨先来读一篇没有日期、杜拉斯大约写于20世纪50年代的短文《中国的小脚》。这篇未发表的作品的重要性不在于证明杜拉斯曾到过中国的云南，而在于它揭示了童年记忆经由时间如何生成转化为杜拉斯式文本的一个典型图式，换言之，作为"幽灵"的黑色大陆——"东方"如何在文本中"显(出原)形"。

> 中国是永恒的。我，那年五岁。我们去那里度假，为了逃避东京湾三角洲的绵绵细雨。旅行是漫长的，花了三天时间穿越云南的山岭。我很清楚这是中国(Chine)，不是印度支那(Indochine)，不完全是，名称上有点差别。①

小玛格丽特对中国人的认知首先是来自"教育"，在他们到达云南之前别人教她的知识，让她"看到中国人的时候就知道是

---

① 贝尔纳·阿拉泽、克里斯蒂安娜·布洛-拉巴雷尔主编：《解读杜拉斯》，黄荭主译，北京：作家出版社，2007年版，第9页。

怎么回事,知道怎样去称呼他们”。中国是一种被灌输的(西方对东方的)认识,被命名的对象。虽然中国城市给小玛格丽特的第一印象是美丽、富足:

> 它建在丘陵上,到处都是台阶,层层叠叠的,白色和蓝色的房子,红色的招牌颤颤巍巍的,响着凉鞋的踢踏声和流动商贩嘶哑的吆喝声。有时候会碰到几只小山羊。我从未在任何一个梦中找到过可以和她比拟的城市,那么名不虚传⋯⋯五百种皮货,两百五十种茶,上千种丝绸和鸦片。人们只吃流动小贩供应的糖果和煎饼过活。城市里飘着焦糖的味道。城市本身也是甜的,像鸦片;涩的,像茶;野性的,像毛皮。①

但那种根深蒂固的偏见很快就让这个五岁的法国白人小姑娘把全部的注意力放到了两个残酷的现象上面:中国女人的小脚和路边摊上的旺鸡蛋,概括地象征了被扼杀、被禁锢的生命。

这篇短文里还提到了一起骇人听闻的意外,应该给小玛格丽特稚嫩的心灵带来了极大的冲击和震撼:

> 云南两百名富家女子一同乘坐一艘蒸汽船出游,像家禽一样挤在一起,发出家禽般的叫声,因为她们几千年来对平衡的规律几乎一无所知,以至于船在一眨

---

① 贝尔纳・阿拉泽、克里斯蒂安娜・布洛-拉巴雷尔主编:《解读杜拉斯》,黄荭主译,北京:作家出版社,2007 年版,第 9 页。

> 眼工夫就沉没了，她们全部丧生，裹在一直缠到脖子的织锦窄衣里，被她们可怜的穿着绣花缎子鞋的残废的脚拖着沉入水底，额头上是愚昧和女性的柔弱。①

最后这一句绝对不会是一个年仅五岁的白人小女孩的判断，而只能是成年的作者在回忆时对这一幕惨剧做出的解读，这群遭遇没顶之灾的富家女就是西方眼中的20世纪初中国的写照，带着昔日的辉煌在愚昧和软弱中沉没（沉默）。因为杜拉斯是“伴着雀巢奶、净化水、漂洗过的生菜”，戴着具有保护作用的殖民地白色头盔长大的，接受的教导就是殖民地是危险的：病菌、疟疾按蚊、变形虫，热带的太阳让可以晒死人或让人发疯，花是有毒的，人心是莫测的……

时间过去，中国变得遥远。时间再过去，“中国完全远去了，我的小脚小鸡的世界沉没到无尽的黑暗里，无依无靠，但我又能怎样？总得让童年过去。这要花很多力气和时间。”②成长，一边在遗忘，一边也对所有别人或教科书上灌输的知识和话语产生怀疑。“于是中国在你的土地上又回到了原来的位置。因为什么都无济于事，中国总会和你有关。”虽然杜拉斯需要花很漫长的时间才回到童稚之年看到的中国，“以一种方式或另一种，从小脚或小鸡或其他东西开始，所有的美德，所有的教育——最坏

---

① 贝尔纳·阿拉泽、克里斯蒂安娜·布洛-拉巴雷尔主编：《解读杜拉斯》，黄荭主译，北京：作家出版社，2007年版，第11页。

② 同上，第12页。

的和最好的都一样——我们总能企及。没有什么可以阻挡。"①简言之，典型的杜拉斯式的认知模式：教育—印入—遗忘—再遗忘—怀疑—回忆/回归—重现。

三、情人

再回到"情人"这个形象，杜拉斯用五个文本——《战争笔记和其他文本》《抵挡太平洋的堤坝》《伊甸园影院》《情人》《中国北方的情人》——为读者打造了五个版本的情人。共同点是"他"有高级轿车、手上戴着硕大的钻石戒指、穿柞丝绸西装、会说法语、从巴黎来、彬彬有礼、对她一见倾心。但五个版本对情人形象的描写却出入很大，而这一变形不仅透露出杜拉斯内心情感的变化，也反映出她创作手法和理念的更新。

众所周知，杜拉斯生前就已经把手稿和笔记全部赠给法国现代出版档案馆收藏。2006 年初，为纪念杜拉斯去世十周年，IMEC 在蓬皮杜艺术中心举办了一个展览，首次展出了部分杜拉斯未发表的手稿，备受瞩目的是四个笔记本：两本普通小学生练习本，一个"米色"硬皮抄，一个"玫瑰色大理石纹"硬皮抄。四个笔记本当初被送到档案馆的时候装在一个大信封里，杜拉斯亲手题了"战争笔记"，根据现代出版档案馆专家的鉴定，应该是杜拉斯在二战和战后初期(1945—1949)断断续续写的随笔。这些笔记长期都被尘封在杜拉斯诺弗勒堡乡间大房子的蓝色壁橱

① 贝尔纳·阿拉泽、克里斯蒂安娜·布洛-拉巴雷尔主编：《解读杜拉斯》，黄荭主译，北京：作家出版社，2007 年版，第 13 页。

里。20 世纪 70 年代,《女巫》杂志希望发表一篇作家年轻时代的作品,杜拉斯曾打开过一次。

1984 年,创作《痛苦》的时候,她用了其中的一部分素材……这些笔记虽然不是日记,但为了解作家在印度支那、二战期间和法国解放初期的生活及其心路历程提供了最原始的素材。"玫瑰色大理石纹笔记"是其中最厚的一本,共一百二十余页,主要内容是杜拉斯童年和青少年时代的回忆,和母亲还有哥哥一起生活的家庭琐事。这本笔记可以被看作是《抵挡太平洋的堤坝》的雏形,有几个片段没有做丝毫改动就被挪用到了书里。笔记也谈到了杜拉斯创作自传色彩很浓的"印度支那系列"作品的初衷:"如果我不写(过去),我会慢慢淡忘。这个想法对我来说很可怕。如果我不能忠实于我自己,我还能忠实于谁呢? 我对雷奥(Léo)说过的话,我已经记得不那么真切了……"而这个雷奥就是"情人"最初的版本,这个版本也因 2006 年由 P. O. L. 出版社和 IMEC 联合出版的《战争笔记和其他文本》进入读者的视野。

《战争笔记和其他文本》

我是在沙沥和西贡之间的渡轮上第一次遇见雷奥的，我回寄宿学校，有人，我现在不记得是谁了，把我安排在他的车上，正好和雷奥的车一起上渡轮。雷奥是当地人，但是他的穿着很法国化，法语说得也很好，他是从巴黎回来的。我十五岁还不到，我只在很小的时候去过法国。我觉得雷奥非常优雅。他手上戴着一颗很大的钻石，穿着柞丝绸生丝外套。从来没有一个戴着这么大钻石的人注意过我，而且我的两个哥哥都穿白色的棉布衣服。以我们的财力，我几乎没法想象他们有朝一日会穿上柞丝绸的套装。

雷奥说我是个漂亮的姑娘。

“你熟悉巴黎吗?”

我脸红了，说不熟悉。他很熟悉巴黎。他住在沙沥。沙沥居然有人非常了解巴黎，而我直到那个时候对巴黎一无所知。雷奥追求我，我的心都醉了。那个负责带我回沙沥的医生把我送到寄宿学校就走了，而雷奥说我们还会再见面的。我知道他非常有钱，我被迷住了，我没有回答雷奥，因为我既震惊又没有把握。①

关于杜拉斯自身的故事总是那么扑朔迷离，相似的情节和场景会让我们产生一种错乱：哪个版本才是真实的，或最接近真

① Marguerite Duras, *Cahiers de la guerre et autres textes*, P. O. L. /IMEC, 2006: p. 31-32.

实的那个？是最初这个离故事发生时间最近的版本？情人的真实身份到底是什么？安南人？白人？安南华侨？如果他是中国人，他的家族来自北方抚顺还是福建潮州？他和玛格丽特真的是情人关系吗？那是一个爱情故事抑或只是一个赤裸裸的金钱和情色的交易？

少女杜拉斯

的确，雷奥（连同所有版本里的“情人”都）迷恋上了这个个子矮小、身材扁平、脸上还有雀斑，身后拖着两条沉甸甸辫子的白人女孩，他开着他的豪车来找她。“雷奥在路上等我，倚着车门，总是穿着生丝的套服。他朝我迎了上来，对我说：‘要碰见你还真不容易。’他请我上他的车。雷奥的汽车着实令我痴迷。一上车，我就问这是什么牌子的，值多少钱。雷奥对我说这是一辆‘莫里斯-莱昂-博来’，值七千皮阿斯特。我想起了我们家的那辆雪铁龙，只值四百皮阿斯特，而且母亲分三次才付清。”[1]与其说白人女孩为雷奥倾倒，不如说是受到了他的豪车和豪车背后巨大的家族财富的诱惑。金钱大大满足了贫穷的白人女孩的虚荣心。雷奥天天来接她放学。

> 他的汽车让我觉得非常荣耀，我想别人也一定会看见的，我故意让他把车停在那里，因为我生怕同学路过的时候看不见。我当时很肯定拥有这样一辆车会引人注目，我就可以和印度支那高级官员的女儿们交往了。她们当中没有一个人有这样一辆利穆新，也没有任何一家有这样穿着制服的司机。黑绿色的利穆新轿车是专门从巴黎定做的，大得出奇，有一种王家的品位。[2]

这个故事从一开始散发着浓浓的物质和金钱的味道，甚至连欲望都是金钱制造的。“我继续去见雷奥，一连好几个星期。我总是想方设法让他谈谈自己的财产。他大概有五千万法郎的不动产，散布在整个交趾支那，他是独子，他有巨额财产。对雷奥财产总额的估价都让我混乱了，我朝思暮想。”[3]这个白人女孩和她的家庭太需要钱了，太需要钱去帮他们走出平原，摆脱堤

---

① Marguerite Duras, *Cahiers de la guerre et autres textes*, P. O. L. /IMEC, 2006: p. 41.

② *Ibid.*, p. 41-42.

③ *Ibid.*, p. 42.

坝的噩梦，很快他们对雷奥（尤其是他的钱）有了各种不切实际的幻想。

> 雷奥进入这个家庭改变了一切计划。自从我们知道他的财产总额以后，就一致决定让他来还高利贷欠款，并让他投资好几个企业（让他给我小哥哥开个锯木厂，给大哥哥开个装饰车间），我母亲仔细研究过各项计划，除此之外，还要他给家里每个成员配备一辆汽车。我负责把这一切计划转达给雷奥，试探他一下，但是不能允诺他什么。“如果你可以不嫁给他就最好了，不管怎么说他是当地人，你以后会明白的……”①

其实都不用以后，从故事一开始，白人女孩就和她母亲一样心知肚明：种族的差异、贫富的鸿沟是感情和金钱都无法逾越的。同样雷奥和他的（中国）家庭也很现实，传统守旧的中国家庭喜欢秩序，讲究门当户对，结婚前荒唐可以，但绝不允许闹出丑（绯）闻，花点钱可以，但绝不允许挥霍家财。他们的故事注定不会有结果，白人女孩也知道，她甚至清醒地分析了她和雷奥之间的关系，富裕的白人不会看上她，她也不会看上卑微的黄种人。“雷奥怎么会注意到我呢？他觉得我对他的胃口。我不愿对自己解释说那是因为雷奥自己也很丑。他曾经出过天花，不太严重，但留下了痕迹——他显然比一般的安南人长得更丑，但

---

① Marguerite Duras, *Cahiers de la guerre et autres textes*, P. O. L./IMEC, 2006: p. 57-58.

他的穿着很有品位，细致周到又极其干净，他彬彬有礼，从不失控，甚至在我那个就算他在场也一直弥漫着粗暴气氛的家里。此外雷奥真的很大方，但也没有傻到人们可以'随便跟他提要求'的地步。"①

金钱甚至让"一点也不关心政治"②、又丑又愚蠢的雷奥变得不让人讨厌，甚至有点迷人了，尤其当他为女孩和女孩家庭买单的时候。"我以我的方式恋爱了，有时候为了惩罚我，他一星期都不来看我，我感到非常不幸。我爱上了在莱昂-博来里的雷奥。坐在他美妙的利穆新轿车里，我感受那么强烈以至于我都习惯不了。当雷奥在夜总会付冷餐和香槟的钱的时候，我也爱他。"③女孩接受了雷奥的愚蠢，接受了一切，甚至是母亲和大哥雨点般的殴打。在她看来，唯一的出路还是嫁给雷奥，因为他有钱。

> 有了钱我们就可以和我家人一起去法国，在法国我们将有好日子过。我不想让我的家人留在印度支那，因为单独和雷奥过日子对我来说超出了我的能力。因此我抱着一个简单的想法接受了一切——我并非没有希望，但这个希望并不能使我把它和可怕的现状分开来。我想有朝一日不再挨打，不再受辱，人们会听我

---

① Marguerite Duras, *Cahiers de la guerre et autres textes*, P. O. L. /IMEC, 2006; p. 59.

② *Ibid.*, p. 79.

③ *Ibid.*, p. 66.

的，我会变得美丽、光彩照人、富有，我出门必坐利穆新，或许除了雷奥以外会有别的男人爱上我。雷奥除外，别的男人……但为了这一切，我需要雷奥的百万家财来让我挺直鼻梁……[1]

多么痛的领悟，对一个不满十五岁的女孩而言，为了未来，她愿意赌上自己，赌上那个海市蜃楼般的幸福，而且她认定“这是昭然若揭的。我相信这一点。没有这些，就没有任何未来”。[2]但她真的爱雷奥吗？还只是像杜拉斯后来常挂在嘴边的，“我爱的是爱情”，她爱的只是被爱的感觉，那一种温暖的、涌动的、情窦初开的欲望？

在路上，雷奥搂着我，我对他产生了欲望。我以为那是欲望。那是一种让我很熨帖的祥和。我很好，在那里，在雷奥的怀里。雷奥可以是任何人，任何人都可以对我说雷奥对我说的话，任何人都可以有雷奥在昏暗的汽车中的怀抱和柔情，在暗夜里，那即是我的青春。当他的脸颊触到我的脸颊，感觉很舒服。我看不见他的脸。那是想要触到我脸颊的脸颊，雷奥的脸颊，仅此而已。我感觉到他想要我，因为他的手颤抖了，有几次碰到我的乳房……雷奥的欲望慢慢潜入到我的身

---

① Marguerite Duras, *Cahiers de la guerre et autres textes*, P. O. L. /IMEC, 2006: p. 82.

② *Ibid.*, p. 83.

体，挑起了我的欲望。我并不是直接对雷奥产生欲望，我想要雷奥是因为他想要我。他的欲望勾起了我的欲望，仅此而已。①

少女时代的玛格丽特(右)

就算是残酷的青春，爱情也会在懵懂中发芽，在爱匮乏的地方，爱意甚至更容易在沉默中、在黑暗中滋生。可以说少女玛格丽特期待的是爱情，被爱、被呵护的感觉，而不是某一个具象的情人。“当他说他爱我的时候，我感到一种强烈的爱意渗透到我的体内，我不得不闭上眼睛。换了任何人都可以跟我说同样的话。在相同的情况下，都会对我产生一样的效果。”②但当爱的对

① Marguerite Duras, *Cahiers de la guerre et autres textes*, P. O. L. /IMEC, 2006: p. 83-84.

② *Ibid.*, p. 84.

象明确到“比一般的安南人长得更丑”的雷奥身上的时候，女孩依然无法克服自己内心的厌恶感，以至于有天晚上在莱昂-博来车里，雷奥第一次亲她嘴的时候，给她身心都造成了剧烈的冲击，或者说“阴影”。

> 就是这天晚上雷奥吻我的嘴巴。他是突然吻的。一下子，我感到唇上一种潮湿而凉丝丝的接触。我的反感真是难以名状。我推开雷奥，啐他，我想要从汽车里逃出来。雷奥也不知怎么办是好。有一秒钟的时间，我紧张得如同在弦之箭。我不停地重复着：完了，完了。/……/我本身就令人恶心……我朝手绢上吐唾沫，我不停地吐唾沫，我吐了一晚上的唾沫，第二天，我一想到当时的场景，还是要吐唾沫。雷奥显得很颓丧，他不再尝试碰我，他看到我在吐唾沫，他问我：“我让你恶心？”我不能回答。我仿佛还能看到黑暗中他的那张脸，那张出过天花的脸，他软软的大嘴巴，我仿佛又看到了他可怜兮兮的模样，我想到这个令人鄙视的人的嘴巴、口水、舌头曾经碰过我的嘴唇。我的感受切切实实就像是遭了强暴一样。①

最后她说：“我直到灵魂都被强暴了。”②这个版本显然不是

① Marguerite Duras，*Cahiers de la guerre et autres textes*，P. O. L. /IMEC，2006：p. 86-87.

② *Ibid.*，p. 87.

一个爱情故事，只是一个令人哀伤的金钱的故事，或许故事（事实？真相？）让日记的作者也无法接受吧，所以它一直被搁在蓝色的橱柜里，被有意无意地遗忘了。

1950 年的《抵挡太平洋的堤坝》和 1979 年《伊甸园影院》中的两个“若先生”的形象基本吻合：脸长得并不英俊，肩宽臂短，身材中等偏矮，“一双小手保养得很好，有点瘦削，相当漂亮”。①苏珊家人对他的形容是两个比喻：“猴儿”和“癞蛤蟆”。而他在苏珊家人，尤其是她大哥面前显得胆怯。书中没有提若先生是哪里人，只有他说话的声音泄露了他的身份，留给读者一个隐约的线索：“他说话的声音不像种植园主或猎人。这声音来自异国他乡，温柔而优雅。”②还有他邀请苏珊跳舞时所表现出来的拘谨、“分寸、阶层和敬意”③。

在前三个版本里，雷奥和若先生还称不上是情人，白人女孩更多只是受到了钻石、汽车、金钱的诱惑，心醉神迷，她天真地想通过出卖自己来拯救她的家庭。虽然苏珊收到若先生的小礼物（连衣裙、香粉、指甲油、口红、香皂、美容霜……）和留声机的时候满心欢喜，但当若先生的嘴唇吻到她的时候，她“仿佛挨了一记耳光似的”④，连忙挣脱。在 1950 年出版的《抵挡太平洋的堤坝》里，若先生丑陋猥琐，除了有钱一无是处，唯唯诺诺，没有个性，甚至还是个白人。他们仅见过两次面，分别是若先生用留声

---

① 玛格丽特·杜拉斯：《抵挡太平洋的堤坝》，谭立德译，上海：上海译文出版社，2009 年版，第 34 页。

② 同上，第 36 页。

③ 同上，第 35 页。

④ 同上，第 222 页。

机和钻戒换取看她的权利，她甚至都没有与若先生发生肉体关系。

《伊甸园影院》

1977 年的《伊甸园影院》是《抵挡太平洋的堤坝》的戏剧版，也分两部分，通过送钻石和卖钻石贯穿了母亲的殖民梦。但《伊甸园影院》里的若先生痴情，苏珊对他也少了几分嫌恶，情人的雏形已经完成：他是西贡大投机商的独子，坐黑色的利穆新轿车，穿中国柞丝绸白礼服，手上戴钻戒，财富令他显得光彩夺目。他对苏珊情有独钟，但知道父亲绝不会赞同他们的婚事，却又希望苏珊和他一起到西贡玩三天。苏珊对他本人无动于衷，一家人看上的是他的钱财。《伊甸园影院》里的若先生爱哭，话也说得柔媚，对苏珊充满了欲望，他请她跳舞，用金钱和钻戒去诱惑她。但若先生的故事从苏珊拿到钻戒后就戛然而止，这份空白一直到 1984 年的《情人》才得以填补。

写《情人》的时候，杜拉斯已经苍老了，记忆也在有意无意的遗忘和复现的反复作用下发生了变化。而且丑闻对她也已经无所谓了。金钱的故事于是蜕变为一个懵懂凄美的爱情故事，开篇就是那段爱的经典表白——“我已经老了，有一天，在一处公共场所的大厅里，有一个男人向我走来。他主动介绍自己，他对我说：‘我认识你，永远记得你。那时候，你还很年轻，人人都说你美，现在，我是特为来告诉你，对我来说，我觉得现在你比年轻的时候更美，那时你是年轻女人，与你那时的面貌相比，我更爱你现在备受摧残的面容。’”①于是沉在心底的故事浮出水面，母亲的故事成了“我”的故事：从湄公河上的渡轮开始，那年“我”十五岁半。

《情人》电影海报

在书的第五页，十五岁半的白人女孩就已经站在渡轮上，但笔锋一转，说起她就读的学校、母亲、家庭、绝望、写作，她当时的装束，帽子、鞋子和腰带。直到第二十一页，才出现那辆利穆新

---

① 玛格丽特·杜拉斯：《情人》，王道乾译，上海：上海译文出版社，2005年版，第3页。

《情人》剧照，在渡轮上

轿车，和那个正在看她的"风度翩翩"的男人。"他不是白人。"[①]这个否定句是一个逆转，但转得非常慢，欲说还休，因为"我们是白人的孩子，我们有羞耻心"[②]。羞耻感让叙事者继续"顾左右而言他"，在接下来的二十页，叙事者谈到女人的美，殖民地的女人的疯狂，寄宿学校的美女海伦·拉戈奈尔、阿杜和母亲，那个瘦弱却搽着"浅红色脂粉，涂着口红"的白人女孩，谈到女孩日后想当作家的想法，母亲的贫穷绝望和堤坝的故事，可怕的童年和家人（大哥、母亲、小哥哥和小哥哥的死）。岔开话头是叙事的停顿，反映叙述者心理上的犹豫，絮絮叨叨说那么多，都是为了把话题再次扯回到那个从轿车上走下来男人身上。男人是胆怯的，"开头他脸上没有笑容。一开始他就拿出一支烟请她吸。他的手直打战。这里有种族的差异，他不是白人，他必须克服这种差异，所以他直打战。"[③]就是这个否定句让故事变换了颜色，他

---

① 玛格丽特·杜拉斯：《情人》，王道乾译，上海：上海译文出版社，2005年版，第21页。

② 同上，第7页。

③ 同上，第40页。

富有，他属于控制殖民地广大居民不动产的少数有中国血统的金融集团中的一员。

他邀请她上车，她体会到"恍惚间，一种悲戚之感，一种倦怠无力"，因为肤色不同，故事一开始就注定是失意的；因为贫富悬殊，感情一开始就注定是不平等的。当她问他是什么人时，他说"他是中国人，他家原在中国北方的抚顺"。① 或许这就是杜拉斯选择"回到中国"的特殊方式。"他"是多情的，"我"是善感的。"苏珊"终于摘下了麻木的面具，在金钱炫目的光芒下面看到了少女如水的心事。但这个故事还是隐秘的，毕竟情人间的幽会、肉体上的欢娱是和传统道德相背离的。"他要我瞒住我的母亲，继续说谎，尤其不能让我大哥知道，不论对谁，都不许讲。"②女孩虽然不说，但事情还是败露了，母亲和大哥殴打她，她的耻辱感越发强烈，觉得自己是个坏女孩。泉园的宴请之后，她更加无法面对她的中国情人和自己的感情。所以一直以来，她都没有发现耻辱掩盖下的爱情。不经意间，这场金钱的交易演变成一段令人绝望、刻骨铭心的爱情："我们是情人。我们不能停止不爱。"③故事里依然散发出很浓的金钱味道，但压抑的青春渐渐释放出来，"吻在身上，催人泪下"④，哭的是"一种糟透了的爱情"⑤，虽然糟透了，但它已经有了"爱情"之名。

---

① 玛格丽特·杜拉斯：《情人》，王道乾译，上海：上海译文出版社，2005 年版，第 41 页。

② 同上，第 76 页。

③ 同上。

④ 同上，第 56 页。

⑤ 同上，第 47 页。

《情人》剧照

龚古尔奖鼓舞了她，丑闻过后，美誉如潮。杜拉斯终于释怀了，1991 年她重写情人——《中国北方的情人》，家庭的故事和影响更加淡化，絮絮叨叨的文字记录（或者创作）了一段凄婉的异国情缘。“伊甸华尔兹”成了“绝望华尔兹”。《中国北方的情人》是《情人》的电影版，叙事（镜头）变得非常清晰流畅，第一幕殖民地“遥远的童年”，第二幕“湄公河上的渡轮”。一说到渡轮，马上就出现了这个很奇特的句子：“渡船上有搭载本地人的大客车，长长的黑色的莱昂-博来汽车，有中国北方的情人们在船上眺望风景。”①耐人寻味的复数。仿佛之前几个版本的情人都出现在那个渡船上，等待导演杜拉斯挑选一个最好的来出镜，或者说回忆就是以复数的形式叠加或替换的。

女孩还是那个女孩，但情人已经成了升级版的情人：“从黑色汽车走下一个男子，他是另一个中国人……他跟上本书里的那一个有所不同，更强壮一点，不那么懦弱，更大胆。他更漂亮，更健康。他比上本书里的男子更‘上镜’。面对女孩，他也不那么腼腆。”②他还打算在北京大学读文科，只因父亲反对而去法

① 玛格丽特·杜拉斯：《中国北方的情人》，施康强译，上海：上海译文出版社，2006 年版，第 30 页。

② 同上，第 31 页。

国学了法语，并去美国学了英语，最难能可贵的是这位年轻有为的海归华侨很爱国："我爱堤岸。我爱中国。堤岸也是中国。"①一见钟情，"故事已经发生了，已经不可避免。一个爱情故事，一场令人目眩的爱情。始终没有结束。永远没被遗忘"。② 情节按照现代版的白马王子和灰姑娘的模式继续推进，有意思的是，对让-雅克·阿诺的电影《情人》表示强烈不满的杜拉斯却在更新版中很煽情地保留了吻车窗的桥段："汽车停靠的方向和她的去向相反。她把手搁到车窗上。然后她把手挪开，把嘴贴住窗玻璃，吻上去，不再移开。她双目紧闭，跟电影里一样。"③中国人谈吐风趣，知识渊博，迷倒了母亲，镇住了大哥。当中国崛起站在世界舞台上的时候，情人也终于找回了迟迟到来的自信和爱情。丑陋猥琐的"若先生"摇身一变，成了小姑娘心目中坐拥宝马香车的白马王子，爱情也水到渠成：

> 他们快分手了。她记得当时要开口说话是多么艰难，不忍心啊。欲念是那么强烈，都找不到该用什么样的词语表达了。他们不再互相观望，互相避开对方的手，对方的目光。这阵沉默是他想要的。她早说过，他单方面想要的这阵沉默，因沉默而没说出口的话语，甚至沉默造成的中断和松弛，还有这种手法，手法的稚气

---

① 玛格丽特·杜拉斯：《中国北方的情人》，施康强译，上海：上海译文出版社，2006 年版，第 52 页。

② 同上，第 53 页

③ 同上，第 66 页。

和她的眼泪，都已能让人明白，这便是爱情。

……

麻烦已经造成，下文已是不可避免的了。

令人不顾一切的爱情的麻烦事儿。

正在降落的爱情。

永远也忘不了的爱情。①

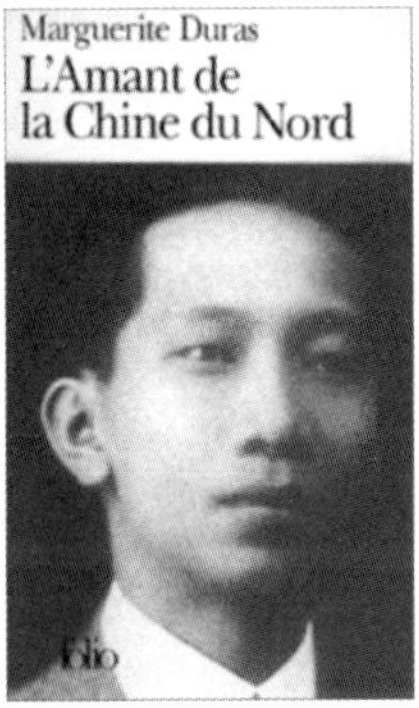

《中国北方的情人》

除了他自己的身世，第一次，中国人给她讲了中国：讲中国的历史，讲鸦片战争，讲共和，讲孙逸仙、蒋介石，讲共产党。他说话时的投入，带了口音的法语都让"我"心动不已。中国人的形象变得丰满，英俊、多情还具有思想。中国也因此成了一个令人心向往之的地方，代表纯美的绝望和心灵的羁绊。她说："我

① 玛格丽特・杜拉斯：《中国北方的情人》，施康强译，上海：上海译文出版社，2006年版，第36页。

真希望我们也结婚。让我们成为终成眷属的有情人。”①哪怕自讨苦吃，哪怕苦死。这或许便是她一直埋藏在心底对初恋的憧憬吧，因爱而绝望，因绝望而爱，现实无情地扼杀了这份萌动的春情；又或许这只是杜拉斯想通过文字换一种活法，让生命变得轻盈，让情感得到宣泄。于是到了晚年，心结解了，中国竟成了杜拉斯浪漫的归宿。

很多杜拉斯的传记作家，像劳拉·阿德莱尔、让·瓦里尔、达尼埃尔·洛兰，都曾到沙沥去寻访杜拉斯曾经生活过的地方，试图从过去残存的旧影里拼凑出现实中杜拉斯和“情人”真真假假的线索。“同许多玛格丽特·杜拉斯的读者一样，我也去拜访了沙沥，亲身感受了她曾经度过大部分青春时光的地方。1999年，我还乘坐了著名的‘美食’渡船，穿越了从万象至沙沥的湄公河上游。”②西贡成了胡志明市，堤岸成了“唐人街”，中国情人的旧宅成了警察局的办公楼……1992年，让-雅克·阿诺的电影《情人》上映时，杜拉斯在电视采访镜头前说：“这完全让人难以置信，但今天早上在《巴黎竞赛报》上刊登了我的中国情人的照片，他名叫黄水梨(Huynh Thuy Lê)……我觉得他比阿诺那部美国电影中的情人要英俊多了。那是一张真实的脸，非常、非常近，也很诧异。而且非常温柔。”③

---

① 玛格丽特·杜拉斯：《中国北方的情人》，施康强译，上海：上海译文出版社，2006年版，第123页。

② 让·瓦里尔：《这就是杜拉斯1914—1945》，户思社、王长明、黄传根译，北京：作家出版社，2010年版，第266页。

③ 达尼埃尔·洛兰：《写给杜拉斯的信》，黄荭译，深圳：海天出版社，2017年版，第162—163页。

黄水梨

因此，“情人”真的存在，虽然往事随风，但有照片、有故居和墓碑为证。他叫黄水梨，同塔省华侨首富黄锦顺（潮州人后裔）的小儿子。黄锦顺以经营大米和地产闻名东南亚，不仅拥有电影中提到的那栋河边有蓝色琉璃栏杆露台的大宅子，还拥有大半个沙沥市大部分街道房产和西贡堤岸上的许多豪宅。蓝色大宅子占地 258 平方米，于 1895 年建成，建筑考究，混合了法式和中式两种风格，摆放着精美的古董和中式家具。黄锦顺过世后，黄水梨继承了这个宅子，他在那里一直住到 1972 年去世。黄水梨的五名子女（两男三女）及其亲属后来移居海外，黄水梨故居曾一度荒废，1975 越南统一后由当地政府接管，改作越南同塔省沙沥市警署。

2010 年 3 月 19 日，越南文化体育旅游部把这座位于同塔省沙沥市第二坊阮惠街 225A 号的古建筑定为越南国家级历史遗迹并颁发证书，沉寂多年的黄水梨故居终于对外开放，变成了同塔省著名的旅游景点，门票为两万越南盾，折合人民币六元。又因为《情人》小说和电影的大热，同塔省顺势向海内外推出题为“寻找《情人》的足迹”的文化旅游项目，招揽了大批好奇的观光客。故居墙上挂着昔日主人黄水梨和他不得不遵从父母之命迎娶的素未谋面的妻子以及两人子女的照片，还有《情人》小说原著、法国女作家玛格丽特·杜拉斯的照片和电影《情人》的剧照，虚虚实实更给老宅增添了传奇色彩。据说每天来“lover's house”参观、怀旧的游客多达千人，大部分是法国、美国、日本、德国、英国和中国游客。

其实我个人更喜欢“中国情人”这个现实甚至有些流俗的结局，因为从某种意义上看，它又回到了有等级差序的消费社会的逻辑，回到了一个简单平庸的关于金钱的故事。

四、疯女人和印度系列

我在书的一开始就已经指出，不管是从写作的内容还是形式来看，杜拉斯于 1964 年出版的小说《劳儿之劫》在她整个创作中占据了一个非常重要的位置。法国著名的结构主义大师、心理学家雅克·拉康在 1965 年特意写了一篇文章向杜拉斯致敬，因为这个文本为他的精神分析提供了广袤的阐释空间。杜拉斯一开始说她不知道劳儿的由来，后来在访谈中承认劳儿是她在疯人院中见过的一个病人。但不管杜拉斯承认与否，我们在多个文本的细读中已经可以发现足够的线索，找出这个“疯女人”或者更确切地说这一系列相似的“疯女人”形象的来源、演变和象征意义。

《劳儿之劫》是这样开篇的:“劳儿·瓦·施泰因生在此地,沙塔拉,在这里度过了青少年时期的大部分时光。她的父亲曾是大学老师。她有一个大她九岁的哥哥——我从未见过他——据说住在巴黎。她的父母现已不在人世。”①这段文字和杜拉斯介绍自己的那段简短文字如出一辙。“此地”不禁让我们联想到记忆更深处的别处,沙塔拉也成了一个精神分析萦绕不去的梦境,沙塔拉(S. Thala)是 Thalassa(大海),是创世之水的另一个指称。在书的最后,雅克·霍德和劳儿在旅馆房间,两人看着窗外:

> 大海终于涨潮了,海水一块一块地淹没了蓝色的沼泽,沼泽带着同样的缓慢渐渐地失去了自己的个性,与大海融为一体,这片沼泽这样了,其他的在等待着它们的轮回。沼泽的消亡使劳儿充满了糟糕的忧伤,她等待,预料、看到这一消亡的出现。她认出了它。②

沼泽被海水淹没,失去了自己本来的面目,被冲淡、被遗忘,但最终,它被认出,在记忆中重现。紧接着的文字阐明了这种移情的可能性和运作方式:“劳儿梦想着另一种时光,在那里,将要发生的同样的事情会以不同的方式发生。另外的方式。千遍万遍。到处发生。不分彼此。在其他人之中,成千上万的人,和我

---

① 玛格丽特·杜拉斯:《劳儿之劫》,王东亮译,上海:上海译文出版社,2005年版,第3页。

② 同上,第198页。

们一样，梦想着这种时光，不可避免。这一梦想传染了我。”①

《劳儿之劫》

劳儿的梦其实也是杜拉斯的梦，劳儿只是“我”的另一种表达，本质上杜拉斯是在以不同的方式叙述同样的事情。“她的父母现已不在人世”，潜台词是“死亡”，死亡是杜拉斯的美学，死去意味着遗忘、过去、不可能之爱和昨天的“我”。“ravissement”是迷狂也是劫持，无论哪一种寓意都表达了自我的迷失。劳儿在书的最后疯掉了。

1966年，在杜拉斯紧随《劳儿之劫》后发表的小说《副领事》里，劳儿神秘地消失了，不过这本书是以一个疯女人的故事开始的：十五岁，有了身孕的越南少女被母亲逐出家门，沿路乞讨流浪。

① 玛格丽特·杜拉斯：《劳儿之劫》，王东亮译，上海：上海译文出版社，2005年版，第199页。

她走着，彼得·摩根写道。

怎样才能回不去呢？应该让自己迷失。我不明白。你会明白的。我需要一个指示，好让自己迷失。应该义无反顾，想办法让自己辨认不出任何熟悉的东西，迈步走向那最为险恶的天际，那种辽阔无边的沼泽地里，数不尽的斜坡莫名其妙地纵横交错。①

"她"走了很多天，走了很长的路，一路忍受着饥饿和世人的白眼，孤身一人，大着肚子，找不到"北"。洞里萨湖、暹罗山、豆蔻山、九龙江平原……她不知道自己身在何处，也不知道自己要去向何方，她只知道自己经过了湖泊、沼泽、铁轨、城市、河流、村庄、大山、废弃的采石洞……在菩萨城一带，她一度混迹在数以千计"被赶出家门的妇女、老人、疯疯傻傻"②的人群里。家是回不去了，被母亲彻底抛弃，她到处受人驱赶，无知、肮脏、瘦弱，"与别的女乞丐没什么两样"③。她出现在加尔各答法国前任拉合尔副领事的寓所前面，她对痛苦麻木了，在恒河里捉鱼洗澡，还唱了歌，晚上睡在麻风病人身边。

"她"沿着湄公河顺流而下，孩子出生了，是个女孩，孱弱。"她"到金边、朱笃、沙沥、永隆，"她"希望找到能收留孩子的白人。一天，在集市收尾时分，"她"终于等到了一个白种女人，那

① 玛格丽特·杜拉斯：《副领事》，王东亮译，上海：上海译文出版社，2009年版，第3页。

② 同上，第8页。

③ 同上，第10页。

《副领事》

个白种女人身边跟着一个白人小女孩。“她”的孩子被抱走了，被收留了。

就这样，《副领事》里的“她”和小玛格丽特的生活建立了联系，我们在《抵挡太平洋的堤坝》和《情人》中找到了她的踪迹，杜拉斯叫她“永隆的疯女人”(La folle de Vinh Long)，如同一个幽灵盘桓在白人小女孩的童年和噩梦里，留下了一辈子阴影。在《抵挡太平洋的堤坝》中，女乞丐把孩子给了玛格丽特的母亲，母亲照顾那个羸弱有病的小女婴，给她做了一个摇篮，日夜守护，但小女婴还是死了，嘴里吐出很多蛆。在《情人》里，杜拉斯更强化了这个疯女人给她造成的恐惧，“她又是跑又是喊叫，喊叫什么我听不清。我怕极了，我呼救，但是叫不出声……说这种恐惧已超出我的理解、超出我的力量，这样说也还不够。如果可以进一步说，那是关于人的存在整体这种确定性的记忆，也就是说，那个女人如用手触及我，即使是轻轻一触，我就会陷入比死还要严重的境地,我就要陷于疯狂。”①

这个反复出现在她童年现实和梦境还有日后书中的疯女人形象仿佛是一个强大的象征,隐喻了印度支那(甚至是印度和其他地方)大多数沉默(虽然东南亚的街市因为充斥着抑扬顿挫的方言而让西方人感觉格外得聒噪)、无名、被忽略、甚至被生活逼疯的殖民地社会底层的民众。“我使得全城都充满了大街上那种女乞丐。流落在各个城市的乞妇,散步在乡间稻田里的穷女人,暹罗山脉通道上奔波的流浪女人,湄公河两岸求乞的女乞丐,都是从我所怕的那个疯女衍化而来,她来自各处,我又把她扩散出去。”②从这个意义上看,《副领事》里“想要感同身受体验加尔各答的痛苦”、“想置身于这种痛苦”③之中的年轻人彼得·摩根身上明显有作家杜拉斯的影子,因为“不能忍受”的印度、这种“彻底被抛弃的感觉”即是童年玛格丽特对“东方”的真实体验,也是作家杜拉斯想要通过写作去见证的那一个时代集体的创伤。

“印度”因此充满了隐喻,它不是一个真实的地理概念,而是一种文学意义上的真实。事实上,玛格丽特只在1922年、1924年、1931年、1933年几次乘坐往来于印度支那和法国本土的客轮时,在印度的几个港口有过短暂的停留,留下了一些浮光掠影的印象。这条航线沿途会停靠新加坡、槟榔屿、科伦坡、亚丁湾、

① 玛格丽特·杜拉斯:《情人》,王道乾译,上海:上海译文出版社,2005年版,第101页。

② 同上,第103页。

③ 玛格丽特·杜拉斯:《副领事》,王东亮译,上海:上海译文出版社,2009年版,第24—25页。

吉布提、苏伊士和塞德港，最后抵达马赛港。1973 年 7 月 13 日，在格扎维埃尔·戈蒂埃和杜拉斯的第四次访谈中，杜拉斯说："我见过一次加尔各答，那时我十七岁。我在那儿过了一天，那是一个船只的停靠站，后来，这个，我从来没有忘记。"①然而通过考据，1931 年回法国的船只并不经停加尔各答，不管是印度支那还是中国航线的轮船都不在这个港口停靠，经过对玛格丽特·杜拉斯整个行程的起止日期的核查，可以发现她几乎没有任何中途去异地旅行的可能。

不过，在 1973 年 7 月 30 日格扎维埃尔·戈蒂埃和杜拉斯的第五次访谈中，杜拉斯承认存在某种虚构并给出了自己的理由："我应该马上说这种地理学是完全不准确的。我制造了一个印度，几个印度，正如人们从前……在殖民主义时代所说的那样。加尔各答不是首都，不可能在一个下午里就从加尔各答到达恒河河口。岛屿是锡兰，是科伦坡，科伦坡的'威尔士亲王'，它根本就不在那里。而尼泊尔呢，法国大使也不可能在白天去打猎。拉合尔很远，拉合尔，它在巴基斯坦。"②在《印度之歌》(文本-戏剧-电影)的开篇，杜拉斯也做了类似的交代：

> 文中出现的印度城市、河流、州邦及海洋的名称都首先具有某种音乐感。
>
> 《印度之歌》中所涉自然、人文及政治地理背景，均属虚构。

---

① 玛格丽特·杜拉斯：《话多的女人》，吴岳添、廖淑涵译，北京：作家出版社，1999 年版，第 131 页。

② 同上，第 184 页。

比如，乘车从加尔各答到恒河口或者尼泊尔，是不可能半天就到达的。

又比如，威尔士亲王大酒店并非坐落在三角洲的某个岛上，而是在科伦坡。

又比如，印度的首都是新德里，而不是加尔各答。

等等。①

《印度之歌》

如果说那个像疯子一样叫喊、向麻风病人和狗开枪的副领事有一张用“构件和碎片组成”的“移植”②的脸，那么杜拉斯借用遗忘和混淆再造的印度更加深了存在的荒诞感和绝望感。“我是怀着对我的书同样的遗忘，怀着一种错误的记忆去做的，我的意思是说，一种对我的书的记忆。”③就是在这种记忆和遗忘相

① 玛格丽特·杜拉斯：《印度之歌》，王东亮译，上海：上海译文出版社，2011年版，第5页。

② 玛格丽特·杜拉斯：《话多的女人》，吴岳添、廖淑涵译，北京：作家出版社，1999年版，第187页。

③ 同上，第130页。

互抵牾又相互依存的复杂关系中,《副领事》又引出了别的书。

杜拉斯说《印度之歌》是《恒河女子》故事的延续,也深入揭示了《副领事》并没有触及的一个领域,一个地缘政治的领域。而她创作的另一个动机是“为了探索《恒河女子》所揭示和探索的那种‘手段’,即把声音用于故事的叙述。这种新手法,可以把往日的故事从忘却中重新拉出,以便为另一些记忆所支配,而不是受作者的记忆所支配。这些记忆是另一种形式的,具有创新性的记忆,但同样可以使人‘回忆’起其他的爱情故事”。[①] 在这里,杜拉斯点明了她使用挪移这一创作手法的目的:“把往日的故事从忘却中重新拉出”,而这个具有“创新性”的记忆会让人“回忆”起其他的爱情故事(比如堤坝的故事,她和中国情人的故事)。

《恒河女子》

那么,这个“虚构”的印度到底要揭示什么呢?杜拉斯说是

① 玛格丽特·杜拉斯:《副领事》,宋学智、王殿忠译,沈阳:春风文艺出版社,2001年版,第190页。

一种深刻的真实，回忆中一种超越现实的对东方"概念化"的真实感受：令人无法忍受的炎热、季风、麻风病、疯女人的笑声、副领事撕心裂肺的绝望叫喊……或许还有"唤不醒死者"的麻木，不再痛苦却不能忍受，没有一丝风，人物也一动不动，一个声音说"我爱你们，直到再也看不到，再也听不到，直到死亡……"①静默，长长的静默，常常的静默。这个被孤立在文本中的印度是"世界的荒诞的策源地，是荒诞的中心火源，是饥饿、饥荒的不合逻辑的疯狂聚集"②，映射出女作家内心深处在法属殖民地印度支那度过的童年。

声音 1

不能忍受。

声音 2

是的。

声音 1

印度，不能忍受？

声音 2

是的。

声音 1

不能忍受印度的什么？

---

① 玛格丽特·杜拉斯，《印度之歌》，王东亮译，上海：上海译文出版社，2011年版，第24页。

② 玛格丽特·杜拉斯：《话多的女人》，吴岳添、廖淑涵译，北京：作家出版社，1999年版，第194页。

声音2

想法。[1]

不能忍受是因为印度承载了19世纪末、20世纪初西方人对没落的东方所持的普遍观念（"优雅的印度"被"痛苦的印度"所替代），也因为印度打开了作家自身记忆的缺口，让她想起并重新跌入那个不能自拔的、无边无际的童年的暗夜。东方是一场噩梦：砍头，苦役，平原上饿死或病死的孩子，泛滥的水灾、疟疾和麻风病，尽管也有年轻女孩子温柔的优雅，沉淀在传统中的秩序、谦卑、隐忍和乐天安命，但从文明的进程上看，东方早已"不再是欧洲的对话者，而是其沉默的他者"[2]。

东方人集体的沉默（失语）和这种沉默让西方人产生的焦虑和不安在杜拉斯的文本中构成了一种张力。童年的生活经历和20世纪30年代末在殖民部的工作让她深刻地认识了东方，和法属印度支那一样，印度也是贫穷和不公正的代名词。虽然杜拉斯在印度只有过邮轮中途停靠的短暂停留，但她只需几个图像、几句话、爱情上的几个不忠就足以重新建构起一个杜拉斯式的印度，甚至几个杜拉斯式的印度，把它变成一种疯狂、爱情、绝望的永恒象征。杜拉斯的印度可以说是她对东方不幸的一种感悟和叹惋。用痛苦和残缺的回忆，为沉默的东方"代言"，或重构没落颓败的东方的"真实"。这就是杜拉斯式的"伤逝"。

---

① Marguerite Duras, *India Song*, Gallimard, 1973: p. 50-51.

② 罗钢、刘象愚主编：《后殖民主义文化理论》，北京：中国社会科学出版社，1999年版，第8页。

> 白种人的印度关心自己思想的安宁，并认为自己已对黑种人的印度还清了债。但是，白种人往往用来逃避的这种睡眠只是穷人们的睡眠在上流社会的翻版。在印度，所有的人都陷入昏昏欲睡的状态：一些人是为了不看到其他人的贫穷，其他人则竭力忘掉贫穷。……这个城市就像一面镜子，最终只能映照出同样生活在不幸之中的无数张脸。[①]

这个“不能容忍”的关于印度的概念从何而来？究其源头还是在印度支那，来自小玛格丽特在那个充满种族歧视、等级划分的印度支那殖民地的所见、所闻、所感。

> 同所有殖民地城市一样，这个城市里也同时并存着两个城市：白种人的城市和非白种人的城市。即使在白种人的城市里也是有差别的。上城区的外围是星罗棋布的别墅和住宅小楼，那儿是城里最宽敞、最通风的地方，却免不了带些俗气；市中心是大多数城市人口的聚集地，每年都有高楼大厦拔地而起，一年比一年高……
>
> 在那些年代里，世界上所有殖民地城市的白人区都是洁净得无可挑剔，不仅城区如此，白人也是异常干净。他们一到殖民地便学会了天天洗澡，就像天天给

---

① Christiane Blot-Labarrère, *Marguerite Duras*, Seuil, 1992: p. 153-154.

小孩洗身那样，还学会了穿殖民地服装：白色西服，这是象征免疫和纯洁的颜色。从此，走出了这第一步，差距就开始拉大，白种人和其他人最初的这种差别不断地增大，他们是白上加白，其他人则是用雨水、江河里浑浊的水洗澡。事实上，白色是最容易弄脏的。①

白种人养尊处优，处处优越——闪光的汽车，精美的橱窗，幽雅的咖啡馆露天座。在他们用剥削非白种人创造的金钱所堆砌起来的白种人高贵的派头背后，有的是怎样肮脏、堕落、空虚的灵魂？而作为这片红土地的主人——非白种人，他们辛勤劳作，过的却是凄惨的非人生活：

千千万万当地劳动者给十万公顷红土地上的橡胶树割胶，他们流血流汗给十万公顷土地上的树开口，这些土地在被数百个富豪侵占之前就已经凑巧被叫作红土了。胶乳在流，血也在淌。可是只有胶乳是值钱的。收集胶乳就能赚钱。血却白流了。人们当时不愿去想终有一天会有大批的人来讨还血债……

这些拥挤不堪、布满尘土的有轨电车在令人眩晕的阳光下半死不活地慢慢开着，响声如雷。……这些有轨电车多是宗主国报废了的旧货……所以，没有一个体面的白种人敢贸然乘坐这样的有轨电车，万一他

① 玛格丽特·杜拉斯：《抵挡太平洋的堤坝》，谭立德译，上海：上海译文出版社，2009年版，第119—120页。

被人发现，他就会丢尽面子，丢尽他殖民者的面子。[1]

或许杜拉斯之所以深刻还因为她是屈指可数的谈到这块平原上的土著孩子的白人作家，这些孩子一生下来就面临着饥饿和疾病，随时受到死亡的威胁。除了安德烈·维奥里的《救救印度支那》(1935)、雷翁·威尔士和马尔罗的书，鲜有其他文字记载殖民地的丑恶和沉重的现实。但在《抵挡太平洋的堤坝》这本书中，杜拉斯"向在沼泽地里，在毒日下为法国修路筑坝最后横遭惨死的人表示了敬意。这些人被一条长形锁链锁住，单个儿根本无法逃跑。都是些饿得要死的农民或是政治犯，殖民地辅助警察的头儿给他们编了队，并且接到上面的命令，说要让他们一直干到累死为止。当时有很多人都目睹一队队警察往外拖死尸。这个故事殖民地不准讲，即使有人知道也仅限于口头流传，没有任何文字记载。"[2]这也是为什么在今天的胡志明市，一些上了年纪的文人在谈起《抵挡太平洋的堤坝》这本书时还会泪眼婆娑，因为他们在这本书里看到了自己民族曾经遭受的耻辱，就像杜拉斯看到了自身耻辱的过去一样。

杜拉斯笔下的印度无疑是一种虚构，但这种"虚构即真实"，是艺术的真实。在《副领事》《印度之歌》《劳儿之劫》《恒河女子》中永恒的女乞丐形象也体现了杜拉斯对这片红土地上的穷人生

---

① 玛格丽特·杜拉斯：《抵挡太平洋的堤坝》，谭立德译，上海：上海译文出版社，2009年版，第121—121页。

② 劳拉·阿德莱尔：《杜拉斯传》，袁筱一译，沈阳：春风文艺出版社，2000年版，第58—59页。

存状况的关注：那个怀了孕的瘦削女子，那个饥饿得要靠吃酸芒果、青稻谷、死鱼和骨头维持生命的女人，那个“疯女人”。和印度这个国家给人的感觉一样，这是“一种彻底被抛弃的感觉”，殖民地就是绝望本身。苦难，童年和青春期见到的、经历过的苦难，对普通人的心灵是一种侵蚀，而对身为女作家的杜拉斯而言，她“因此有了一块丰饶的写作园地。因了痛苦，我领会到了这里近乎是一块福地”。①

---

① 玛格丽特·杜拉斯：《外面的世界Ⅱ》，黄荭译，北京：作家出版社，2007年版，第24页。

第二章

巴黎，不平静的生活

> 这期间我经历了战争、生孩子、爱情，一切都冲淡了。只留下了犹太人。而我对此无法言说。[①]
>
> Ce qui m'est arrivé entre-temps, la guerre, les enfants, l'amour, tout s'amortit. Reste les Juifs. Ce dont je ne peux pas parler. [②]

1931 年新年伊始，沙沥女子学校的校长玛丽・多纳迪厄得知大儿子在巴黎病了，随即心急如焚地向教育署申请一年的行政假期，当时，女儿玛格丽特正在西贡国立中学上学，准备 7 月的法国中学会考，但母亲已经顾不上她了。第一份申请信于 1 月 2 日寄出，一个月过去音讯全无，母亲开始变得焦躁，疯疯癫

---

① 玛格丽特・杜拉斯：《外面的世界 Ⅱ》，黄荭译，北京：作家出版社，2007 年版，第 35 页。

② Marguerite Duras, *Le Monde extérieur*, "Lettre au Centre Rachi", P. O. L., 1993: p. 31.

癫，谩骂行政职能部门的官僚作风和冷酷无情。2月12日，西贡当地教育局给河内教育总署发了一封加急电报，泥牛入海；20日，追发第二封电报："多纳迪厄夫人希望返回，是否允其启程，盼复。"终于，2月24日，交趾支那克罗泰梅尔政府签署了一份法令送到沙沥，"同意吉伦特地区波尔多市的多纳迪厄夫人享受十二个月的全额带薪行政休假（即殖民地薪水标准[1]），自现法令签署之日起，上述教师可乘坐从西贡码头离港的船舶头等舱，所需费用均由交趾支那政府承担"。[2]

杜拉斯和她母亲

---

① 多纳迪厄夫人在殖民地的年薪为3.3万法郎，加上专项补助2240法郎和家庭补贴1560法郎，再加上丧偶抚恤金3000法郎，她就算回到法国生活也算不上是一个穷人。而且从印度支那回国的差旅费报销，可免费享受铁路和轮船头等舱。但她再努力、挣再多的钱都抵不过败家的长子一掷千金的挥霍。

② 让·瓦里尔：《这就是杜拉斯1914—1945》，户思社、王长明、黄传根译，北京：作家出版社，2010年版，第281页。

2月27日，多纳迪厄夫人和已满十九岁的次子保尔和马上就满十七岁的小女儿玛格丽特一起登上了“贡比涅”号(Compiègne)邮轮回国。3月30日，他们在马赛殖民事务局登记下船。4月初，他们来到多纳迪厄先生去世前买的普拉提耶的房产，位于洛特-加龙省杜拉斯镇附近帕尔达朗村。房产从1924年起就空置荒废了，之后也没有人去维护修缮，屋里家徒四壁、蛛网蒙尘，屋外杂花生树、草长莺飞。多纳迪厄夫人这次回来，目的就是亲自解决丈夫去世后遗留下来的经年没有解决的房产继承问题，卖掉房子，远离丈夫和前妻生的两个儿子，和过去决裂，带着钱离开，开始新生。

等待房子出售的这段时间，他们寄居在邻居家里，儿时的同伴如今生疏了，玛格丽特在这个熟悉又陌生的地方，隐隐感觉自己无论在哪儿都是一个异乡人。这段经历后来被写进杜拉斯的第一部小说《无耻之徒》里，故事也发生在南法的洛特-加龙省：

> 塔内朗一家无法住在十年以来无人照管、不能居住的房子里。天花板漏水，房间的石砖缝里长出了草。只有酒库和李子晒场还良好无损，因为佃户和庄园主都使用它们。
>
> 如果说花园本身不算太荒芜的话，让塔内朗太太看得舒心的也只有这里了。房子里的家具大部分搬到了巴黎，因此住所实际上无法使用。
>
> 到达的那一天令人阴郁。得寻找临时住处。这是他们没有预料到的：塔内朗一家不得不去佩克雷斯家

寄宿。[1]

一个多月后，房子终于卖出去了，成交价为8.5万法郎，一桩不错的买卖。6月初，一家人离开普拉提耶，途经波尔多，前往巴黎。《无耻之徒》用简简单单的一句话带过了这个情节："当波尔多的火车经过于德朗下面时，慕和母亲几乎没对那座房子看上最后一眼。"[2]一切似乎都被抛在了身后，没有留恋。从此，没有所谓的故乡，只有从此作为笔名的"杜拉斯"，那个让人想起埋葬着父亲的地方。

在波尔多，玛格丽特和家人坐上了开往首都的特别快车。在1987年出版的《物质生活》中，杜拉斯回忆了那次令她久久不能忘怀的旅行[3]：

> 我是和我一家人在一起，我的两个哥哥，还有我的母亲。在三等车有八个座位单间车厢时，我想另外还有两三个人，其中有一个年轻人，坐在我的对面，他在看我。他大概有三十岁。那应该是在夏季。我一直是穿殖民地穿的浅色裙衫，光脚穿一双凉鞋。我没有睡。那个男人问起我家庭情况，于是我就讲殖民地的生活，

① 玛格丽特·杜拉斯：《无耻之徒》，桂裕芳译，上海：上海译文出版社，2006年版，第33页。

② 同上，第199页。

③ 不过杜拉斯的记忆并不完全准确，她说"那是从西贡回国，同中国情人分别以后，乘夜车，从波尔多开出的列车，在1930年"。而事实上，事情发生在1931年，她17岁了，而不是16岁。

下雨，炎热，游廊，与法国的不同之处，去森林远足，我还要通过这一学年学士学位考试这一类事，无非火车上成了惯例的那种闲谈，这时只要把自己的故事，家里的事照直说就是了。后来，突然发现所有的人都睡着了……只有那个男人和我醒着没有睡。①

或许就是一个默默对视的眼神，欲望就汹汹地来了，或许在那一刻，眼前这个陌生的男人让她想起了她的中国情人？继续谈话已不可能，甚至都没有办法再看对方，玛格丽特提议休息，免得第二天到巴黎会太疲劳。男子把灯关了，女孩躺在长椅上，合上眼。男子打开车厢门出去，取了一条被子回来盖在女孩身上，女孩冲他笑笑，说谢谢，之后就睡着了。

我被他伸到我腿上热热软软的手弄醒，他的手非常缓慢地轻轻把我的腿分开，试着往我身上伸来。我微微张开眼睛。我看见他在看车厢里的人，他在注意察看，他害怕。我把我的身体一点点慢慢往他那边伸过去。我把我的脚抵在他的身上。我把脚给他。他抓住我的脚。我闭着眼睛顺应着他的动作。开始动得很慢，后来越来越慢；始终是克制着，最后达到快感，不动

① 玛格丽特・杜拉斯：《物质生活》，王道乾译，上海：上海译文出版社，2007年版，第113—114页。

了，要是他叫出声来，那就无法忍受了。①

除了飞速行驶的列车轰隆轰隆的巨响，黑夜掩盖了一切，表面波澜不惊。那只手缩了回去，之后又来了：

> 它抚摩全身、抚摩乳房，腹，腰下，带有欲望再升温情激起那种情味。有时它突然又停下来。它摸到下身那个地方，在发抖，像是要啮咬，再次变得滚烫滚烫。然后，又开始移动。它给自己设置一种理智，又温柔又知理，让自己亲切可爱地向这个孩子告别。②

的确，这趟充满情色意味的旅程就像一个告别的仪式，在神秘的暗夜，和印度支那告别，和童年告别。车到终点站，女孩睁开眼睛，那个男人的位子空在那里。这趟旅程也像是一个成人礼，一场春梦之后，等待她的是首都巴黎。

玛丽·多纳迪厄一家在旺弗(Vanves)区安顿下来，巴黎市政厅给了他们一套位于维克多·雨果街16号的公寓。这栋艺术装饰风格(Art Déco)的楼房建于1927年，是建筑师乔治·萨克斯设计的作品。《无耻之徒》的开篇应该就是当时玛格丽特住在里面的真实感受："慕推开窗户，于是房间里充满了山谷的噪音。太阳正在落山，后面留下大片云彩，云彩聚集起来，仿佛盲

---

① 玛格丽特·杜拉斯：《物质生活》，王道乾译，上海：上海译文出版社，2007年版，第114—115页。

② 同上，第115页。

目地奔向光明之渊。他们居住的‘八楼’高得令人目眩。从那里可以看见下面深处的、有声响的风景，它一直伸展到塞夫勒山丘的那条黑线。在遥远的地平线与悬在半空中的这座住所之间，处处是工厂和工人区，空气中饱含着轻微的雾气，像水一样发蓝和稠密。”①

母亲没有把玛格丽特安排在离家不远的米什莱中学，而是让她去了一所16区的私立学校读书。1931年10月1日，玛格丽特走进这所学费相对高昂的学校，学生主要来自16区的上流社会。大家都叫她小D，因为她身高只有1.52米，也因为她痛恨自己那个宗教色彩过于浓烈的姓氏（多纳迪厄：献给上帝）。她娇小、优雅、身姿曼妙，丰盈的红唇和顾盼生辉的细长眼睛有一种东方特有的妩媚，而且她很清楚，也知道如何施展自己的魅力，把周围的小伙子们迷得晕头转向。

小D尽情享受五光十色的巴黎生活，看电影，看演出，和哥哥、表兄、小伙伴们一道出去寻欢作乐。“她的日记就像一本舞会的手册。她在上面列出了护花使者的名单：执着追求她的贝尔纳，她并不喜欢的表哥保尔·兰波维尔-尼科尔，还有同班同学勒高克，她常跟他要钱和各种礼物。玛格丽特是在学习当一个交际花吗？不，她只是一个缺钱的穷人家女孩，热切地想领略生活罢了。金钱对她而言至关重要。它在某种意义上和爱情维系在一起，之后又和写作联系在一起。即使日后有钱了，她还是

---

① 玛格丽特·杜拉斯：《无耻之徒》，桂裕芳译，上海：上海译文出版社，2006年版，第3页。

害怕会有不时之需。”[①]金钱-爱情-写作，或许从一开始，自始至终都只是同一个、也是唯一的故事：“初恋破碎了，人们便带着这最初的故事走进之后的故事。你爱过某人，你便带上了某种印记，你之后的爱情只是那个故事的重演。你和那个故事已分不开了。”[②]

而所有轻率的、游戏的爱情都要付出惨痛的代价，1932 年，十八岁的玛格丽特怀孕了，男方就是同班同学勒高克。最后是这个富家子弟的母亲一手处理了此事，让她去堕了胎。多纳迪厄夫人一直都被蒙在鼓里：假证明上写的是阑尾炎。事情似乎就这样蒙混过关了，名誉没有受损，会考也没有受到影响，7 月初，玛格丽特顺利通过了考试。但创伤已然留下，几十年过去，杜拉斯在《另类日志》(*L'Autre Journal*)的一个专栏里写道：

> 人们以为打掉的只是一个胎盘，却没有意识到怀着的已经是一个婴儿。流产就是扼杀婴儿。就此而言，处处都是谎言，还有女人绝望的虚伪。而女人，她们一言不发。[③]

十八岁。或许我们在 1984 年发表的《情人》的开篇那段悲怆的感慨中可以读出一点蛛丝马迹：“太晚了，太晚了，在我这一

---

① 蕾蒂西娅·塞纳克：《爱，谎言与写作——杜拉斯影像记》，黄荭译，重庆：重庆大学出版社，2014 年版，第 47 页。

② 玛格丽特·杜拉斯：《外面的世界Ⅱ》，黄荭译，北京：作家出版社，2007 年版，第 26 页。

③ *Le Monde extérieur*，“Hôpital silence”，P. O. L，1993：p. 147.

生中，这未免来得太早，也过于匆匆。才十八岁，就已经太迟了。在十八岁和二十五岁之间，我原来的面容早已不知去向。我在十八岁的时候就变老了……衰老的过程是冷酷无情的。我眼看着衰老在我颜面上步步紧逼，一点点侵蚀，我的面容各有关部位也发生了变化……”①

巴黎，不平静的生活，就像她第二本小说的书名。

一、沸腾的拉丁区

1932 年夏末，多纳迪厄夫人的假期马上就要结束了，她要带玛格丽特回印度支那，准备中学会考的第二部分。9 月 13 日，他们登上“贝纳丹·德·圣皮埃尔”号（Bernadin de Saint-Pierre）轮船返回殖民地。生活似乎又回到了原来的轨道，但玛格丽特已经有了变化，她一副富家女的做派，身穿合身轻薄的印染丝裙，脚蹬高跟鞋，化精致的妆容；不上学的时候，她看看书，打打网球，弹弹肖邦的练习曲或迪亚贝利的变奏曲。虽然时不时流露出一丝神秘、淡漠、忧郁的神情，但她在这一整年里总体表现品行端正，而且学习勤奋、成绩良好。玛格丽特于 1933 年 7 月初顺利通过了中学毕业会考，母亲很欣慰，同意她去巴黎继续深造。10 月 3 日，她再次踏上了回国的邮轮，这一次是永别，法属殖民地印度支那渐行渐远，最后彻底消失在海面上，从此，她再也没有回到过那片土地，除了在梦里或在书里。

---

① 玛格丽特·杜拉斯：《情人》，王道乾译，上海：上海译文出版社，2005 年版，第 4 页。

尽管“疯狂年代”[①]已风光不再，1929年第一次世界经济危机的爆发让纸醉金迷的巴黎染上了一丝颓唐、阴郁的色彩，但生活的主调还是欢快的，几乎没有人嗅到另一场正在逼近的战争的气息，至少是不愿意相信眼前的浮华只是狂风骤雨前暂时的宁静。玛格丽特获得了一份奖学金，开始了她在拉丁区的大学生活。1933年11月18日，她注册了位于先贤祠广场的巴黎大学法学院——法国最好的法律院校，一旦学成，毕业生不仅马上会享有一定的社会地位和尊荣，而且可以妥妥地在司法部门、律师事务所、大企业或各类行政机关谋到一份待遇优渥的工作。在当时，选择法律专业的绝大多数是出身大资产阶级家庭的公子哥儿和为数不多的千金小姐，女生更喜欢攻读文学专业，听起来更浪漫，也更轻松。在世俗的眼光里，虽然在法学院就读的女生中也有人胸怀远大抱负，要在男性主导的社会闯出一番事业，但这样的人毕竟是少数，多数女生大抵都怀揣着一个粉红色的幻想：在校期间给自己物色一个家世显赫、才华横溢的如意郎君，至于未来找一份什么样的工作倒还在其次。

的确，巴黎大学法学院里人才荟萃，只要瞥一眼玛格丽特的同窗好友名单就足见一斑：有未来的法国政要阿兰·博埃、雷蒙·马尔塞兰、皮埃尔·梅斯美、阿兰·萨瓦里、克里斯蒂安·富歇，更有未来的法兰西共和国总统弗朗索瓦·密特朗，有抵抗运动的斗士雷蒙·奥布拉克、雅克·马洛、皮埃尔·勒芒东、罗贝尔·昂泰尔姆、让·梅兰，有未来的电信精英让·达尔奇、吉

① 指的是一战结束后到1929年第一次世界经济危机爆发之前的岁月。

尔·马尔提奈、雅克·傅维特,有未来的大律师让-巴蒂斯特·比亚吉,有未来的作家克洛德·鲁瓦,还有她未来的出版商之一克洛德·伽利玛……

青年杜拉斯

玛格丽特尽情呼吸着拉丁区自由的气息,自由开放地学习。她首先是在位于圣雅克街的法学院的课堂学习法律和政治经济学相关的课程,她要熟悉行政法、宪法和国际法的条款,还要对法学理论史、经济事件、财政立法感兴趣,并要选修经济战略、比较社会经济、劳动史和人口学方面的知识,她还得学习重商理论、重农理论,还需要了解圣西门主义、傅里叶主义、卡尔·马克思的思想原理和集体主义等知识。这些必要的知识储备,加上她在法属殖民地印度支那的亲身经历,应该都在她日后选择政治立场和人生方向中发挥了至关重要的作用。与此同时,她经常出入索邦的图书馆,去阶梯教室听法国现代文学的讲座,大量阅读法国和法国以外的文学作品,和有犹太血统的情人弗雷德里克·马克斯(Frédéric Max)去听莫扎特、巴赫、海顿的音乐会,和另一个和她一样渴望日后成为作家的情人让·拉格罗莱(Jean Lagrolet)去大小剧院看各种或传统或先锋的戏剧。

1935年,玛格丽特给自己买了一辆福特V8型豪华敞篷轿车,她很可能是当时唯一拥有轿车的女大学生,因为根据厄热内·维贝尔在《30年代的法国》一书中所做的统计,在1930年的巴黎,只有七百辆轿车,直到1940年也没有超过一千三百辆①。是中了六合彩?赌马或纸牌赌博赢了钱?还是母亲送给她的二十岁生日礼物?玛格丽特喜欢车,她和家人对车和速度都有一种狂热的激情,日后她在很多小说中都有相关的描写。有了车,她和哥哥还有情人们去的地方就更多了,诺曼底的海滨,奥地利的雪山,阿尔卑斯山上的木屋,意大利……

玛格丽特和她的汽车

① 让·瓦里尔:《这就是杜拉斯 1914—1945》,户思社、王长明、黄传根译,北京:作家出版社,2010年版,第344页。

巴黎的形势在一天天恶化，政府更迭、工厂罢工、群众上街游行示威、政派冲突此起彼伏……“沸腾的拉丁区是骚动的巴黎的一个缩写，整个城市在金融丑闻、社会斗争和战争的威胁下动荡。人们在烟雾缭绕的咖啡馆整夜整夜地谈论法国的时局和政治的走向。”①但玛格丽特和她的小伙伴们显然在最开始的那几年对这一切并不太在意，他们更愿意去图书馆、看戏、看电影、喝咖啡，既不参加任何法西斯的集会，也不支持左派或右派的任何运动。“当然，从内心来说，我们和反法西斯主义者是一致的，但是当时我们还年轻无知，根本不操心政治上的事。”②

在那段时期，玛格丽特的情感生活也一样“动荡”。她有过很多艳遇，也有过好几段一时的爱情并在此期间收获了一世的友情，她对肉体之爱怀有一种真正的激情。她喜欢做爱，需要做爱，无法餍足的爱情需要用性来平息。在那个时代，这么开放前卫的观念可不多见，因此她非常招男人喜欢，更何况她还风情万种、聪明风趣，像猫一样独立。

> 让我得救的，是我欺骗和我一起生活的男人：我会离开。我不忠诚。并非一直不忠，但大多数时候我是花心的。也就是说我喜欢这样，我爱的是爱情……③

---

① 蕾蒂西娅·塞纳克：《爱，谎言与写作——杜拉斯影像记》，黄荭译，重庆：重庆大学出版社，2014 年版，第 55—56 页。

② 劳拉·阿德莱尔：《杜拉斯传》，袁筱一译，沈阳：春风文艺出版社，2000 年版，第 125 页。

③ 现代出版档案馆档案。参见劳拉·阿德莱尔：《杜拉斯传》，袁筱一译，沈阳：春风文艺出版社，2000 年版，第 124 页。

浅尝辄止的爱情，给人的感觉是在爱情中曾经受伤的玛格丽特为自己设计了貌似“安全”的游戏规则，担心再次陷入不可能之爱的泥沼里，担心感情经不起时间和金钱或其他因素的考验，所以她选择及时抽身离开，在爱情腐坏变质之前。

二、爱在战火纷飞时

1936 年冬，让·拉格罗莱给玛格丽特介绍了两位他中学时代的好友：乔治·博尚和罗贝尔·昂泰尔姆。很快，玛格丽特的心就偏向了相貌平平但个性阳光、成熟稳重、心地尤其善良的罗贝尔。小伙子比她小三岁，1917 年 1 月 5 日出生在科西嘉的萨尔坦一个富有、传统、保守的天主教家庭。他和相貌英俊、浪漫优雅却骨子里有一种忧郁气质、内心扭曲的让·拉格罗莱形成了强烈的反差。让 1918 年 11 月 11 日出生在贝约讷，母亲生他时难产去世，父亲因此对他充满了敌意，后来家道败落，他在一群聋哑老人身边长大。他经常在夜里嚎叫，痛苦得不能自已，这让玛格丽特感到害怕，因为她不知道如何抚平他的伤口，这一声声撕心裂肺的喊叫后来被作家杜拉斯写进了《副领事》。

“我最心爱的女友爱上了我最要好的男友”，比肥皂剧更狗血的剧情。故事很快演变成一场要死要活的闹剧。乔治根本无法置身事外，因为让和罗贝尔都是他从中学玩到大学的死党。他先是从罗贝尔手中夺下手枪，因为罗贝尔想自杀，羞愧自己背叛了最好的朋友。让也试图吞药自杀，因为自己的女友被最好的朋友抢了。玛格丽特则把自己关在房间里哭泣。最后是乔治平息了一切，1937年夏天，他开车带着让去奥地利和匈牙利转了一大圈，而玛格丽特和罗贝尔开着福特敞篷车一起去了北方，并正式确定了关系。也就在这一年夏天，这对“订了婚”的恋人都学有所成，罗贝尔取得了法律学士学位，玛格丽特前一年就拿到了学位，这一年她还拿到了另外两个高等教育的文凭，一个是公共法，另一个是政治经济学。

但很快，战争的阴影就笼罩了一切，包括他们刚刚点燃的爱火。罗贝尔·昂泰尔姆已满二十周岁，到了服兵役的年龄，他于1937年9月去了部队，被编入鲁昂第39步兵团。因为对服兵役热情不高，事先又没有参加过军事训练，罗贝尔只能当一名普通士兵。他在给朋友弗朗丝·布鲁奈尔（France Brunel）的信中这样写道：

> 是的，我准备“出发”，去我不熟悉的某个地方，但我穿着我很熟悉的戎装。我的精力和诗才缓慢地朝何方发展？我没有因为才情被埋没而痛心疾首，只有对世界失去人才而深感遗憾。这个世界自我封闭，有时很痛苦，就像香水一样，显现出使万物憔悴的神秘与诱惑。①

1937年初，玛格丽特向殖民部提出申请，想得到一份行政工作，这是不是因为母亲和自身的经历无法摆脱的潜移默化的作

① Laure Adler, *Marguerite Duras*, Gallimard, 1998.

用？6月9日，她被招聘到殖民地信息与档案处，月薪一千五百法郎。1938年9月1日，她加入了法国香蕉推广委员会，之后去了种植委员会，再以后是茶叶委员会。她在殖民部的工作应该干得不错，因为不到两年的时间涨了两次工资。1939年3月1日，她回到了国际信息处，殖民部部长乔治·芒戴尔下达的任务很明确：让她和她的顶头上司菲利普·罗克合写一本《法兰西帝国》①，歌颂法国海外殖民地的繁荣和富庶，没有时间浪费，书必须尽快写好出版。

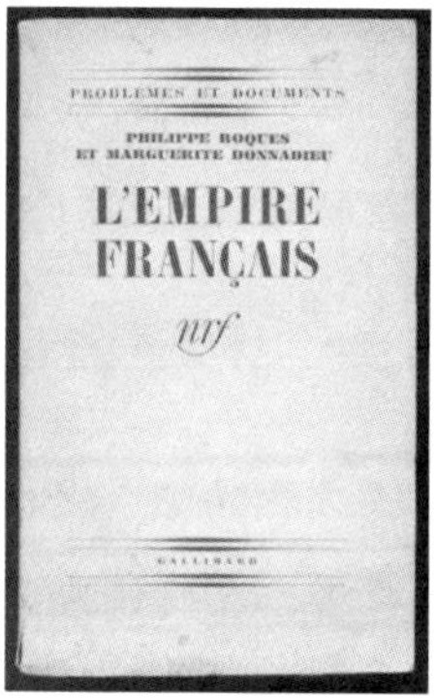

《法兰西帝国》

《法兰西帝国》于1940年4月25日出版，作者署名是菲利普·罗克和玛格丽特·多纳迪厄，开篇就点明了此书的目的："让所有法国人都知道，他们拥有一个巨大的海外领地，一个帝国，每个法国人都应该时刻意识到这一点。这也是一本战斗的

---

① Marguerite Donnadieu en collaboration avec Philippe Roques, *L'Empire français*, Gallimard, 1940.

书……法国应该知道它在殖民领域的能力，并应该以此为骄傲……帝国已经建成。是战争最后造就了帝国。”[①]从当时的国际局势来看，法西斯的幽灵已经笼罩在整个欧洲上空，这本书因此也带着强烈的介入和行动的色彩：帝国和殖民地的子民都应该为捍卫祖国母亲而奋起抵抗德意志法西斯的侵略。

但颇有讽刺意味的是，1940 年 5 月 10 日清晨，德军从荷兰至马其诺一线向盟军发起全线进攻。三千多架飞机闪电袭击了荷兰、比利时和法国北部七十余个机场，一举摧毁了盟军的几百架飞机。5 月 14 日，德军的坦克师和摩托化师编成的第一梯队通过阿登山区，随后长驱直入，5 月 21 日，英法联军约 40 个师被包围在比、法边境的敦刻尔克，开始了“战争史上最成功的一次逃亡”——敦刻尔克大撤退。德军占领法国北部后，立刻向巴黎和法国腹地发起进攻，巴黎陷入一片恐慌和溃退，6 月 22 日，法国被迫和德军签署了停战协定。

而这本书的合作者之一玛格丽特·多纳迪厄，在此后的日子里，一直用杜拉斯的笔名，通过一部部文学作品在“逆写帝国”，用她自己的话说，是弥补自己年轻时的“错误”，努力用自己的方式重新照亮那片“黑暗的大陆”，让世人看到它曾经被掩盖、被篡改的历史真相。

不过，玛格丽特在 1939 年 9 月 3 日法国被迫对德宣战后，做了一个很英勇的决定，她主动给罗贝尔发了一封电报：“想嫁给你。回巴黎。玛格丽特。”罗贝尔高兴坏了，他请了三天假，赶

---

① 劳拉·阿德莱尔：《杜拉斯传》，袁筱一译，沈阳：春风文艺出版社，2000 年版，第 149 页。

头一班火车回到巴黎。婚礼于1939年9月23日11点在15区的市政厅举行，手续非常简单，也没有结婚证，只有很少的几个人参加了他们的婚礼，朋友们要么不在巴黎，要么已经参了军。在这个不幸的年代，婚姻或许是一种支持，一种慰藉，让人对未来有所等待、有所盼望，玛格丽特说："只有结婚才能证明我爱他。"就在结婚当晚，玛格丽特陪罗贝尔去火车站，目送他离开，返回部队。

一个月后，罗贝尔写信给弗朗丝诉说自己的苦闷和对这场奇怪战争的感受：

> 我们都不知道什么时候才能从这里出发。我告诉你，这里真是要人的命。还有什么可以证明我们是人呢？是的，又是长时期的沉睡，一旦醒来将是多么痛苦。
>
> 我们，我们参与了这场混乱。我们全身心地介入了斗争，我们在丑陋中奋争。即将打响的战斗从原则上来说是和人类的蛮荒所做的斗争，这正是你和我所一直做着的事。希望我们能够接替上去，我们也的确应该接替上去，竭尽全力反抗一个愚蠢而空虚的时代的到来。①

---

① 弗朗丝·布鲁奈尔私人档案。参见劳拉·阿德莱尔：《杜拉斯传》，袁筱一译，沈阳：春风文艺出版社，2000年版，第147页。

三、走向抵抗

1940 年 9 月，罗贝尔・昂泰尔姆回到巴黎，在父亲的安排下进了巴黎警察署做助理编辑，他在警察署一直工作到 1941 年 5 月。有人因此指责他在加入抵抗组织前曾经为附敌的伪政府工作过。殊不知他恰恰是利用这一身份做掩护，在警察署编辑雅克琳娜・拉夫勒尔的领导下进行秘密的抵抗运动，帮助那些被怀疑的外国人，销毁告密信，搜集情报，通知被警察署盯上的人转移，搭救英国飞行员……

从警察署离开后，罗贝尔进入工业部担任信息资料处专员一职。1940 年 11 月，玛格丽特辞去殖民部职务，她开始在家偷偷创作第一部小说，她和罗贝尔的家成了朋友们聚会聊天的场所，空气中飘散着自由和友谊的味道，那里也成了抵抗组织成员躲避追捕的藏身之所。1941 年秋，玛格丽特发现自己怀孕了，她渴望孩子的心情是急切的，除了跟罗贝尔，她还不止一次地跟好友乔治・博尚和雅克・贝奈表达过想要孩子的愿望，最终她成功地说服了罗贝尔。在她看来，女人天生就是要为人母的，这是自然法则，没有孩子，就是对世界、对自身的一部分一无所知。

怀孕期间很辛苦，虽然罗贝尔对她悉心照顾，但敏感的玛格丽特似乎觉察到罗贝尔有了外遇，她很焦虑，寸步不离罗贝尔，连他上街都要跟着。或许是玛格丽特在爱情和婚姻当中一贯的不忠和自由对夫妻关系造成了影响，罗贝尔当时也有了私情，他爱上了另一个年轻女人安娜-玛丽・昂拉（Anne-Marie

Henrat)。但他对玛格丽特还有感情，依然和她貌合神离地生活在一起。

预产期是1942年春。5月15日一大早，玛格丽特被送到慈善会圣母院产科医院，分娩很不顺利，持续了二十多个小时，因为婴儿的脑袋被卡住了。1942年5月16日凌晨，玛格丽特产下一个六斤多重的男婴，但孩子生出来后就昏迷不醒，也没有啼哭，半小时后就停止了呼吸。世界坍塌了。她想看一眼死婴，但所有人都不同意，包括罗贝尔，还有修女嬷嬷们。这是一场不可能的葬礼，大家告诉她，孩子将被火化。悲痛中掺杂着负罪感。孕育了生命却无法真正地给予。重重叠叠的往事如潮水涌上心头，回忆压在胸口令她无法呼吸：童年的不幸，越南女乞丐的女婴之死，十年前那次偷偷摸摸的堕胎……漫长的失眠开始了，还有那可怕的、无法慰藉、无法填满的"空虚"。

人们再见到玛格丽特，已是1942年7月，她开始在书籍组织委员会工作，委员会主要是在不同的出版商之间协调分配出版证，所以它不仅要对库存数量负责，还要对书的质量进行把关。德国宣传部直接对书籍组织委员会施加影响，要求"在德占区，只有百分之百支持德国利益的出版社才有权参与出版证的分配"。因此借口管理书籍的仓储问题，委员会履行的实际上是查禁的职能。它让审读人看手稿，决定哪些书值得出版，哪些书应该受到查禁，为亲德的出版社大开方便之门。

对于这个机构的附敌程度，玛格丽特不可能一无所知，她之所以在这个部门一直工作到1944年1月，或许也因为这个位置是距离她作家梦最近的地方，不仅可以让她认识巴黎所有出版商，还能让她结识很多优秀的作家和审读人（其中包括她的新情人和未来孩子的父亲迪奥尼斯·马斯科洛）。事实证明，她的苦心没有白费，在纸张极度紧张匮乏的战争年代，她的《无耻之徒》于 1943 年在布隆出版社出版，《平静的生活》于 1944 年在伽利玛出版社出版。

1942 年 10 月，玛格丽特和丈夫罗贝尔搬到了圣日耳曼德普雷区的圣伯努瓦街 5 号，从卧室的窗户可以望见不远处教堂的钟楼，这里也是玛格丽特一生最主要的居所，一直到她于 1996 年去世。在这座被占领的城市，虽然时局动荡、生活艰难，但圣伯努瓦街的这套公寓却常常是热闹的、欢乐的，充满青春和才华的躁动，俨然一个乌托邦式的共享空间：自由、平等、博爱。

圣伯努瓦街 5 号，杜拉斯曾经住过的公寓已经成了一个“记忆之场”

或许爱情过于自由了，变成了一场交换舞伴的游戏：玛格丽特把新欢迪奥尼斯·马斯科洛介绍给丈夫罗贝尔认识（当然隐瞒了自己的私情），丈夫和情人志趣相投、一见如故，成了毕生的挚友；罗贝尔继续和安娜-玛丽·昂拉交往，却依然和玛格丽特住在一起，而玛格丽特此时疯狂地爱着迪奥尼斯，但后者没有为了她而冷落另一个情妇。这也是一个随时都向朋友敞开的空间,“布勒东梦想的那种玻璃房子”,透明、真诚、毫无保留。

1943年底至1944年初,德军在斯大林格勒受挫,义务劳动制度出台,北非解放,盟军在西西里登陆,犹太人在巴黎遭到大围捕,这一系列事件促使这群常常聚在圣伯努瓦街5号公寓里的知识分子小团体做出决定:投身抵抗运动,不再做“局外人”。作为联络员,玛格丽特在“全国战俘及被放逐者运动”(MNPGD)的报社工作,她暗中传递资料,在家中藏匿抵抗分子。而她的丈夫罗贝尔,在抵抗组织中化名“勒鲁瓦”,利用他在皮埃尔·皮舍内阁的职务之便,把搜捕者的名单偷出来。巧的是,他们这支抵抗运动的秘密队伍的领导人不是别人,正是夫妻俩当年在巴黎大学法学院读书时的老同学弗朗索瓦·密特朗,这位老同学化名“莫尔朗”,在首都大搞地下活动,四处联络抵抗分子,三天两头换住所——为了逃避盖世太保在全城展开的地毯式搜捕。

四、“杜班街邮局”和《痛苦》

《杜班街邮局和其他对谈》(*Le Bureau de poste de la rue Dupin et autres entretiens*)和《痛苦》(*La Douleur*)都用了不少篇幅真实再现了二战期间杜拉斯度过的“至暗时刻”:她和罗贝尔在密特朗的领导下参加抵抗运动,后来罗贝尔和妹妹玛丽-露易丝不幸被捕继而被送往集中营,杜拉斯终日惶惶不安,四处奔走想方设法营救丈夫和小姑子……

《杜班街邮局和其他对谈》收录了1985年7月到1986年4

《杜班街邮局和其他对谈》

月杜拉斯和密特朗进行的五次对谈。一开始是《另类日志》的主编米歇尔·比代尔(Michel Butel)的主意,他约杜拉斯给杂志写专栏,五次访谈于1986年2月至5月陆续刊登在该周刊上①。其中1985年7月24日在杜拉斯位于圣伯努瓦街5号公寓进行的第一次对谈"杜班街邮局"的主题就是这段历史。《痛苦》1985年4月在P. O. L. 出版社出版,手稿是四十年前杜拉斯写在两本日记上的,一直被遗忘在诺弗勒堡的蓝色壁橱里。为什么要等这么多年以后,当事人才重回历史现场、再次忆起这一段惊心动魄的经历?或许是为了顾及一些人及其亲属的感受,但"如今大家已经老了,即使这些事实公之于众,也不会像以往我们还年轻

① 五次访谈之后,杜拉斯和密特朗二人都有在伽利玛出版社结集出版的意愿,书名由杜拉斯定。她原本希望访谈能继续下去,但出于种种原因未能如愿。直到杜拉斯和密特朗辞世十周年,伽利玛出版社于2006年1月将这五次访谈编辑成册出版,并增加了一些注释和见证史料,了却了一对老友的夙愿。

时那样对他人造成伤害了”。[1] 杜拉斯自己这样一厢情愿地以为。实际上，1976年，杜拉斯就不顾当时还在医院的罗贝尔·昂泰尔姆的意见，在《女巫》杂志发表了一篇题为《没有死在集中营》的文章，对部分事实做了篡改，导致他们彻底决裂。如果罗贝尔·昂泰尔姆事先知道，《痛苦》是绝不可能出版的。但是，他已经无能为力了，书出版的时候，他躺在医院，动也不能动，病得很重，记性也越来越差，甚至连人也不认识了。从某种意义上，杜拉斯所做的，是在抢救关于他的记忆，关于纳粹暴行、关于集中营，她要用文字试图将那段不堪回首的经历说出来，因为那即是“我们这个时代最恐怖的事情”，那即是历史。

杜拉斯和密特朗

1985年7月24日，杜拉斯和密特朗第一次对谈，是在圣伯努瓦街5号杜拉斯的公寓里。就是在这里，他们结下了战斗情

---

① 玛格丽特·杜拉斯：《痛苦》，王东亮、朱江月译，上海：上海译文出版社，2012年版，第87页。

谊。对谈是从杜拉斯回忆他们初次在公寓见面的情形开始的：

> 有些事想必您已经淡忘了。而我别的都忘了，但某些东西却记忆犹新：那是我们第一次见面，在这里，在这套公寓里。当时很晚了，你们是两个人。您坐在客厅的壁炉前面，侧着身，另一人坐在火炉前，就是旧油桶做的火炉，把报纸揉揉扔里面烧的那种。我不记得自己有没有给你们弄吃的。马斯科洛也在。你们三人一起说话，但话不多。突然您抽起烟来，整个房间都被英国香烟的味道充斥了。我已经有三年没有闻过那种味道了……①

1943年8月底，密特朗化名"莫尔朗"被安排到杜班街5号罗贝尔·昂泰尔姆的母亲家藏身，罗贝尔的妹妹玛丽-露易丝也住在那儿。这以后，小组集会就经常在杜班街5号罗贝尔父母家的公寓召开，小组成员还有埃德加·莫兰、乔治·博尚、迪奥尼斯·马斯科洛、让·穆尼埃、雅克·贝内……都是玛格丽特和罗贝尔的老同学和老朋友。

从1944年开始，抵抗运动进入了黎明前的黑暗，纳粹对运动核心人物的围捕和搜查更加疯狂。6月1日是个黑色的日子。那天早上抵抗组织在查尔斯·弗洛盖街有一次重要会议。有人按门铃，密特朗开了门，来人要找让·贝尔丹，而且叫的是贝尔

---

① Marguerite Duras et François Mitterrand, *Le Bureau de poste de la rue Dupin et autres entretiens*, Gallimard, 2006: p. 28-29.

丹的化名贝拉尔。密特朗没有怀疑，把贝尔丹叫了出来。贝尔丹一出来，来人就用手枪顶着他，把他带走了，密特朗和其他人趁乱逃脱了。

同一天傍晚，在杜班街也有一个会议。或许是因为白天的事件，密特朗迟到了。出于一个老练的地下工作者的谨慎习惯——也正是这一习惯在那天救了他——上楼之前他在楼下的杜班街邮局拨通了玛丽-露易丝的电话，一个女人的声音回答他："先生，您打错电话了。"他重拨了一次，同一个声音大叫："别再打来了，先生，已经告诉您拨错号码了。"密特朗听出那是玛丽-露易丝的声音，明白肯定出事了。离开邮局前，他赶紧给玛格丽特打了电话，让她在十分钟之内务必离开圣伯努瓦街的公寓。当玛格丽特从家里出来的时候，她看到密特朗站在圣伯努瓦街和修道院街交叉的岔路口上，好像暗示她哪条路该走，哪条路不该走，于是玛格丽特朝大学街走去。"一直到今天，我才明白了您挡在路上的身躯意味着什么。四十年以后。当时我只是听从了您的安排，却丝毫没有意识到个中奥妙。"[①]电话没有打错，就在那天，玛丽-露易丝在杜班街的公寓被捕，警察在电话铃响之前就到了，一起被带走的还有罗贝尔和几位抵抗分子。而密特朗再次幸免于难。

丈夫被捕以后，玛格丽特心急如焚，她想方设法打听丈夫被关押的地点，想给他送一个包裹。在索塞街盖世太保的大楼的走廊上，她遇见了夏尔·戴尔瓦(Charles Delval)，一个附敌分

---

① Marguerite Duras et François Mitterrand, *Le Bureau de poste de la rue Dupin et autres entretiens*, Gallimard, 2006: p. 22.

子，正是他打入了他们的组织，让很多抵抗组织的成员被捕。杜拉斯在《痛苦》中有一篇题为《某先生，化名皮埃尔·拉比耶》(*M. X dit ici Pierre Rabier*)的文章，详细谈到了那个痛苦的时期，那个暧昧的故事，很容易让人联想到张爱玲小说《色·戒》中的王佳芝，玛格丽特冲这位秘密警察抛媚眼，他迷上了她，或许她也有点受他的蛊惑。前者想通过他了解丈夫与其他被捕同志的生死和去向，后者想从她口中套出抵抗分子的情况。“危险的游戏”开始了，“老鼠”主动走到“猫”跟前，说：“我在找我丈夫，我想给他送一个包裹……”某先生则反问她：“您认识莫尔朗(密特朗的化名)吗？”而莫尔朗命令玛格丽特和拉比耶继续保持接触，“因为这是我们与被捕同志保持联络的唯一希望。更何况，如果我不再赴约，拉比耶就会对我产生怀疑”。[①]

抵抗组织内部对“美人计”的意见也有分歧，一些人想要立即除掉盖世太保拉比耶，一些人则希望玛格丽特迅速离开巴黎。而在一封由 D[②] 转交给莫尔朗的信中，玛格丽特承诺：“一旦我得知我丈夫和小姑子已经脱离拉比耶的控制，也就是说他们已经离开法国，我将不惜一切代价，保证让组织在警方插手之前干掉他。”[③]

在关于“杜班街邮局”的谈话中，后来的共和国总统密特朗也对在波旁宫附近和杜拉斯的那次偶遇记忆犹新：

---

① 玛格丽特·杜拉斯：《痛苦》，王东亮、朱江月译，上海：上海译文出版社，2012 年版，第 97 页。

② 指迪奥尼斯·马斯科洛。

③ 玛格丽特·杜拉斯：《痛苦》，王东亮、朱江月译，上海：上海译文出版社，2012 年版，第 99 页。

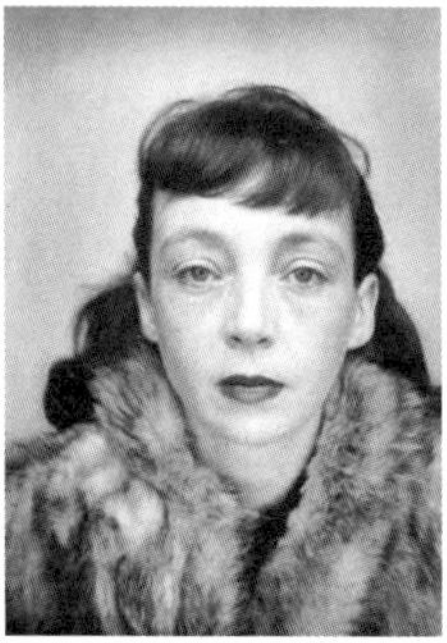

二战时期的杜拉斯

> 我记得很清楚。我骑着自行车过来，我先不知道您在那儿。我看到您和一个人在说话，我从自行车上下来（我当时跟耍杂技一样），我说，“您好，玛格丽特，还好吗？”我看到您有点……尴尬。我看到拉比耶，那个正在找我并老问您“您认识莫尔朗吗？”的家伙……我于是明白自己犯了错，我说“再见，再见！”很快就骑车溜掉了。①

玛格丽特和“某先生”（戴尔瓦）之间这场诱惑的游戏持续了几个星期，罗贝尔始终杳无音讯，玛格丽特也发现戴尔瓦其实只是一个小角色，并不像他自己所说的那样重要。1944 年 8 月，就在巴黎解放之际，夏尔·戴尔瓦被邻居告发有亲德行为，关在德朗西。是迪奥尼斯亲自去把他抓来并和密特朗一起在波布尔饭

---

① Marguerite Duras et François Mitterrand, *Le Bureau de poste de la rue Dupin et autres entretiens*, Gallimard, 2006: p. 24.

店审了他整整一夜，但是他们既没有得到任何关于让很多小组成员被捕的叛徒的信息，也没有找到戴尔瓦确凿的罪证。1944年9月14日，戴尔瓦被移交给司法局警察，12月10日，法官传玛格丽特·昂泰尔姆作证，尽管玛格丽特第二天推翻了前一天的证词，但最终戴尔瓦还是被判处死刑。这期间，另一场情感纠葛上演了，迪奥尼斯在和被告年轻的妻子波莱特·戴尔瓦接触时暗生情愫，两人很快就有了一个儿子，这件事大家都一直小心翼翼地瞒着玛格丽特，又是荒诞的生活中一个不透光的“黑洞”。

此时，自由的曙光已经渐渐染红巴黎的天空。1945年5月1日，密特朗动身去解放最初的纳粹集中营。在德国达豪集中营：死人和“还没有完全死去的人”被扔在一起，“我们穿越了整个集中营，从一头走到另一头，也没有特别的路线，跨过一具具尸体……从一堆看上去死气沉沉的身体上跨过去，一个虚弱的声音响起，在喊我的名字……那简直不可思议！他又喊了几声，否则我们也找不到他，找到的时候根本认不出来”。① 罗贝尔当时感染了斑疹伤寒，虚弱到了极点。在没有得到医生的检查之前任何人不能离开集中营。密特朗立刻回到巴黎，找到迪奥尼斯、贝内和博尚，马上伪造了回集中营的许可证。迪奥尼斯和博尚开着车，穿着美军制服，带着假证件，顺利进入集中营，并把罗贝尔当醉汉一样架了出来。罗贝尔当时非常虚弱，形同枯槁，瘦得只有三十七公斤。车到斯特拉斯堡时，他们以为他虚脱得要死了，送他去了医院，护士说他不会死，但那样子和死人也差不

① Marguerite Duras et François Mitterrand, *Le Bureau de poste de la rue Dupin et autres entretiens*, Gallimard, 2006: p. 19.

多了……他们继续赶路，两天后回到巴黎，密特朗和玛格丽特一起坐在公寓的台阶上等。密特朗还记得当时玛格丽特“一动不动，完全惊呆了……随后您逃到一边去了”。①

罗贝尔奇迹般地从死亡线上挣扎回来，而他的妹妹玛丽-露易丝却没有从集中营生还，她刚被解救出来就因极度虚弱在埃文斯布鲁克去世。玛格丽特见证了罗贝尔归来和之后的那段难熬的日子：

> 在我的记忆里，在某一时刻，嘈杂声停止了，我看见了他。触目惊心。在我面前。我认不出他了，他看着我。他笑了。他任我看。一种超自然的疲乏、终于能活到此时的疲乏在他的微笑中显露出来。这个微笑使我突然认出他来，但是很遥远，仿佛在隧道深处。这是一种愧然的微笑。他对自己落到这个地步、成为这副残骸感到惭愧。然后微笑消失了。他又成了陌生人。但是我还认识他，这个陌生人就是他，罗贝尔·L，完完全全。②

康复的过程极其凶险，如果罗贝尔从集中营一回来就吃东西很可能会死，因为他的胃和心脏都承受不了食物，但如果一直

---

① Marguerite Duras et François Mitterrand, *Le Bureau de poste de la rue Dupin et autres entretiens*, Gallimard, 2006: p. 21.

② 玛格丽特·杜拉斯：《痛苦》，王东亮、朱江月译，上海：上海译文出版社，2012年版，第65—66页。

《痛苦》

什么东西都不吃他也会死。他连续十七天高烧不退，玛格丽特慢慢开始喂他喝粥，但一匙粥都很难让这具在集中营被折磨成非人的躯体接纳。

> 颈部一直插到骨架中去，与上颌相贴，像常春藤一样绕着韧带。皮肤成了薄薄的卷烟纸，透过它可以看到椎骨、颈动脉、神经、咽部以及流动的血液。他排泄一种暗绿色的冒着泡沫的黏性物，那是没有人见过的粪便。
>
> ……
>
> 大便一出来，房间里就充满了一种气味，不是腐物、尸体的气味——他身上还有属于尸体的物质吗？——而是属于植物腐殖土、枯枝败叶、厚密的林下

灌木丛的气味。确实，那是一种阴暗而浑浊的气味，似乎源自他所经历的而我们却无从知晓的漫漫黑夜。①

尽管杜拉斯很清楚，罗贝尔看到自己从集中营放出来后种种令人作呕的细节被如此暴露在光天化日之下一定会感到震惊，但杜拉斯已经不在乎了，她是以真相的名义在写作——杜拉斯的真相，她作为见证人的真情实感。

我们应该也读一读罗贝尔的真相，他从集中营归来后写的《人类》(*L'Espèce humaine*)，1947年在玛格丽特、罗贝尔和迪奥尼斯三人于1945年12月创建的众城出版社(Éditions de la cité universelle)出版。法国当代著名传记作家阿兰·维贡德雷评价这本书"或许是在集中营对文学的启发下唯一一部真正的著作。书中，文字奔涌而出，凭着一种神圣的力量，回顾了最幽微的细节，比如白天里最无聊的时刻、受限制的空虚生活、投向天际的一瞥、落在手中的尿液的温热、人类的残忍。那是所有人的残忍，包括党卫军、囚犯组长以及囚犯们，所有人全部集中在封闭的院内：那里就像角斗场，也像悲剧里的密室，登台表演的只有生与死，它们为了获胜而激烈地争斗，生是无欲无求的生，死是无欲无求的死……"②在集中营那个与世隔绝、静止不动的地方，既有时间的缄默，也有人生的缄默，还有那些既无法言说又

---

① 玛格丽特·杜拉斯：《痛苦》，王东亮、朱江月译，上海：上海译文出版社，2012年版，第69—70页。

② 阿兰·维贡德莱：《杜拉斯传：一个世纪的穿越》，胡小跃、伍倩译，南京：江苏凤凰文艺出版社，2017年版，第128页。

不应该被遗忘的痛苦，因为遗忘意味着人类还会重蹈覆辙。

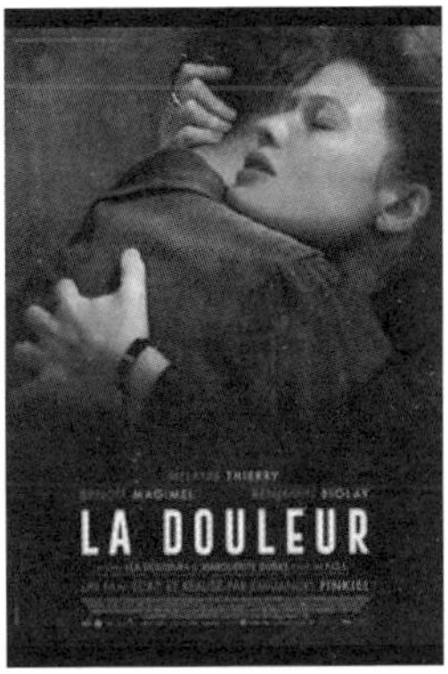

《痛苦》电影海报

2017 年，由艾玛纽埃尔·芬基尔（Emmanuel Finkiel）改编、导演的《痛苦》（*La Douleur*）[①]再次唤醒了 1944 年德占时期的巴黎的历史记忆，扮演玛格丽特的女演员梅兰妮·蒂埃里（Mélanie Thierry）一脸憔悴，失魂落魄地徘徊在巴黎灰蒙蒙的街巷和塞纳河边的镜头让人动容，印象深刻。

---

① 该片也被译为《巴黎：1944》或《战争回忆录》。2018 年，《痛苦》作为法国官方候选影片参加了奥斯卡最佳外语片奖的角逐。

第三章

圣伯努瓦街5号

写作对一个人的现实生活是有很强的腐蚀作用的，我忘了是不是杜拉斯说的，当写作成为生活的方式之后作品很快就吞噬了生活。①

1942年发生了一系列重大事件：5月，玛格丽特和罗贝尔的孩子刚出生就夭折了；7月，玛格丽特进书籍组织委员会工作；10月，夫妻俩搬到圣伯努瓦街5号的公寓；11月，玛格丽特结识了迪奥尼斯・马斯科洛；12月，玛格丽特收到母亲从印度支那发来的电报——保尔去世。

小哥哥的死很突然，事先没有任何特别的征兆，只是觉得呼吸有些困难，送到医院后很快就不行了。善良、英俊、温柔的小哥哥曾经是玛格丽特童年唯一的陪伴者和守护者，玛格丽特深受打击，她不相信也不愿意接受。保尔葬在西贡殖民地公墓，罗

① 程青：《美女作家》，北京：人民文学出版社，2001年版，第58页。

望子树下，唯一的妹妹再也没有回过那里，没有给他上过坟。这一次，印度支那、母亲、大哥都随着保尔的去世彻底远去了，湮没在人世间。断裂，和过去，和家庭，多纳迪厄这个姓氏她也不要了，从此，她成了作家玛格丽特·杜拉斯。

在死亡和战争的阴霾里，迪奥尼斯成了难得的一缕阳光。玛格丽特对他一见倾心，觉得他"英俊，很英俊"，"像上帝一样英俊"；迪奥尼斯也觉得她很可爱、很迷人。他们之间谈得最多的是文学，玛格丽特已经在构思自己的第二部小说《平静的生活》，虽然第一部小说《塔纳朗一家》一直没有找到出版社。

玛格丽特和迪奥尼斯的相逢要感谢一个人，那就是雷蒙·格诺，后者也是她踏上文学之路非常重要的引路人。当时玛格丽特把《塔纳朗一家》的手稿寄给了加斯东·伽利玛，但伽利玛迟迟没有回复。失去耐心的玛格丽特央求罗贝尔去找伽利玛当面说情，也没有奏效。从伽利玛的档案里，我们知道当时负责审读的马塞尔·阿尔朗给了否定意见，稿子已经被毙掉了，只不过退稿信还没有寄出。第二天罗贝尔碰到伽利玛出版社的另一个审读人雷蒙·格诺，在他的极力推荐下，格诺答应再看一下稿子。1941 年 3 月 6 日，格诺读了《塔纳朗一家》，虽然他也不赞成发表，但他承认作者有写作天分，尽管这篇小说结构散乱，而且受美国文学，尤其是福克纳的影响太深。

在玛格丽特两次三番写信和托人去询问之后，伽利玛于 5 月 16 日给出了最后的回复："的确，这是一部很有意思的小说，它的作者很有希望，但是像这样一部手稿还没有达到出版要求，我们注意到作者还不够成熟，手法稚嫩。"就在同一天，出版社也发了一封信给玛格丽特：

> 夫人：
>
> 我们读了您的手稿，觉得很有意思。在我们看来，目前出版它是不可能的事。但是如果能和您谈谈，我将非常高兴，倘若有可能，请与近几天到塞巴斯蒂安·波丹街来一趟。

信末的署名是雷蒙·格诺。格诺在办公室接待了玛格丽特，他当时三十七岁，已经出版了七部小说，格诺建议她放弃美国式的写作方式，用一种更明晰、更直白的语言切中主题。他相信她会成为一名好作家："写吧，除了写作，什么都别干。"[①]多亏了格诺，玛格丽特鼓起勇气把书稿转投给了其他出版社，书稿被接受了。1943 年，她的第一部小说在布隆出版社出版，书名改成了《无耻之徒》；也多亏了格诺，玛格丽特的第二部小说《平静的生活》在伽利玛出版社出版，而他正是该书的责任编辑；还多亏了格诺，玛格丽特认识了同样在伽利玛出版社做审读人的美男子迪奥尼斯·马斯科洛，他们最终都成了圣伯努瓦街 5 号公寓聚会的常客。

玛格丽特不可救药地爱上了迪奥尼斯，她给他写一些时而炽热、时而令人心碎的纸条和信件："说你爱我。""我幸福得受不了啦。""凌晨六点。我是一具尸体。没有你我成了一具尸体。"

---

① 阿兰·维尔贡德莱：《玛格丽特·杜拉斯：真相与传奇》，胡小跃译，北京：作家出版社，2007 年版，第 75 页。

"猫在叩门。我坐在地上。我不是一个撒谎的女人。当然,我说了谎话,但是我在离你那么远的地方活着。"[1]他们在咖啡馆约会,在旅馆的房间做爱。但在丈夫罗贝尔面前,她小心翼翼地把这份感情藏起来了,虽然在感情方面其实大家一直都很开放,罗贝尔爱玛格丽特也爱安娜-玛丽·昂拉,玛格丽特爱罗贝尔也爱迪奥尼斯,甚至还有别的情人,迪奥尼斯爱玛格丽特但也没有爱到要抛弃另一个姑娘的程度。

玛格丽特和迪奥尼斯

罗贝尔从集中营回来后,玛格丽特又重新和他在一起生活了,她不辞辛劳地看护他、照顾他、守在他身边,一副忘我投入的样子,直到他康复。这期间,迪奥尼斯退出了,他不希望因和玛格丽特的爱情而破坏他和罗贝尔的友情。罗贝尔的身体慢慢恢复了,但他精神上的苦痛却没有减轻,他说他的灵魂还滞留在集

① 迪奥尼斯·马斯科洛档案。

中营里。玛格丽特陪丈夫去了安纳西湖边圣约里奥兹的一家疗养院。湖光山色对他没有任何帮助。安娜-玛丽·昂拉有时来看罗贝尔，甚至会在旅馆待几天。玛格丽特非常纠结，一方面她对罗贝尔怀有深厚的情谊，但另一方面她无法割舍对迪奥尼斯的迷恋，想跟他要一个孩子。虽然罗贝尔和她住一个房间，但两人分床睡。

迪奥尼斯最终还是出现了，1945 年 8 月 6 日，他来的那天，恰好美国一架 B-29 轰炸机将原子弹“小男孩”扔到广岛，耀眼的闪光和天塌地陷的轰鸣之后，广岛几乎被夷为平地，二十五万余人罹难。和恐怖的核爆炸相比，他们那点弯弯绕绕的小情小爱又算得了什么呢？大家都敞开心扉。迪奥尼斯向罗贝尔坦陈了一切。罗贝尔在一页小学生练习纸上写下一首诗表示理解：

这是我的朋友
他对我说出了一切
他的脸有一点点红
两只手有些不知所措
而我，我迈着局外人的步子
走进他的故事
然后我把他抱在怀里
瞧，让我们哭吧，哭吧
他看着我，我的朋友，这时他站起身
在钢琴上弹奏了
四五个音符

他走了

我待在原地，浑身脏兮兮的

在床上蜷成一团

抱着这个故事

这是我的朋友

他对我说出了一切。[①]

一、犹太人和共产主义

1945年8月9日，美国的第二枚原子弹在日本长崎爆炸，十四万人罹难，此事再次震惊了全世界。战争结束了，但世界、未来、新的地平线，似乎还没有挣脱现实的阴影，如今一切真相大白，集中营、对犹太人的迫害和屠杀、广岛和长崎的原子弹爆炸……不可能的事、不可思议的事、不能接受的事情一桩桩、一件件都真实地、不可避免地发生了，不能（再）视而不见，不能当这一切都没有发生过。很多法国知识分子在悲剧发生的当下没有看到它的残酷性，他们为自己没有意识到纳粹集中营里的杀戮、没有向犹太人及时伸出援手而感到愧疚和悔恨。“犹太人”成了一种象征，象征被隔离、被迫害、被流放、被毁灭的受难者，意识到犹太人的悲剧，对他们的遭遇感同身受，就是洞悉世界上所有的痛苦和“死亡的疾病”。

---

① 迪奥尼斯·马斯科洛档案。

玛格丽特觉得自己也是“犹太人”，是生在无处的“克里奥尔人”，没有故乡，四处流浪。犹太人是那个被生活逼疯的女乞丐，是受到大哥压迫虐待的小哥哥保尔和她自己，是那个一生下来就夭折“被烧掉”的孩子……

当世界和宗教信仰轰然倒塌，变成一片废墟，能帮助圣伯努瓦街这帮知识分子抵抗“虚无”的或许是一种“犹太化、共产主义化”的道德取向，共产主义甚至成了唯一可能的生活圈子。杜拉斯在 1944 年内心最无助的时候加入了法国共产党，因为法国共产党是“遭枪杀的人的政党”，是为反抗全世界的压迫而斗争、宣告新人类诞生的政党。她通过政治生活体验到一种充实，完全忘我地投入到法国共产党的事业中，不再恐惧。身穿羊皮黑上衣，玛格丽特每个星期天早上都在布希街的菜场或教堂门口卖《人道报》，认真地在一个小本子上记录每次的销量，积极参加党支部会议。

罗贝尔和迪奥尼斯在 1946 年 3 月也加入了法国共产党。那些年，罗贝尔和玛格丽特的公寓成了党员们集会的场所，“圣伯努瓦街小组”俨然成了一个党支部，他们成立了马克思主义研究小组，大家畅所欲言。厨艺了得又热情好客的玛格丽特理所当然地成了这个“闹哄哄的、既严谨又异想天开、既激昂又不安于现状的蜂巢”的蜂后。就像后来克洛德·鲁瓦在《我们》中所形容的：“她个性莽撞，激情澎湃常常惊世骇俗，有无穷的迷恋、胃口、热情和惊喜，她有山羊的坚忍、花朵的天真、猫的柔媚……就像是一位葡萄牙修女和艾迪特·皮雅芙(Edith Piaf)的合体，不可模仿，既是可笑的女才子，又是拿着小砍刀、拎着小篮子去田间干活的淳朴农家女。"[1]很多法国作家或路过巴黎的外国作家，像格诺、巴塔耶、莱利斯、卡尔维诺、维托里尼……都相继在圣伯努瓦街5号公寓蹭过饭，聊过天，有些人还曾在这里安营扎寨。

玛格丽特-罗贝尔-迪奥尼斯"三人组"

在玛格丽特-罗贝尔-迪奥尼斯"三人组"的眼里，共产主义理想和无产阶级事业很快就褪去了革命浪漫主义的乌托邦色彩。斯大林的做法和东欧发生的一系列事件动摇了他们的政治立场，他们认为法国共产党背离了自己最初的信仰，他们越来越无法忍受法国共产党对知识分子的怀疑，对多元文化的排斥，这和他们个性中多少有一些无政府主义的倾向、追求灵与肉的自由格格不入。做法国共产党员，对他们而言并不意味盲目地服从

① 蕾蒂西娅·塞纳克：《爱，谎言与写作——杜拉斯影像记》，黄荭译，重庆：重庆大学出版社，2014年版，第108页。

法国共产党的强权，他们更赞同意大利共产党人、作家艾里奥·维托里尼(Elio Vittorini)的观点，艾里奥在 1947 年 6 月 27 日刊登在《法国通信》(*Les Lettres françaises*)的一篇访谈中说："我们应该通过人类完全的自由之爱来实现共产主义，通过做一个完全的人的欲望来实现。"在他看来，人的非人性才是灾难。艾里奥随即遭到了意大利共产党的严厉批判，这篇访谈在法国也引起了党内的激烈论战，玛格丽特坚定地站在作家战友艾里奥的立场为他辩护。

"我们已经和党保持了一定距离，我们想要保留共产党仍然还吸引我们的地方，但是，我们一定要和现实的斯大林主义划清界限。"①这就是圣伯努瓦街小组当时的态度，尽管对党的决策已经表现出了诸多质疑和不满，但埃德加·莫兰、玛格丽特、迪奥尼斯和罗贝尔依然选择了留在党内，因为"在党内"是一种生活方式，一种有"组织"、有"家"的感觉，尽管他们火热的信仰已经出现了裂痕，甚至在小组内部大家的思想也不统一，但他们依然要坚守对理想的"忠诚"。

与此同时，"三人组"这种过于自由的情感模式也很快出现了问题，每个人都有"三人组"以外的情人。玛格丽特如愿以偿地怀上了迪奥尼斯的孩子，但依然和罗贝尔生活在一起，直到孩子出生前两个月才和罗贝尔离婚。让·马斯科洛于 1947 年 6 月 30 日出生，8 月初，玛格丽特和迪奥尼斯带着小宝宝离开巴黎去度假。密特朗把他在涅夫勒省的房子借给他们住，但他忘了

---

① 劳拉·阿德莱尔:《杜拉斯传》，袁筱一译，沈阳:春风文艺出版社，2000 年版，第 310—311 页。

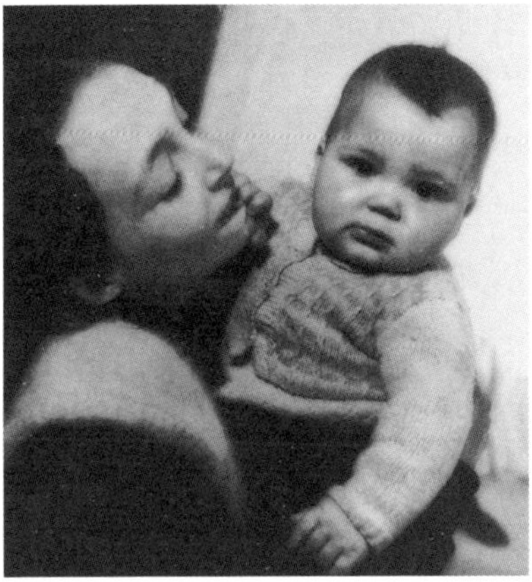

玛格丽特和儿子乌塔

提醒他们，每年夏天，房子周围的草地是虫子的乐园，要格外小心肆虐的恙螨。结果小宝宝柔嫩的肌肤被恙螨的幼虫（aoûtats，音“阿乌塔”）咬得到处都是伤痕，他也因此得了一个此后比大名“让”更响亮的绰号“乌塔”（Outa）。大家都很喜欢这个孩子，已经失去过一个孩子的玛格丽特更是当他如珍似宝，在《外面的世界》中，她写过推童车带乌塔上街的情形，“我们给了他一只长颈鹿，所以他就笑了。他笑了，发出笑声。有风，于是这笑声隐隐约约地传到了我耳中。我稍稍掀起童车的篷，把他的长颈鹿给他，想要让他再笑一下，我把头埋进他的车篷，想要捕捉他的笑声。我孩子的笑声。我把耳朵凑近这个‘贝壳’，为了聆听大海的声音。想到笑声会在风中消散我就受不了。我捕捉到了。是我，我捕捉到了他的笑声。”①她不停地亲吻他，把他看得比一切

① Marguerite Duras, *Outside*, “L' horreur d' un pareil amour”, P. O. L., 1984: p. 353.

都重要，不愿意错过片刻和孩子待在一起的幸福时光，甚至“有时，他打哈欠，我就吸他嘴里呼出来的气，感受他打哈欠的气息”。[1] 罗贝尔继续住在圣伯努瓦街5号的公寓里，和他未来的伴侣莫妮卡一起，帮着悉心照料乌塔，直到孩子一周岁左右才最终搬出去。但是，真正的父亲迪奥尼斯一直若即若离，他与玛格丽特只剩下无休无止的情人之间的争吵，“有人可以相守却不相爱。有人可以相爱却不相守”。[2]

而玛格丽特、罗贝尔和迪奥尼斯这种自由的做派也受到了党内人士的非议，但最主要的，还是他们对待文化自由问题的毫不妥协的态度，认为政治无权干涉文化，他们很快就被当作“工人阶级中不适宜的知识分子”，成了被怀疑、被监视、被边缘化的“异端分子”。信任危机导致了最后的决裂，1950年1月，玛格丽特决定退出法国共产党，同年3月8日，法国共产党最终决定开除玛格丽特，同时被开除的还有罗贝尔和迪奥尼斯。

最早写信要求退党的是迪奥尼斯，1950年1月11日，他写信给党支部书记吕西安娜·萨瓦兰，说他退党“完全是出于个人原因”，他并没有质疑党的政治路线，而且即便他离开了，“我仍然断定我对党的忠诚没有变”。玛格丽特随后在1月16日写给小组成员的信就没有这么温和，充满了挑衅和讽刺挖苦。

亲爱的同志们：

我向你们确认，我不再持有我的党员证了。12月

① Marguerite Duras, *Outside*, “L'horreur d'un pareil amour”, P. O. L., 1984: p. 353.

② 迪奥尼斯·马斯科洛档案。

27日，吕西安娜把我的税票带来交给我的时候，我已将此事告诉过她。

我之所以没有参加上周三的会议，是因为我已不再把自己当作党的成员。我若是去了，那也是以前党员的身份，目的是让周四会议的有关真相得到尊重。然而，坦白地说，一想到又得迎战那帮可怜的跳梁小丑使出的既可耻又可笑的阴谋诡计，我就体会到一种恶心而且应该说是荒谬的感觉，我未能克服这种感觉。那帮人或许也可称作“马蒂内派系”，既然“派系”这个字眼已经被滥用。

我退党的理由不同于迪奥尼斯·马斯科洛。我没有受到任何人的影响。我是自己做出这一决定的，且早在马斯科洛之前。我仍是共产主义者，发自内心的，全身心的。此时距我入党已有六年，我很清楚自己只能是一个共产党员而不能是其他什么身份。关于我退党的理由，假如我不知道某些同志决意要不择手段地歪曲最基本的真相，那么我或许会主动把它们说出来。放心吧，这些理由，既然不能在你们面前说，我便不会说给任何一个旁人听。

我仍然完全信任党。我甚至可以肯定，随着时间的流逝，党一定会把马蒂内之流远远抛开，这些人，以所谓的警惕为借口，实际上做的全是坏事，一心只想满足自己尖酸刻薄的本性和私人的仇恨，并从中谋利。我相信，马蒂内之流其实是入错了行。他们本该参加的，并非共产党，而是消防队（除了制服的魅力，还有机会接受有益身心健康的淋浴），或是做神父（可以尽情享受忏悔室的乐趣）。不过，党组织知道如何让他们回到正道，我对此深信不疑。你们看，我的信心是多么坚定，我的乐观主义是多么高涨！

致礼

玛格丽特·杜拉斯

又及：我没有把共产党与马蒂内派系混为一谈。①

被开除党籍，这就像是又一次被流放，被隔离，在一个从熟悉突然变得陌生的世界游离，“你在小区里认识六百多个人，而一夜之间，大家都得到了命令，不再来看你，也不再和你握手”。②在孤独和痛苦中，玛格丽特更清晰地认识到写作的力量，或者说作家的使命：只要有不公正，就要反抗，就要发出愤怒的声音，以自由之名。

二、爱情变奏曲

1949 年 12 月，玛格丽特把《抵挡太平洋的堤坝》的手稿交给伽利玛出版社，雷蒙·格诺读完欣喜万分，称她为“同时代最好

① 参见阿兰·维贡德莱：《杜拉斯传：一个世纪的穿越》，胡小跃、伍倩译，南京：江苏凤凰文艺出版社，2017 年版，第 142—143 页，《杜拉斯传》，第 318—320 页。

② 阿兰·维贡德莱：《杜拉斯传：一个世纪的穿越》，胡小跃、伍倩译，南京：江苏凤凰文艺出版社，2017 年版，第 147 页。

的女作家之一”。书里写的是她的故事，她母亲的故事，但个人的故事触动了所有人的内心。她用母亲抵挡太平洋的勇气塑造了另一个西西弗式的神话形象，绝望、疯狂、坚韧，一面清醒而努力地生活，一面在幻想着别处、别样的生活。书一出版就受到圈内人的瞩目，1950 年 6 月 22 日，莫里斯·纳多（Maurice Nadeau）在《战斗报》（*Combat*）上撰文称：“我们有理由认为，这本书会给作者带来成功和名誉，从此玛格丽特将进入——当然她早就应该占有这样的位置了——我们这一代最优秀的作家之列。”[1]他认为该书揭露了殖民统治下的悲惨生活，异国情调的渲染丝毫没有淡化毫无诗意的贫穷，人物的心理描写让人印象深刻，而且文字的画面感很强，叙事也挣脱了时间的束缚，是一部电影式的小说。

中年杜拉斯

① 劳拉·阿德莱尔：《杜拉斯传》，袁筱一译，沈阳：春风文艺出版社，2000 年版，第 333 页。

克洛德·鲁瓦(Claude Roy)在1950年6月29日的《法兰西文学报》(*Les Lettres françaises*)上赞扬了小说的政治性,在"殖民主义统治下的印度支那这个巨大的集中营,这个令人厌恶、潮湿、残忍的地方",杜拉斯描绘了一个"呼唤起义,需要起义的印度支那,也揭示了为什么印度支那会有不平和抗争……玛格丽特·杜拉斯会让笔下的悲惨的主人公突然表现出一种令人惶恐的诗情,一种巨大的愤怒,这就拓宽了他们原本可怜的视野,将之纳入人类不公正这个宏阔的主题之下。这份不公正,是白人强加给他们征服的这块土地,这块土地上的人民的。小说有一种难以名状的美,出自一个白人的良心,对人类有着深切同情的一个白人。小说透着顽强的希望"。①

杜拉斯认为书之所以会成功是因为独特的文体。经过六年不断的重写,一次次对同一主题的加工、深入,再加工、再深入,让这艘"黑夜号轮船"在记忆的黑夜里拉响汽笛,游荡在文字的汪洋大海之上。书中有很多对话,也有很多景物描写,通过杜拉斯精准的词汇、张弛有度的节奏、简洁的句式和留白,印度支那那个摇摇欲坠的世界如幽灵般重新浮现在读者眼前。

9月,法国开始进入一年一度的文学季,《抵挡太平洋的堤坝》再次进入文学评论家和普通读者的视野,《费加罗报》称"这无疑是本年度最优秀的小说之一",五千册小说销售一空,出版社赶紧加印。这一年《抵挡太平洋的堤坝》被提名龚古尔文学奖,但最终胜出的是伽利玛出版社推出的另一部作品——保

---

① 劳拉·阿德莱尔:《杜拉斯传》,袁筱一译,沈阳:春风文艺出版社,2000年版,第333—334页。

尔·科兰(Paul Colin)的《野性的游戏》(*Les Jeux sauvages*)。落败让杜拉斯觉得很不公平,用她的话说,评委们之所以没有投她的票,是因为她是一个女人,而且还(曾)是一个共产党员。杜拉斯很长时间都对这个“男人的文学奖”心存怨怼,直到三十多年后,1984 年《情人》,某种意义上说是《抵挡太平洋的堤坝》的 3.0 版①,为她赢得了龚古尔奖,也算是时间还了她一个公道吧。其实就算没有获得龚古尔文学奖,杜拉斯已经成为一个传奇人物,一个成熟的作家,《抵挡太平洋的堤坝》已经是一部奠基之作,是一部像源头一样的小说,而且这部视觉效果好、有镜头感的小说很快就得到了电影人的关注。1958 年,法国导演勒内·克莱芒(René Clément)把小说搬上了银幕;2008 年,柬埔寨导演潘礼德将它再次搬上银幕,由传奇的法国女演员伊莎贝尔·于佩尔(Isabelle Huppert)饰演杜拉斯传奇的母亲。

潘礼德导演的《抵挡太平洋的堤坝》(2008)

---

① 《抵挡太平洋的堤坝》的 2.0 版是 1979 年的剧本《伊甸园影院》,而《抵挡太平洋的堤坝》的 4.0 版是《中国北方的情人》,而情人故事最初的蓝本是杜拉斯在战争年代写的《战争笔记》中的关于“雷奥”的片段。

值得一提的是，1956年，杜拉斯用《抵挡太平洋的堤坝》一书改编成电影的收入买下了她的第一栋房子，位于伊夫林的塞纳-瓦兹省的诺夫勒堡，离圣日耳曼-德普雷三十七公里。买下诺弗勒堡是这位“生在无处”的“流浪女”一生的大事，“它属于我，归我名下。那是在我对写作痴迷之前。火山般的狂热。我想这座房子起了很大作用。它抚慰了我童年经历的一切痛苦。我购买它时立刻就知道这对我是件重要的事，有决定意义的事。”①这里有她潜心写作需要的孤独和寂静，偶尔客厅飘出流水般的钢琴旋律，林间鸟鸣啁啾，远处有幼儿园的孩子隐约的笑声传来。她在《外面的世界》中说：“我喜欢诺弗勒，我没有故乡，我把这儿当成了故乡。让人微笑的故乡……”②

因为在这里，“每人都有自己的领地，玛格丽特占了厨房，她用图钉钉在墙上的那份必备物品的清单，用来炖胡萝卜牛肉或越南肥猪肉的各种灶具；迪奥尼斯占了她通常夸张地称为‘公园’的花园和他精心修剪的不计其数的玫瑰；乌塔占了池塘，还有池里的睡莲和游鱼，他在里头捉鲤鱼。这是一所为她量身定做的房子，没有外人的偏见，有的是鲜艳欲滴的花朵和阳光下晶莹透亮的蜘蛛网。”③她喜欢亲手栽种的南欧紫荆、精心培育的茶花、扦插的散发着东方气息的天竺葵。“我可以一连数小时地谈论这所房子，这座花园，我熟悉一切，我知道原来那些大门的

---

① 玛格丽特·杜拉斯：《写作》，桂裕芳译，上海：上海译文出版社，2005年版，第18页。

② Marguerite Duras, *Outside*, “Seine-et-Oise, ma patrie”, P. O. L., 1984: p. 119.

③ 蕾蒂西娅·塞纳克：《爱，谎言与写作——杜拉斯影像记》，黄荭译，重庆：重庆大学出版社，2014年版，第129页。

位置，所有一切，池塘的围墙，所有的植物，所有植物的位置，就连野生植物我也知道在哪儿，所有一切。”[1]这里很快成了她写作和拍摄电影的领地。

必须巩固自己的作家地位，玛格丽特·杜拉斯开始以每一两年一本书的节奏继续创作，素材总是有的，因为她和普鲁斯特一样，善于挖掘日常生活最幽微的细节，也善于捕捉内心深处激情的震颤，并把这一切融入她的小说，用她独特的风格和声音，很快大家都把这种声音称作杜拉斯的小音乐。

1952年，《直布罗陀水手》出版，故事发生在战后的意大利，叙述者“我”是位三十二岁的法国人，父亲是殖民地官员。“我”生在殖民地，长在殖民地，回到法国后在殖民地事务部招工处任职。“我”与女友雅克琳到意大利旅游，后来“我”在一家夜总会认识了一位名叫安娜的美国富婆后就把女友甩了。安娜有一艘豪华游艇，她告诉“我”，她曾经爱过一个水手。她现在所做的事情，就是乘游艇满世界找她失去的情人，从一个港口到另一个港口，“只做这事。这是一项艰巨的任务”。[2] 尽管安娜警告过“我”，说在找到那个水手之前，她和其他男人只能是短暂的艳遇，“我”还是被这位“独自在海上感受伟大的爱情”[3]并一路“收集各种男人”[4]的女子迷住了，“我”陪安娜来到她的游艇，并成了她的情人。

---

① Marguerite Duras, Michelle Porte, *Les Lieux de Marguerite Duras*, Éditions de Minuit, 1977: p. 7.

② 玛格丽特·杜拉斯：《直布罗陀水手》，金志平译，上海：上海译文出版社，2009年版，第122页。

③ 同上，第124页。

④ 同上，第173页。

《直布罗陀水手》

《直布罗陀水手》的扉页上题着“献给迪奥尼斯”，的确在书中可以找到当时杜拉斯与迪奥尼斯之间情感风暴的痕迹。基安蒂酒、白兰地、威士忌，书中有很多喝酒的场景，或许就是从这个时期开始，杜拉斯开始用酒精麻醉情感上的落寞和空虚？尽管对现实有清醒的认识，但杜拉斯一直也有非常“midinette”（轻佻、幼稚、爱幻想的城市少女）的一面，她的小说因此也有明显的两重性，在冷与热、在先锋派和车站小说之间摇摆。她把自己投射在人物身上，法国男人“我”的人生经历和她本人很相似，而且“我”也喜欢海明威，也写作。而那个时期恰恰是杜拉斯受海明威影响很明显的时期，简单的用词、短句、对话、热衷描写男女关系……在故事快结束的时候，安娜和“我”之间有一段颇有意思的对话，可以看作是向偶像致敬吧：

“告诉我，在你的美国式小说里，你会讲到羚羊吗？

由于海明威先生已经讲述过，人家不会觉得这样写品位不高吧？”

“没有海明威先生，”我说，“我们就不会谈这件事了，所以，是不是最好撒谎，说我们在谈别的事？”

“不，”她说，“算了吧，最好说实话。”

她俯身在桌上，把头搁在屈着的双臂上。她的秀发松开了，压发梳掉在地上。

“在你的美国式小说里，你会讲述哪些别的事？”她轻声问。

“讲述我们的多次旅行。”我回答，“这必然是一部航海小说。”①

三、一起去看塔尔奎尼亚的小马

1953 年，《塔尔奎尼亚的小马》出版，一样的背景：意大利、炎热的夏天、大海，萨拉和雅克、吉娜和吕迪两对夫妇和他们的好友迪亚娜一起在山脚别墅度假。杜拉斯说这本书完全也可以取名《气候》，外在的气温和情侣间爱的温度有一种微妙的对照，叙事的节奏和故事发生的环境也很合拍，缓慢、闷热、冗长、烦躁。杜拉斯擅长描写的那种氛围在这本书里已初次展露。这也是现

① 玛格丽特·杜拉斯：《直布罗陀水手》，金志平译，上海：上海译文出版社，2009 年版，第 351 页。这和《中国北方的情人》里中国情人和白人小女孩最后的对话相映成趣。

实生活中杜拉斯自身正在经历的情感困境：玛格丽特·杜拉斯快四十岁了，萨拉也是，都是一个四岁小男孩（和乌塔一样年纪）的母亲，玛格丽特和迪奥尼斯的爱情似乎难以为继了，萨拉和雅克也是，遭遇“七年之痒”。

《塔尔奎尼亚的小马》

一成不变的日子，唯一变化的或许就是个人对生活的看法和想逃离这种生活的想法：

> 萨拉不再想有自己的家、自己的公寓、跟一个男人共同生活。年轻时，她对这些都憧憬过。现在，她相信，是该老去的时候了，她宁可日子过得不一样，让自己在别处衰老，比如在酒店里隐姓埋名。[①]

① 玛格丽特·杜拉斯：《塔尔奎尼亚的小马》，马振骋译，上海：上海译文出版社，2007 年版，第 63 页。

爱情会褪色，感情也会变质。“萨拉对雅克说：‘你会厌烦我的。’他笑了，她也和他一起笑。‘就像你厌烦我一样，’他补充道，‘我们对此无能为力。’”寥寥几笔，杜拉斯就淋漓尽致地刻画出爱情不可避免的“退化”，平淡而乏味的夫妻生活。“可能是爱情久了使人这样坏心眼的。伟大的爱情是座金监狱。什么都没有。爱情把人关得死死的。关得久了就使人坏了心眼，即使最好的人也是。”[①]困在围城里的男女对此深有体会：

> “改变个人生活是很难的，”吕迪说。“干什么也没这个难。”
>
> “对自己的生活抱怨最多的那些人，其实最不愿意改变自己的生活，”吉娜说，“这谁都知道。”[②]

在无尽的等待中盼望变化。改变需要勇气，但现实中，有时候忍受生活需要更大的勇气。萨拉在酒店结识了一个开汽艇的单身男子，他对她一见倾心，而她似乎也不讨厌他。但除了送她回去的时候他吻了她，两人的关系并没有任何实质性的进展。无聊和不安的假期，每天重复着前一天的内容，游泳、午睡、跳舞、喝酒、玩滚球游戏、“看着壁虎爬过”[③]，空气中可以嗅到雨的味道，人人盼着下雨，但雨迟迟不下。而爱情就像那场等不到的

---

① 玛格丽特·杜拉斯：《塔尔奎尼亚的小马》，马振骋译，上海：上海译文出版社，2007年版，第265页。

② 同上，第251页。

③ 同上，第141页。

雨一样。小说中出现了无数次的“苦味康帕利”，或许象征了爱情的滋味，一开始清新怡人，喝多了便让人沉醉，欲罢不能。“世界上任何的爱都不能够代替爱情，这是没法的。”①所以杜拉斯和她的人物一样，一直喝酒。杜拉斯在书中借人物之口，道出了或许已感觉到中年危机逼近的她对爱情和生活的理解：

> 没什么爱情假期，这是不存在的。爱情，必须完全承受它的厌烦与一切。它不可能有假期。……这才是爱情。人是不可能摆脱它的。就像不能摆脱生活，以及它的美、它的丑和厌烦。②

可以说，书中发生的唯一的故事是一起事故，也是这本书的另一条叙事线：一个年轻的扫雷工在离度假别墅不远的山上踩到了地雷，当场被炸死，他是这个区第三个踩上地雷被炸死的人——那场久远的世界大战的受害者。他年迈的父母从外地赶来，花了两天三夜去捡他们孩子的尸体残片，他们接受不了残酷的现实，拒绝在死亡报告上签字。出于同情，五个朋友常常结伴上山看望两位老人。小说的最后，萨拉放弃了那个开汽艇的男人，决定和雅克一起去看塔尔奎尼亚的小马。两位老人也最终同意在死亡报告上签字，“要做的总要做的”③，回到原来的村子，

---

① 玛格丽特·杜拉斯：《塔尔奎尼亚的小马》，马振骋译，上海：上海译文出版社，2007年版，第208页。

② 同上，第276页。

③ 同上，第277页。

继续生活。

这部以对话为主、“通篇废话、絮絮叨叨”、被法国评论界猛烈抨击和诟病的“海明威式的女性心理小说”引起的反响是巨大的，到处都在谈论杜拉斯：瑞士、比利时、摩洛哥、埃及，甚至美国。《法国星期天》上刊登了一张她的大照片，用的哗众取宠的标题：“杜拉斯，D. 马斯科洛的女人”，副标题是：“海明威的弟子，这个女人也许是这个时代最伟大的女小说家”。但是没有人买她的书。

这部几乎没有情节的小说已经让读者明显感到杜拉斯写作风格的转变，向新小说和新浪潮电影的一个转变，让人联想到她随后创作的《道丹太太》《广场》和拍摄的电影《娜塔莉·格朗日》、“印度之歌”系列，也让人联想到另一个新浪潮导演埃里克·侯麦（Eric Rohmer）的“人间四季”系列和“六个道德故事”系列：人物或角色说着话、聊着天就演绎了一个几乎“没有故事的故事”，仿佛什么都没有发生，而一切已然发生。

四、午夜的游戏

20 世纪五六十年代，法国文坛出现以阿兰·罗伯-格里耶、娜塔莉·萨洛特（Nathalie Sarraute）、米歇尔·布托（Michel Butor）、克洛德·西蒙（Claude Simon）等为代表的“新小说派”，他们公开宣称与巴尔扎克为代表的 19 世纪的现实主义传统决裂，从情节、人物、主题、时间顺序等方面入手，致力于探索新的表现手法和语言，以挖掘事物的真实面貌。在《怀疑的时代》

(*L'Ère du soupçon*)中，娜塔莉·萨洛特指出，“时代的怀疑精神是小说家不得不尽他‘最高的责任：不断发现新的领域’，并防止他犯下‘最严重的错误：重复前人已发现的东西’。”[①]他们不结社，也没有共同的文学宣言和纲领，只是这一批思想和倾向相近的作家大多都在午夜出版社出版他们的作品。午夜出版社于1941年创立，这家出版社思想开放，很快就成了一群年轻作家尝试小说革新的实验场所。尤其是1955年罗伯-格里耶担任午夜出版社的文学顾问后，这家出版社自然而然成了他为新小说派摇旗呐喊的主阵地。

就整体而言，新小说派在思想上受弗洛伊德心理分析学、柏格森的直觉主义、胡塞尔的现象学的影响，在文艺上继承了意识流小说和超现实主义的观点及创作方法。在被贴上“新小说派”标签的作家笔下，小说的情节不再完整清晰，时间顺序被打乱，内容缺乏确切性，现实与梦境随意切换交织，对所反映的客观事物往往也不进行任何处理与编排，只是如实记录，忽略对人物的刻画，但对物的描写却极尽所能，往往采用“中性”词汇以免沾染上主观色彩。就像罗伯-格里耶在《为了一种新小说》中说的那样：“世界既不是有意义的，也谈不上荒诞，它存在着，仅此而已……因此小说家的任务就是写出眼前所见的事物。”[②]

传统小说是对现实的浓缩，常采用全知视角，有头有尾，讲

---

① Nathalie Sarraute, *L'Ère du soupçon*, dans *Œuvres complètes*, Paris, Gallimard, 1956: p. 74.

② Alain Robbe-Grillet, *Pour un nouveau roman*, Paris, Éditions de Minuit, 1963: p. 56.

杜拉斯在巴黎圣伯努瓦街的公寓,1955 年

述一个完整的故事。而“新小说”则是对现实的截取,常采用中立的、局外旁观的多重视角,用冷静、准确、像摄影机一样忠实的语言对人生的“一瞬间”进行记录。淡化情节、淡化人物,注重对事物的客观描绘,用一个更实体、更直观的世界,去消解人为赋予世界的意义。虽然情节简单,往往会挪用通俗小说或侦探小说中的元素,但因为叙事打破了时空束缚,大量运用场景、细节、断片,读者难以再拼凑出完整的、有连贯线索的故事,只能靠自己在迷宫般的(互)文本和(潜)对话中发挥想象,对“不确定的世界图景”做出自己的分析和判断。尽管新小说的人物往往缺乏个性,内容也多为生活琐事,但小说家常使用重复的词语、不连贯的句子、跳跃的叙述和文字游戏,把语言试验推到了极致,从而使作品变得晦涩不明。

在某种程度上说,《琴声如诉》是杜拉斯为新小说和午夜出版社量身打造的,不仅午夜出版社的社长热罗姆·兰东(Jérôme

Lindon)多次热情邀请杜拉斯加盟午夜，罗伯-格里耶更是花了两年时间游说。《琴声如诉》的开头，被杜拉斯以短篇小说的形式发表在莫里斯·纳多（Maurice Nadeau）的《新文学》（*Les Lettres nouvelles*）杂志上。罗伯-格里耶被这名女作家用短短几页所营造出来的浓郁的悲剧氛围震撼了，“叙事的力度中蕴藏着一种颠覆的力量”，他鼓励她从另一个“不那么传统”的方向继续写下去，并且很明确地建议她删掉几段报刊上那类幼稚煽情、你侬我侬[①]的文字，杜拉斯听从了他的建议，花了三个月时间就写完了罗伯-格里耶向她“私人订制”的小说[②]。1957 年 10 月 16 日，她写信请求加斯东·伽利玛还她自由，允许她换出版社出她的新书，加斯东·伽利玛最终做出了让步，“您就把这部手稿给别人吧。但是说好您以后的所有小说都要给我。做出这样的让步我情非得已，请感念我对您作品的关注和我对您的友谊”。[③]

创作《琴声如诉》对杜拉斯而言，是一次“深层次的断裂”，“渐渐地，她的内心与世隔绝，被一种更广袤的孤独所占据。此后，她的每一部作品都像是一出拉辛的悲剧，像是在幽暗的迷宫里又跨出了一步，饱含着凌驾于一切之上的命运的力量。她未来的作品的语言将一次又一次重复，成为想象出来的跳板，触及事物的终极奥秘，同时甩掉风景、肖像与描写，直接奔向核心与

---

① 罗伯-格里耶原话用的是“dans le genre presse du coeur”，la presse du coeur 指的是二战后兴起的在报刊上刊登的一类主要讲述甜蜜爱情、幸福家庭的情感故事，起源于意大利，受众以女性读者为主，多采用短篇故事配照片或漫画的形式。

② Laure Adler, *Marguerite Duras*, Gallimard, 1998: p. 323.

③ *Ibid.*, p. 325.

要害。”①杜拉斯不像以前那样写作了，她的语言变得越来越简洁凝练，字数越来越少，沉默越来越多，一切都在明与暗、进与退、遗忘与重复、孤独与等待、欲望与背叛、爱情与死亡之间纠缠。人们把她归入新小说派，归入“目光派”，因为她的视觉写作将读者置于窥视者的位置，有点像罗伯-格里耶的《橡皮》和《嫉妒》。

《琴声如诉》

《琴声如诉》的扉页写着“致 G. J.”，他是杜拉斯当时疯狂爱着的情人热拉尔·雅尔洛（Gérard Jarlot），“一个英俊、阴郁、迷人、古怪、学识渊博的男人，职业是记者，也是个作家”。② 一个“说谎的男人”，一个情场老手。“二十岁就在伽利玛出版首部小说《白色武器》的天才作家，但他已经结婚，是三个孩子的父亲。

① 阿兰·维贡德莱：《杜拉斯传：一个世纪的穿越》，胡小跃、伍倩译，南京：江苏凤凰文艺出版社，2017 年版，第 199 页。

② 劳拉·阿德莱尔：《杜拉斯传》，袁筱一译，沈阳：春风文艺出版社，2000 年版，第 377 页。

他是维昂和阿拉贡的朋友，喜欢爵士乐和艺术；他的生活是一辆疯狂的赛车，带着他的情人呼啸而过。”[1]1955年圣诞节，母亲玛丽去世前夕，杜拉斯在一场节日舞会上结识了热拉尔·雅尔洛。她四十一岁，他三十三岁，两人相差八岁。他们在一起说了很多话，舞会结束他提出送她回去，她拒绝了。他不死心，从朋友那里打听到她的地址，给她写了一封信，上面写着：我在某某咖啡馆等你。他等了八天，每天都来，在咖啡馆待上五六个小时。杜拉斯每天都出门，但故意不去约定的咖啡馆一带。“我非常渴望新的爱情。第八天，我走进了咖啡馆，就像走上绞架一样。”[2]他在等她，对她说他会永远等下去。她信了，他们在咖啡馆谈情说爱，把酒言欢，喝到烂醉如泥。他们一起做爱，喝酒，疯狂的爱情：暴力、酒精、情欲。杜拉斯受到了双重诱惑：迷恋他健硕的肉体，也无法摆脱对酒精的依赖。

《琴声如诉》脱胎于他们的故事，书中也有杜拉斯的儿子乌塔的影子。故事是从一节钢琴课开始的，孩子每周五到钢琴老师家学琴，年轻的妈妈始终陪着，孩子聪明且有音乐天赋，但在专制的母亲和刻板的老师面前总表现得异常沉默、异常顽固和叛逆。

那一天，楼下街上突然传来一声女人的呼叫，不远处的咖啡馆里发生了命案：一个女人死了，凶手是她的情人，男人显然还

---

① 蕾蒂西娅·塞纳克：《爱，谎言与写作——杜拉斯影像记》，黄荭译，重庆：重庆大学出版社，2014年版，第132页。

② 劳拉·阿德莱尔：《杜拉斯传》，袁筱一译，沈阳：春风文艺出版社，2000年版，第379页。

爱着死去的女人，而女人也显然甘心赴死。第二天，妈妈又带孩子去滨海大道散步，走过第一道防波堤，来到第二拖船停泊港，又来到钢琴老师那栋大楼前面。孩子问：不学琴，为什么还来这里？妈妈说：为什么不？就当散步。母子俩走进那家咖啡馆，走到柜台前，只有一个男人在那里看报。她要了一杯酒，又要了一杯酒，抓着酒杯的那只手抖个不停。那个男人放下报纸，开始和她搭讪，“她并不觉得有什么可奇怪的，不禁又意乱心慌”。[①] 他们聊起前一天发生的那桩命案，为什么两个相爱的人，会用这么惨烈的手段去解决“爱情的难题”[②]？为什么一百多年过去，“包法利夫人”依然还要选择“一死了之”。

她，安娜·戴巴莱斯特，进出口公司和海岸冶炼厂经理的太太；而他，肖万，冶炼厂的职工，他曾在经理在家中举办的一年一度的招待会上见过她，“穿了一件袒胸露背的黑色连衫长裙”[③]，在她一半袒露在外的胸前，戴着一朵白木兰花。这已经是另一个故事的开端，两人不知不觉宿命般地走上了命案中那对男女曾经走过的路。木兰花树在这个时节，“花开得太盛，在夜里让人做梦，第二天还要使人病倒。”[④]不能承受的花香，不能承受的欲望，又一个“爱情的难题”。

或许只是不想重复一成不变的生活，难以忍受一个个寂寞空虚的日子，接下来的七天，他们每天在咖啡馆见面，有时候聊

---

① 玛格丽特·杜拉斯：《琴声如诉》，王道乾译，上海：上海译文出版社，2006年版，第21页。

② 同上，第22页。

③ 同上，第40页。

④ 同上，第36页。

天，有时候沉默，一杯接一杯地喝酒。“我是不能不来。”“我来，和您的理由一样。”[1]暗夜里，隔着围墙、隔着铁栅栏的爱在滋生，宴会上的女人心绪不宁，男人孤独的身影在铁栅栏和海滩上徘徊。同样绝望的爱情。

最后，安娜·戴巴莱斯特太太一个人去了咖啡馆，她说：“这个星期以后，我就不来了。”“这样，肯定比较好。”[2]他回答。她说：我坚持不下了。男人说：我也累死了。工厂的下班时间快要到了，咱们再也没有多少时间了，他说。她说：我害怕。但她终于吻了他，他们的嘴唇叠在一起，“冰冷战栗的手按照葬礼仪式紧紧捂在一起一样”。[3] 他说：我真希望您死掉。她回答：已经死了。心已死，就这样，她亲手埋葬了刚刚萌芽的爱情，感情走到了危险的边缘又无奈地绕了回来，回到循规蹈矩的生活，回到她的角色——母亲和妻子。

王道乾在《琴声如诉》的译后记中这样阐释杜拉斯的文学主题：“玛格丽特·杜拉斯小说中展现的世界，简括说来，就是西方现代人的生活苦闷、内心空虚，人与人难以沟通，处在茫然的等待之中，找不到一个生活目标，爱情似乎可以唤起生活下去的欲望，但是爱情也无法让人得到满足，潜伏着的精神危机一触即发，死亡的阴影时隐时现。”[4]其实，杜拉斯小说中的人物一直都在可怕的现实和无望的等待中挣扎，像《道丹太太》中的门房太

---

① 玛格丽特·杜拉斯：《琴声如诉》，王道乾译，上海：上海译文出版社，2006年版，第29页。

② 同上，第104—105页。

③ 同上，第110页。

④ 同上，第114页。

太和清道夫加斯东,《工地》上没有姓名的一男一女,《广场》上的旅行推销员和年轻女佣,《昂代斯玛先生的午后》中苦苦等待的父亲……

和萨缪埃尔·贝克特一样,杜拉斯把一些渴望对话、默默守望的人物写进小说、搬上舞台(《广场》于 1956 年被改编成戏剧在香榭丽舍剧院演出,《成天上树的日子》于 1965 年在奥岱翁剧院上演),关心这些“现实的涌动,记忆的涌动”[①],去倾听这些“被生活抛弃的人”的忧虑和不幸,倾听他们内心无尽的孤独,倾听“所有被压迫的人所共有的沉默”,倾听被消磨的生活,倾听常常不被别人和社会关注的普通人的声音。退党后的杜拉斯没有忘记战斗,为左派而战斗。在午夜的文字游戏背后,杜拉斯的文学一直保留了她的共产主义立场。

《琴声如诉》电影海报

① 玛格丽特·杜拉斯:《成天上树的日子》,刘方译,上海:上海译文出版社,2010 年版,第 219 页。

值得一提的是，彼得·布鲁克（Peter Brook）执导的电影《琴声如诉》于1960年上映，根据杜拉斯的同名小说改编，由让-保罗·贝尔蒙多（Jean-Paul Belmondo）和“嘴唇像两瓣橘子”的让娜·莫罗（Jeanne Moreau）主演，后者凭借该片获得戛纳电影节最佳女演员奖。我很喜欢一张或许是唯一没有采用电影剧照来设计的蓝绿色海报，画面简洁而直白：一场“飞蛾扑火的爱情”。

《琴声如诉》电影海报

第四章

用电影杀死电影

> 我之所以产生了拍电影的念头，是因为那些根据我的小说拍成的电影，简直让我无法忍受。所有的电影，真的，都背叛了我写的小说……①
>
> J'ai eu envie de faire du cinéma parce que les films qu'on faisait avec mes romans étaient pour moi insoutenables. Tous, vraiemnt, trahissaient le roman écrit par moi... ②

从20世纪50年代末开始，杜拉斯的多部小说先后被几位知名导演改编成电影，并在各大电影节上频频获奖。1958年，勒内·克莱芒把《抵挡太平洋的堤坝》搬上了银幕；1960年，彼得·布鲁克导演了《琴声如诉》；1967年，朱尔斯·达辛（Jules

---

① 玛格丽特·杜拉斯：《外面的世界Ⅱ》，黄荭译，北京：作家出版社，2007年版，第244页。

② Marguerite Duras, *Le Monde extérieur*, "Trouville, le 2 octobre 1992": p. 223.

Dassin)导演了《夏夜十点半钟》，托尼·理查森（Tony Richardson）拍摄了《直布罗陀水手》……而且杜拉斯本人也参与了不少电影剧本的创作，为阿兰·雷乃（Alain Resnais）写了《广岛之恋》，和情人热拉尔·雅尔洛一起为亨利·柯比（Henri Colpi）写了《长别离》，为让·夏波（Jean Chapot）写了《第四壁炉》（*La Cheminée quatre*）①……

之所以还要走到摄影机的后面，亲自去导演、去拍摄电影，或许是杜拉斯的性格使然。在爱情中如此，在创作中也一样，杜拉斯都要把 expérience（体验）进行到底，做“一个全能的作者”，而且“如果不是自己拍，那感觉就有点像是被别人偷了”②。那些根据杜拉斯的小说拍成的电影，哪怕是大导演，哪怕有口碑，哪怕获奖，杜拉斯概不领情（当然杜拉斯的极度自恋也是一个很重要的原因），“所有的电影，真的，都背叛了我写的小说”。而给电影写剧本更是为他人作嫁衣裳，针线活儿再好，吹吹打打风光大嫁的是导演班底，编剧的报酬和票房并不成比例，杜拉斯对此一直耿耿于怀（因为母亲，杜拉斯一生在金钱问题上始终看不开），她总说自己年轻时“太傻太天真”。但三十年后，当电影《情人》在全球热映的时候，杜拉斯依然感觉在出让《情人》的电影改编权问题上自己上了当、受了骗，不仅作品被扭曲了，还白白损失了一大笔钱。

走到摄影机的后面，也因为那是一个特殊的时代，就像她在1971年1月对让-马克·杜林纳说的那样：“现在所有人都搞哲

---

① 片名最后定为《女窃贼》，写于1965年夏，于1966年上映。

② 玛格丽特·杜拉斯：《1962—1991私人文学史：杜拉斯访谈录》，黄荭、唐洋洋、张亦舒译，北京：中信出版社，2018年版，第59页。

学，所有人都想玩电影。”那是存在主义和新小说的时代，更是新戏剧和新浪潮的时代，实验和先锋是潮流的口号，20 世纪五六十年代新浪潮用“作家电影”对抗商业电影的桀骜姿态让杜拉斯对电影书写心动不已，她说：“我在电影中再次寻找我在书中寻找的东西。”寻找什么？显然不是铜臭，而是某种政治，正如她在 1977 年《卡车》中所说：“我所有的电影都是政治电影，而我在政治上遭受了无法医治的创伤……”①是某种和写作的孤独截然相反的团队的协作？是某个失落的记忆之城？还是无法医治的童年的创伤？杜拉斯说：“除了童年时代，一无所有。我以后经历的一切都毫无用处。司汤达说得对，童年，无休无止的童年。”②

导演杜拉斯

---

① 贝尔纳·阿拉泽、克里斯蒂安娜·布洛-拉巴雷尔主编：《解读杜拉斯》，黄荭主译，北京：作家出版社，2007 年版，第 307 页。

② *Libération*, 4 septembre, 1984: “Tout ce que j'ai vécu après ne sert à rien. Il a raison Stendhal: interminablement l'enfance.”

的确应该回到原点：印度支那和母亲。在《抵挡太平洋的堤坝》中，约瑟夫告诉苏珊：母亲曾经和伊甸园影院的一名职员深深相爱了两年，但因为孩子们，她从来没有跟他睡过一次。那时母亲为了挣外快在伊甸园影院兼职弹钢琴弹了整整十年。可怕的十年。

> 母亲要弹奏两个小时的钢琴。她不可能看银幕上的影片，因为钢琴不仅同银幕处于同一水平面，而且远远低于电影厅的层面。在这里，母亲没有看过一部影片……"有时，我觉得自己一边弹一边睡着了。我试图看银幕时，那简直可怕极了，头晕眼花。在我脑袋上仿佛一锅黑白色的粥在沸腾，好像在晕船。"有一次，仅仅这一次，她想看电影的愿望是那么强烈，她装作生病，然后偷偷去看了场电影。可是，在影院出口处，一名职员认出了她，后来她再也不敢这么做了。十年间，唯一的一次她敢这么做。十年里，她一直想去看电影，而只有一次，她偷偷地去了。十年里，这个欲望在她心头始终那么新鲜，然而，她，她已渐渐衰老。过了十年，已为时太晚，她动身到了平原。①

母亲被压抑的欲望，包括肉体的和精神的。母亲被绵长日

① 玛格丽特·杜拉斯：《抵挡太平洋的堤坝》，谭立德译，上海：上海译文出版社，2009年版，第273页。

子的绝望和疯狂啃噬了，回忆这些有关母亲的事情对孩子们而言是那么难以忍受，但“你不得不回忆这些事情，回忆伊甸影院，不得不总是做与母亲所做的相反的事情”①。皮埃尔说他永远都不可能忘记堤坝，不会忘记母亲和他曾经忍受过的一切。“这就好比忘记我是谁，这不可能。”②对杜拉斯也一样，母亲占据了杜拉斯童年所有的梦境，而电影，或者说电影院，似乎也成了这个梦境最理想的布景。

在《抵挡太平洋的堤坝》中，当苏珊拿到若先生的戒指后，她和家人决定和若先生“一刀两断”。但这枚本该可以改变一家人命运的戒指却被珠宝商看出有一块致命的“蛤蟆斑”，苏珊准备去找若先生，（假装）跟他和好如初，以便拿到更多的戒指。她盲目地在大街上寻找，像一个迷途的少女。“突然见到一个电影院入口处，一家可以躲藏起来的电影院。还没有开始放映影片。约瑟夫不在电影院里。没有人在那里，连若先生也没在那里。”③她不由自主地走去，钢琴响起来，灯灭了。苏珊感到自己安全了，不会再被人看见，她感觉自己又变得“无懈可击”了，她幸福地哭了。

> 下午黑暗的电影厅好比沙漠中的一片绿洲，是孤独的人的黑夜，是人为的、民主的黑夜，电影院里一视

① 玛格丽特·杜拉斯：《抵挡太平洋的堤坝》，谭立德译，上海：上海译文出版社，2009年版，第273页。

② 同上，第271页。

③ 同上，第184页。

> 同仁的黑夜要比真正的黑夜更加真实，比所有真正的黑夜更加令人高兴，让人感到宽慰，这一被选择的黑夜，向所有的人敞开，奉献给所有的人，比所有的慈善团体和所有教堂都更加宽厚仁慈，更加乐善不倦，这黑夜让人不再为所蒙受的耻辱而痛苦，所有的绝望都荡然无存，整个青春时代的丑陋的污垢都被涤荡一空。[①]

当观众都沉浸在银幕上那段刻骨铭心的爱情中，恨不得自己就是男女主人公的时候，杜拉斯说："然而，观众们也许只看到为此所做的尝试，其失败他们并不知晓。因为银幕这时被照亮了，变成如裹尸布那般的白布一块。"[②]苏珊已经看过那么多电影，那么多相爱的人，那么多的别离，那么多的搂抱，那么多最后的拥吻，"那么多命中注定的事情，那么多残酷的，当然也是不可避免的、致命的抛弃"。[③] 在黑暗中，苏珊暗自下定决心：必须离开，离开母亲，寻找另一种存在的可能方式。在1977年上演的戏剧《伊甸园影院》中，故事被更加强化了："她是所有人的母亲。所有一切的母亲。她大喊大叫。她发出怒吼。她太艰辛。生活沉重，难以为继。"[④]而剧本的名字也更直白地点出了杜拉斯和电影的关系。

---

① 玛格丽特·杜拉斯：《抵挡太平洋的堤坝》，谭立德译，上海：上海译文出版社，2009年版，第184页。

② 同上，第186页。

③ 同上，第198页。

④ 玛格丽特·杜拉斯：《伊甸园影院》，金龙格译，上海：上海译文出版社，2018年版，第10页。

离开童年，逃离印度支那，逃离殖民地腐败、不公正的一切。甚至是，暂时离开孤独的写作，走出自我，去谈论周遭的世界，去和人接触打交道，在思想的摩擦中迸溅出创作的火花，而不是一个人关在一间属于自己的房间，面对“空白之页”的惶惑。从1957年开始，杜拉斯就对给报刊写文章非常感兴趣。几家报纸都向她积极约稿。她选择了其中的两家，《法兰西观察家》和《星座》，前者报纸美誉度高，后者稿费给得高。“没有客观的新闻写作，没有客观的记者。”①她要当一名观察这个世界如何运转的记者，每天站在很近的地方注视它，把它展现出来，让大众得以再次审视这个世界和世间发生的事件。她打算对所见所闻做出判断，并且以她的文笔、自由和道德规范，创造出一种“杜拉斯体”的新闻报道新形式。“时不时地，每当外面的世界将我吞没，每当发生了一些让我疯狂，让我必须蹿出去、走到大街上去的事儿”②，她就会给报纸写文章，这种写作“意味着即时写作。不等待。所以，这样的写作应当让人感觉到这份焦灼，这份不得已的快捷，以及一点点的不假思索”。③ 也因为这种写作更直接地让她介入生活，介入政治，去揭露“某一阶层、某一群人或某一个人所忍受的不公正——不论是什么范围内的不公正”，去关注犯罪、不名誉的事、卑劣的事，“特别是司法无能”④。

---

① 玛格丽特·杜拉斯：《外面的世界》，袁筱一译，北京：作家出版社，2007年版，第18页。

② 同上。

③ 同上。

④ 同上，第19页。

导演杜拉斯

从这个角度看，杜拉斯的电影也体现了这种“介入”，因此与其说电影是断裂，还不如说它是杜拉斯写作的延续，或者另一种写作。杜拉斯坦言：“我把电影视作写作的支撑。无须填写空白，我们在画面上挥毫。我们说话，并且把文字安放在画面之上。”①从某种意义上说，杜拉斯的电影从属于书和戏剧，尽管她的电影有自己鲜明的特色，但它首先是作为作家的电影，“写作的”电影：小投入、小制作、自主、自足、自由。她反对的是“制片商”的电影，当写作的“空白之页”变成电影冗长沉闷的“黑镜头”和超出常规的画外音（voix off）时，杜拉斯说她拍摄的是电影的“荒芜”艺术，摈弃一切媚俗的煽情。“毁灭吧。”她说，用（作家）电影“杀死”（商业）电影。

① 贝尔纳·阿拉泽、克里斯蒂安娜·布洛-拉巴雷尔主编：《解读杜拉斯》，黄荭主译，北京：作家出版社，2007 年版，第 306 页。

一、《广岛之恋》和《长别离》

从1966年第一部电影《音乐》到1984年的《孩子们》(与儿子让·马斯科洛和让-马克·杜林纳合作拍摄),杜拉斯共执导了十九部电影,其中包括四部短片,但现今市面上尚能觅到的估计只有一部《印度之歌》(1975)。原因很简单,因为杜拉斯希望她拍摄的电影是全新的探索,几乎没有镜头的移动,"从零开始,用一种很原始的表现方式……很简单,几乎很原始:不动,一切重新开始"。[①] 她厌恶消费社会泛滥的哗众取宠、娱乐至死的电影。

杜拉斯真正意义上的触"电"应该回溯到1958年的那个夏天,她应制片人阿纳托尔·多曼(Anatole Dauman)之邀给阿兰·雷乃的电影《广岛之恋》写对话和剧本。该片虽然没有参加1959年第12届戛纳电影节的正式角逐,但还是引起了不小的轰动;1961年它获得奥斯卡金像奖最佳改编剧本的提名。有人认为它是一部"空前伟大的作品",是"古典主义的末日","超前了十年,使所有的评论家都失去了勇气",但也有人批评它是"一部异常令人厌烦的、浮夸的、充满了最遭人恨的文学的电影"。杜拉斯和雷乃声名大振,只有一点让她感到非常郁闷:她签了一份很不合理的编剧合同,没拿到一毛钱的影片提成。

杜拉斯认为她的电影(或者说电影剧本)和书一样,都是在

---

① Marguerite Duras, Michelle Porte, *Les Lieux de Marguerite Duras*, Éditions de Minuit,1977:p. 94.

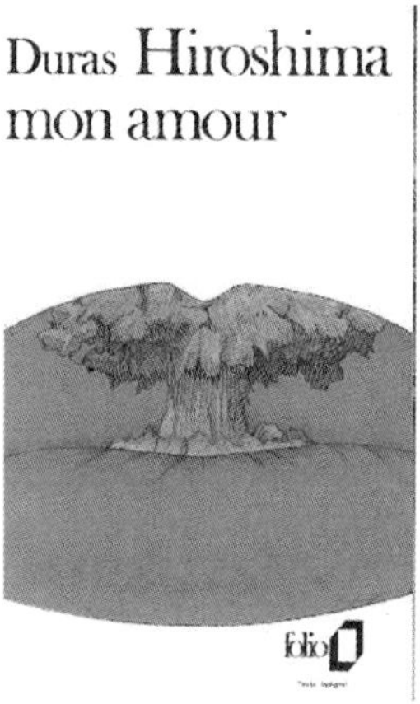

《广岛之恋》

“激情之地”上拓荒,注入让人耳聋目盲心狂的激情。的确,她和雅尔洛的热恋激发了很多创作灵感,他的名字和“文学顾问”的头衔也出现在电影的片头字幕上。《广岛之恋》是一篇命题作文:一个原子弹爆炸后有关生存的故事。但杜拉斯把它写成了一部充满诗意和哲思的杰作。虽然有戏中戏的嵌套,但情节并不复杂:一段没有未来的爱情泛滥于一座在废墟上重建的城市。“她”带着法国纳韦尔的创伤(二战结束前夕,“她”的情人德国士兵在河边遭枪杀,而她自己被剪头发、关黑屋)来到广岛拍摄电影,在这座曾经在九秒钟内有“二十万人罹难,八万人受伤的”城市,法国女人“她”遇到了日本男人“他”,得到了自我痛苦的释放。广岛的不幸和爱情唤醒了对纳韦尔的不幸和爱情的记忆,伤痛抚慰了伤痛,一如不可能又不能不爱的爱情。

剧本和影片首先展示的是一对男女在“欲海情焰”中交缠的

《广岛之恋》电影海报

躯体和“情欲得到满足后的汗水”①，在一家旅馆房间，他们在谈论广岛。“她”对“他”说她在广岛看见了一切，而“他”反复对“她”说她在广岛什么也没见到。但“谈论广岛是不可能的。人们所能做的就是谈谈不可能谈论广岛这件事”②，原本只是一个平淡无奇的偷情故事，偶遇，一夜风流，醒来后各奔东西，男的已经结婚，且有孩子，女人也是有妇之夫，也有孩子。但不普通的是，故事发生在世界上一座最让人意想不到的城市：广岛。杜拉斯在“剧情”中坦言这是影片的主要意图之一，“它打破了用恐怖来描绘恐怖的手法”，让“恐怖在劫后的灰烬中获得新生”，和“一

① 玛格丽特·杜拉斯：《广岛之恋》，谭立德译，上海：上海译文出版社，2005年版，第2页。

② 同上。

种必须是独特的而又‘令人赞叹’的爱情糅合在一起”①。因为在这座罹难的城市，性欲、爱情、不幸，这些人类普遍具有的东西会淋漓尽致、毫不掺假地表现出来。他们谈论了彼此的生活，他们的过去，是曾经的灾难让他们在迷乱的情爱和深深的绝望中相拥，沉默，呼唤彼此的名字。最后，她对他说：“广岛。这是你的名字。”他回答：“这是我的名字。是的。你的名字是内韦尔。”②

虽然1963年，在一次和皮埃尔·韩(Piere Hahn)的访谈中，杜拉斯说电影没有给她带来任何东西，如果她当时是二十岁，情况或许会不一样，在她看来，“《广岛之恋》是一部写在胶片上的小说”。③ 但正是在这部写在胶片上的小说中，我们看到了导演杜拉斯的“长成”，不知不觉中，她已经站在导演的角度去构思电影的画面，去考虑镜头的调度、配乐和角色的选择，等等。

《广岛之恋》剧照

① 玛格丽特·杜拉斯：《广岛之恋》，谭立德译，上海：上海译文出版社，2005年版，第4页。

② 同上，第173—174页。

③ 玛格丽特·杜拉斯：《1962—1991私人文学史：杜拉斯访谈录》，黄荭、唐洋洋、张亦舒译，北京：中信出版社，2018年版，第18页。

“隐形(或者说幕后)导演”杜拉斯在书中这样描述她所希望的电影开场:

[影片开始时,比基尼核试验基地上臭名昭著的“蘑菇”云在翻滚升腾。

应该让观众既有初次看到,又有再度看到这股“蘑菇”云的感觉。

“蘑菇”云应该非常雄浑、硕大,成长得十分缓慢,并由乔万尼·菲斯哥的乐曲的开头几个节拍伴奏,烘托出它的翻滚升腾。

随着这股“蘑菇”云在银幕上升腾而起,烟云下面,]渐渐呈现出两个赤露的肩膀。

观众只看见这两个肩膀,是被齐头齐腰截去的部分躯体。

这两个肩膀紧紧搂着,上面沾满了灰烬、雨水、露珠或汗水,任人随意想象。

关键在于让人感到这露水或汗水是由[比基尼核试验基地上的]“蘑菇”云在升腾飘逝的过程中洒下的。

这一画面势必造成一种非常强烈、非常矛盾的感觉,既感到清新,又徒生欲念。

两个紧搂的肩膀肤色各异,一深一浅。

菲斯哥的音乐伴随着这一几乎令人反感的紧搂动作。

两只不同的手的差异应该十分明显。

菲斯哥的音乐由强到弱,渐渐隐去,一只[经特写镜头而显得很大的]女人的手放在黄皮肤肩膀上，不再动弹，所谓“放”只是一种说法而已，“抓”似乎更确切些。

一个沉浊而又平静的男人的嗓音诵读般地响起……①

在拍摄过程中，阿兰·雷乃对剧本做了删改，方括号中的字句被删去，但重要的是他保留了杜拉斯对拍摄的建议，并且忠实地执行了。从蘑菇云的样子，到画面上的躯体、肤色、身上的汗珠、动作的细节和节奏，具体到配什么音乐，音乐的强弱和隐现，男(女)主人公的嗓音和说台词的指示，甚至还考虑到了画面产生的效果、观众的观感……男女主角，日本男演员冈田英次与埃玛纽·丽娃(Emanuelle Riva)也忠实地完成了杜拉斯对人物的预设，而且两人的形象也非常符合剧本附录中“日本人的肖像”和“法国女人的肖像”。

《广岛之恋》剧照

① 玛格丽特·杜拉斯:《广岛之恋》，谭立德译，上海:上海译文出版社，2005年版，第15—16页。

又因为剧本是在电影拍好后修改出版的，简略的原始剧本因此得到了充实，一方面得益于雷乃从日本带回大量资料，另一方面是剧本在影片剪辑过程中又修改过，增加了许多内容。而且从剧本和对白的创作到影片的拍摄和后期制作过程，杜拉斯、雷乃和雅尔洛三人经常一起分析脚本，讨论对白，这个作家-导演-编剧的完美组合让这部电影得到了全方位的打磨，而杜拉斯也从中形成了自己对电影的独特审美，因此剧本出版时她认为“保留了一部分在影片中摈弃不用的东西是有必要的，它们能有效地阐明最初的设想”①。在某种意义上说，杜拉斯已经开始“纸上谈兵”，在纸上“写作”她的电影：

> 此时，博物馆的画面一一展现。光线刺眼而令人讨厌，同打在医院上的灯光一样。
>
> 资料解说牌接连闪出。
>
> 原子弹爆炸的种种物证。
>
> 支离破碎的各式模型。
>
> 一根根扭曲的钢筋。
>
> 一张张蜡质的被烧焦的人皮，一堆堆烤煳的头发。②

在博物馆的画面后她还加了一个脚注：“镜头有规律地摇回

---

① 玛格丽特·杜拉斯：《广岛之恋》，谭立德译，上海：上海译文出版社，2005年版，第13页。

② 同上，第19页。

叠在一起的两个躯体上。”①

除了画外音这个之后成了杜拉斯的标签之一的电影表现手法，在这个剧本里杜拉斯还表明了她的电影创作观，重要的不是讲故事，重要的是为什么要讲这个故事，如何去讲这个故事，让观众看到一部正在拍摄、正在完成、正在生成意义的电影。她又一次使用了嵌套手法。

> 下午四点钟。广岛和平广场。一群扛着摄影机、聚光灯和反光屏的电影技师结队远去。一些日本工人在拆卸刚用来当作电影最后一组镜头的背景的主席台。
>
> 一点重要说明：人们将总是远远看见技师们，却始终不知道他们在广岛拍什么影片。大家总是只看到工人们正在拆卸的电影布景。[也许，至多只知道片名。]
>
> 置景工们扛着用日语、法语、德语等各种文字写就的“广岛惨剧永不重演”的标语牌，走来走去。

杜拉斯要让观众明白他们在广岛拍“一部颇有教益、关于和平的影片”②，“一部国际性影片”③。因为：在广岛，“大家对和平题材的电影绝不会掉以轻心”④。人类吸取教训，蘑菇云才不会

---

① 玛格丽特·杜拉斯：《广岛之恋》，谭立德译，上海：上海译文出版社，2005年版，第19页。

② 同上，第82页。

③ 同上，第84页。

④ 同上，第85页。

重现,“整座城市从地面上被掀起,落下来化为灰烬”的悲剧永远不再重演(never Never),广岛拥抱内韦尔,只有爱才能治愈创伤,阻止世界变成一片丢着“一包‘和平牌’香烟”的沙漠。

这部作品“二元对位”式的结构也用得非常巧妙,一边是灾难,一边是激情。广岛的爱与欲勾起了法国女人记忆深处里纳韦尔的经历,东方的杯酒浇的是西方内心的块垒。爱情没有国界,战争没有国界,痛苦也没有国界。从“广岛情结”到后来的“奥斯威辛情结”、“犹太情结”、“阿尔及利亚情结”,杜拉斯始终站在受害者的立场,反对世界的不公正,反对人性的迷失。

《广岛之恋》成功后,很快杜拉斯和情人雅尔洛四手联弹,投入到《长别离》的剧本与对白的创作中。1961 年,亨利·柯比拍摄的同名影片获第十四届戛纳电影节金棕榈奖。又一个伤痕累累的爱情故事:1960 年夏天,巴黎郊区的咖啡馆老板娘认定一个天天路过她家门口的失忆的流浪汉就是她在二战中被关进集中营之后失踪的丈夫。作品中有两个非常有寓意的细节:第一个是男主人公的名字,在流浪汉的身份证上,我们可以看到罗贝尔·朗代的名字,而咖啡馆老板娘黛蕾丝的丈夫的名字是阿尔贝尔·朗格卢瓦,姓名中发音的近似不言而喻,仿佛那是巨大的肉体或精神重创后记忆残存的碎片的重组。值得注意的还有杜拉斯也有过和丈夫“长别离”的经历,她的丈夫罗贝尔·昂泰尔姆,1944 年被捕后关押在德国达豪的集中营。第二个细节是在黛蕾丝精心安排的晚宴上,她发现流浪汉头上触目惊心的巨大伤疤。黛蕾丝原本希望能找回失踪了十六年的丈夫,或更确切地说,帮助酷似丈夫的流浪汉找回失去的记忆。但最终“她看着他裸着的头颅，他曾经被轰炸过的头颅远去。她打开门。他走在她前面。她看到了，在她眼前，头上那个巨大的伤疤。她再也看不见世上的一切，除了伤疤：她虽生犹死的丈夫”。①

《长别离》电影海报

同样，从剧本一开始，杜拉斯就为电影选择了音乐，银幕上的流浪汉唱着罗西尼作曲的歌剧《塞维利亚的理发师》中，阿尔玛维瓦伯爵唱的一首咏叹调《黎明的曙光》。她引用了雷蒙·格诺的诗歌去形容男主人公：“一个与时代和世界都远离的男人，迷失路津。他像发丝一样纤细，又像曙光一样开阔。”②杜拉斯埋下了伏笔，“迷失路津”，而且这个流浪汉好像还很怕警察，看到总会远远地绕开，他的“目光是空虚的。温和，但是空虚”。③

① Marguerite Duras et Gérard Jarlot, *Une aussi longue absence*, scénario du film d'Henri Colpi, Gallimard, 1961: p. 99.

② 玛格丽特·杜拉斯、热拉尔·雅尔洛：《长别离》，陈景亮译，上海：上海译文出版社，2009 年版，第 3 页。

③ 同上，第 17 页。

流浪汉在夜里孤独地唱歌，歌声引起了黛蕾丝的注意，她“想听清她记忆中的声音”①。她开始跟踪流浪汉，故意走到他前面，撩一下头发，以便他看到她。但他却自顾自唱着歌从她身边走过，宛若路人。接下来的情节很容易猜到，黛蕾丝想方设法要弄清楚流浪汉的真实身份，而这个流浪汉并不清楚自己是谁，因为他失忆了。黛蕾丝要用自己的方式确定他的身份，她找到他，接近他，近距离地观察他，杜拉斯给出了一系列“特写镜头”：

——他的微笑（在废品收购店的栅栏处）；
——他的一只眼睛；
——他左眼的一排下睫毛；
——耳垂上的一个小伤疤；
——他的手；
——他的牙齿，以及咀嚼沙丁鱼；
——他鼻子左边的一颗痣……②

他的举手投足，他睡觉的样子，吃东西的样子，做剪报的时候打结的方式都让黛蕾丝越来越确定，这个“显得茫然、无精打采和若有所失”的流浪汉就是她那在二战期间参加抵抗运动被法国警察抓去、后来落到盖世太保手中的丈夫。黛蕾丝找了两个亲戚，在咖啡馆的唱机上放了熟悉的歌剧，流浪汉受歌声吸引

① 玛格丽特·杜拉斯、热拉尔·雅尔洛：《长别离》，陈景亮译，上海：上海译文出版社，2009 年版，第 21 页。

② 同上，第 45—46 页。

来到咖啡馆门前，黛蕾丝邀请他进来喝啤酒。三个人在流浪汉面前演了一出戏，他们故意很大声地说着往事，希望可以唤醒他的记忆。十六年，黛蕾丝整整等了他十六年，没有改嫁，没有离开巴黎，没有离开他们曾经的家。但阿丽丝，阿尔贝尔·朗格卢瓦的姑姑却认为这个流浪汉不是自己的侄子，黛蕾丝"是被爱情蒙住了眼睛"①，因为眼睛的颜色不对，个子也没那么高。黛蕾丝坚信自己的感觉，她又去找流浪汉，邀请她来家里吃饭。

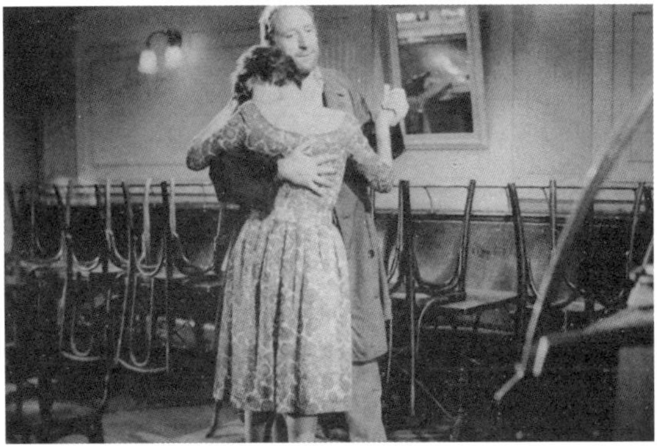

《长别离》剧照

周围的人都密切关注这件事情，黛蕾丝努力想让流浪汉回想起过去，奶酪、音乐、跳舞，她小心翼翼地抚摸流浪汉的头，她摸到了那个硕大的伤疤，她伏在这个有伤疤的头上哭了。结束了，他要走了，他从看热闹的人身边走过。黛蕾丝忍不住喊他的名字——她丈夫的名字，他没有回头，继续在广场上走。大家都

① 玛格丽特·杜拉斯、热拉尔·雅尔洛：《长别离》，陈景亮译，上海：上海译文出版社，2009年版，第69页。

帮着黛蕾丝喊他，撕心裂肺地喊“阿尔贝尔·朗格卢瓦”。这时，流浪汉转过身，“在沉沉黑夜里，他缓慢地、异常缓慢地举起双手，就像一个被判处死刑的人一样”①。广场上的人都沉默了，流浪汉最后跑开了，但黛蕾丝相信他会回来的。

我们总能在书中看到作家杜拉斯本人的影子，或许经历过别离、世事沧桑，在某一个瞬间，读者也会在杜拉斯的作品中看到自己的影子，一些记忆的碎片。杜拉斯说：“很多女性都可以在其中找到自己。受挫的爱情或者说不可能的爱情。”②

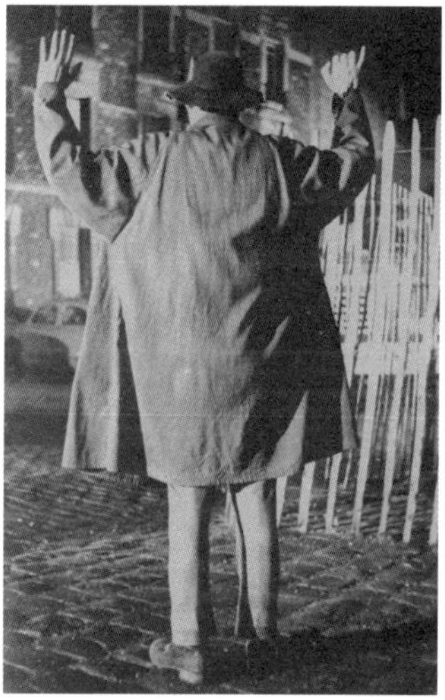

《长别离》剧照

① 玛格丽特·杜拉斯、热拉尔·雅尔洛：《长别离》，陈景亮译，上海：上海译文出版社，2009年版，第111页。

② 玛格丽特·杜拉斯：《1962—1991私人文学史：杜拉斯访谈录》，黄荭、唐洋洋、张亦舒译，北京：中信出版社，2018年版，第39页。

二、《夏夜十点半钟》

激情会激发创作，和雅尔洛在一起的日子，杜拉斯在小说、戏剧、电影剧本方面的创作都很多产，女性杂志《Elle》推选她为"当今最懂爱情的作家"[①]。但1960年的《夏夜十点半钟》泄露了她五味杂陈的嫉妒和心灰意冷，1961年《昂代斯玛先生的午后》影射了她单调无望的孤独和等待。

《夏夜十点半钟》

凶杀案、带着孩子的母亲和死去的爱情，广场、烈酒和咖啡馆，《夏夜十点半钟》可以被看作是《琴声如诉》的姊妹篇。"绝望的主妇"一直是杜拉斯迷恋的主题，"正是绝望之后的那种状态，那种求助，如果您愿意这么去形容的话。这种状态很常见，是

---

① 劳拉・阿德莱尔：《杜拉斯传》，袁筱一译，沈阳：春风文艺出版社，2000年版，第448页。

的，很多女性都有，这绝不是我编造出来的，我对这种劫后余生的状态极为敏感”。[1] 因此，杜拉斯的作品总是从某种微妙的心理状态出发。

在小说《夏夜十点半钟》里，故事在暴雨中的曼萨纳雷斯广场开始，警察在寻找一个名叫罗德里戈·帕斯特拉的凶手，他两小时前枪杀了正在偷情的十九岁的妻子和她的情夫，激情犯罪后他逃走了。玛利亚和丈夫皮埃尔开车带女儿朱迪特和女友克莱尔去西班牙度假，被暴雨阻在这座刚刚发生了凶杀案的小城。在广场边的咖啡馆里，人们议论纷纷，玛利亚喝着曼萨尼亚酒，心里充满了苦涩，她知道丈夫和女友之间有暧昧，自己和丈夫在意大利维罗纳曾经有过的激情早已熄灭，爱情被背叛、无声无息地死去了。他们不得不在小城滞留一晚，酒店房间全满了，大家只能挤在走廊上打地铺。

暴雨一直下，玛利亚睡不着；她去餐厅找酒喝，之后去阳台上抽烟，在电闪雷鸣和满城警察的哨声中，她看到丈夫和女友在忘情地拥吻。“在闪电下，城市变得苍白。闪电是不可预测的，杂乱无章。有闪电时，他们的亲吻也变得苍白，此刻合二为一令人无法辨清的身影也显得苍白。”[2]而与此同时，在离他们几米远的地方，罗德里戈·帕斯特拉藏在旅店屋脊烟囱旁边，裹着棕色的裹尸布在等待，等待地狱般的长夜结束。玛利亚“将两手放在自己孤独的胸前”[3]，她不能不看他们，她的爱情和友情同时

---

① 玛格丽特·杜拉斯：《1962—1991私人文学史：杜拉斯访谈录》，黄荭、唐洋洋、张亦舒译，北京：中信出版社，2018年版，第37页。

② 玛格丽特·杜拉斯：《夏夜十点半钟》，桂裕芳译，上海：上海译文出版社，2005年版，第30页。

③ 同上，第31页。

被毁,她完全可以理解屋顶上那个逃亡的男人,理解他犯下的罪行。“皮埃尔的一只手在另一个女人身上到处摸,另一只手紧紧抱住她。”夏夜十点半钟。玛利亚决定救屋顶上的那个男人,她呼唤他,很多次,终于他从裹尸布中伸出手,同意了。玛利亚开车小心翼翼地避开警察,接上罗德里戈·帕斯特拉,朝前往马德里的路上驶去。车开到郊外的麦田里,罗德里戈·帕斯特拉睡了一觉,玛利亚守着他,抽着烟,喝着白兰地,直到曙光照在他身上。她叫醒他说,她该回旅馆了,因为她的孩子在旅馆。她对他说,国境线就在不远处,他可以试试。她答应他自己还会回来,中午十二点,回来接他。

玛利亚回去补了一个觉,快到中午的时候,她告诉皮埃尔夜里发生的事情。他们开车回去找罗德里戈·帕斯特拉,最终在麦田里发现了他,他已经死了,应该在黎明时分就开枪自杀了。玛利亚感到累了,无法抗拒地累,皮埃尔说:“这是久已有之的累,是由一切,确实是由一切积累而成。”[①]积累了多年的抑郁、猜疑、嫉妒、落寞,还有越喝越清醒、越喝越孤独的曼萨尼亚酒和白兰地。“人总是过高地相信自己的力量。”玛利亚说。“你总是过高地相信你的力量。”[②]克莱尔说。玛利亚拯救不了罗德里戈·帕斯特拉,她也拯救不了自己。

终于他们到了马德里的旅馆,皮埃尔回想起维罗纳,他敲开

① 玛格丽特·杜拉斯:《夏夜十点半钟》,桂裕芳译,上海:上海译文出版社,2005年版,第125页。

② 同上。

了妻子玛利亚的房门,“他突然对死去的爱情产生了迫切的兴趣。当他走进玛利亚的房间里,他处于哀悼之中,哀悼他对玛利亚的爱情”。[1] 但玛利亚身上散发着“爱情死亡的气味”[2],皮埃尔说他“再不能只满足于新的女人。我不能没有你”。旧爱新欢他一个也不要放弃。玛利亚回答:“我们的故事结束了,结束了……我刚刚发觉。也许很早就这样了。”[3]这时有人敲门,是克莱尔,他们三人结伴去了酒吧,看一个男人在台上疯狂地舞蹈,几个茨冈女人围着他跳,之后大家听他唱醉人又骗人的爱情歌曲。小说戛然而止。

《夏夜十点半钟》电影海报

① 玛格丽特·杜拉斯:《夏夜十点半钟》,桂裕芳译,上海:上海译文出版社,2005年版,第141页。

② 同上,第142页。

③ 同上,第143页。

在1966年朱尔斯·达辛根据小说改编的同名影片中，故事从一开始就笼罩着希区柯克式美国电影的悬疑味道。扮演玛利亚的玛丽娜·墨寇莉（Maria Amalia Mercouris）精彩演绎了绝望主妇压抑的内心，哀怨、隐忍、痛苦的眼神令人难忘；而扮演丈夫的彼得·芬奇（Peter Finch）和扮演女友的罗密·施耐德（Romy Schneider）表演的痕迹比较重，看着容易跳戏。

《夏夜十点半钟》剧照

和原作相比，电影有两处改动值得玩味，一是小说中丈夫的名字皮埃尔变成了电影里的保尔，而皮埃尔和保尔是杜拉斯两个哥哥的名字；二是电影给了小说一个结尾，夜宴狂欢过后，玛利亚不见了，保尔和克莱尔在马德里的街头狂奔，对着城市重重叠叠的屋顶大喊："玛利亚，玛利亚。"爱情会变化、会变质，面对伴侣的背叛，"失恋阵线联盟"的两个人选择了不同的解脱方式，罗德里戈·帕斯特拉的毁灭是一种，玛利亚的退出是另一种。此外影片把三人之间暧昧的情色表现得更加露骨，在他们最终到达马德里酒店的时候，有一组来回切换淡入淡出的镜头。在房间里，克莱尔对保尔说："玛利亚需要我，我制造了情色的气氛。"玛利亚在院子的躺椅上，说："维罗纳的时光已经一去不复返，酒精也无法换回。"克莱尔说："我同意了来玩这个游戏，只是因为我爱你。"玛利亚回答道："我不再爱你了，结束了。"

2015 年法布里斯·卡穆安导演的《暴风雨》(*Orage*)赋予了杜拉斯 1960 年发表的小说一个全新的时代语境，一开始，凶杀案就被添加了种族冲突的色彩，罗德里戈·帕斯特拉成了阿拉伯人，逃亡预设的目的地也改成了地中海对岸的摩洛哥。玛利亚-皮埃尔-克莱尔之间的三角关系被弱化，阶级和种族的政治意味被强化，但最终中产阶级女酒鬼试图救赎阿拉伯杀人男子的故事也不过是幻梦一场，就如镜头故意给了一个特写的酒店招牌"海市蜃楼"(mirage)。故事最后，警察通过玛利亚打给女儿的一通电话定位了她和凶手的位置，被追到绝境的凶手在海边

《暴风雨》电影海报，2015

跳了悬崖。玛利亚被带回，如果她承认自己是被胁迫的，她就可以置身事外。玛利亚妥协了，海滨大道上女儿朱迪特滑着滑板朝她飞奔而来，她抱住女儿，一切似乎又回到了原点。这部根据《夏夜十点半钟》改编的电影让观众完全体会不到一丝夏夜的燥热，仿佛一场冰冷的"庆祝无意义"，尽管主人公知道生活不能再这样继续下去，但又无法摆脱再次坠入空虚、冷酷无情、完全麻木的现实的命运。

人到中年，杜拉斯的容貌改变了，姣好的面容被酒精摧残，"饮酒使孤独发出声响，最后就让人除了酗酒之外别无所好"。①她开始与热拉尔·雅尔洛一起喝，但很快就超过了他。"酒精一向是和性暴力紧密联系在一起的。酒使它辉煌灿烂，因此它是不会溶解消散的。不过这是在精神上。那种快感的实现，酒可以取而代之，但不能代之而行。"②

1963年，接受完第一次酒精戒断治疗后，杜拉斯写下了《劳儿之劫》。那时她精神濒临崩溃，游走在无意识的边缘。小说从T滨城市立娱乐场的一场舞会开始，劳儿的未婚夫麦克·理查逊被一个风姿绰约、身穿黑色连衣裙的女人安娜-玛丽·斯特雷特迷住了，跟她走了，把劳儿的心也带走了，三人陷入爱情的三角游戏。小说开启了杜拉斯的印度组曲。书出版后好评如潮，精神分析学家雅克·拉康也撰文"向写作《劳儿之劫》的玛格丽特·杜拉斯致敬"。

---

① 玛格丽特·杜拉斯：《物质生活》，王道乾译，上海：上海译文出版社，2007年版，第19页。

② 同上，第20页。

七年之痒。杜拉斯和雅尔洛之间的爱情风暴持续了七年多,分分合合。他们相爱,也互相欺骗,雅尔洛希望杜拉斯明白,男人在欺骗一个女人的同时可能依然爱着她。酒精和写作把他们牢牢地拴在一起,当然还有欲望,但雅尔洛风流成性,朝三暮四,“当他在看某一个女人的时候,他就忘记所有其他的女人。任何一个女人出现在他面前都像是唯一的最后一个女人。这种情形直到他死去一直是这样”。[①] 虽然雅尔洛把 1963 年 9 月出版的小说《狂吠的猫》(*Le Chat qui aboie*)“献给玛格丽特,她在我这浩瀚的记忆力占了一半的位置,再一次献给玛格丽特我永远的爱”,但杜拉斯最终还是厌倦了他的谎言、背叛和不忠,在 1964 年《劳儿之劫》出版之后彻底离开了他。

1966 年 2 月 22 日,热拉尔·雅尔洛在圣日耳曼-德普雷区的一个旅馆房间里做爱时猝死。唐璜式的死亡。杜拉斯在《说谎的男人》一文中谈论了这件事:“他死在出租过夜的旅馆房间里。这家旅馆靠近我的住处。有人说那个女人很美,年纪很轻,棕发,绿眼睛,就像他小说里写的女人那样,她正准备结婚,一直到那天夜晚,她一直拒绝他。”[②]但不知道出于什么原因,那个女人最终让步了,同意和他到旅馆开房间,“他面色十分苍白。激动得难以自持。自从上次心肌梗死发作以后,每见到新认识的女人,他都忐忑不安害怕死去。他的死只经历一秒钟。猝然死去。连说一句这就是死的时间也没有。这是她说的。突然一下

① 玛格丽特·杜拉斯:《物质生活》,王道乾译,上海:上海译文出版社,2007 年版,第 130 页。

② 同上,第 132 页。

她从肉体的重量上发现人死了，那时他正在她身上。”[1]这个自从三十五岁患上心肌梗死后就一直活在极度恐慌中的男人终于得到了解脱，以最情色的方式终结了他短暂风流的一生，死的时候，他才四十三岁，风华正茂的年纪。

或许是因为雅尔洛的突然离世，或许是《副领事》掏空了她，杜拉斯第一次没有下一本书的写作计划，她必须寻找另一种方式去填满令人绝望的时间。是时候到摄影机的另一边去了。不再为他人作嫁衣裳、写电影脚本，她决定亲自操刀，拍属于她的电影。当然拍电影还有一个很私人的原因，就是给十九岁的儿子乌塔找点事儿做。这就是1966年杜拉斯拍摄《音乐》的缘起。保尔·色邦和她一起执导，乌塔担任第二副导演。《音乐》开始是个戏剧脚本，在参与该剧导演的时候，杜拉斯就要求该剧“具有电影风格，对演员的脸要打强光，就是要十分贴近完全黑暗中的这些脸，直至将它们浸没”。[2] 这就不难理解为什么杜拉斯之后很自然地把《音乐》拍成了一部没有道具的影片，只有脸，一部戏剧风格的电影，一出电影风格的戏剧。

拍电影让她走出了一个人面对写作的孤独，和一帮志同道合的（年轻）朋友一起拍摄小制作、小成本的“文学电影”、实验她的电影美学，有一种乌托邦式的纯粹和美好。诺弗勒堡俨然成了一个蜂巢，摄制组围着她，她就是“蜂后”，大家一起过着“人民

---

① 玛格丽特·杜拉斯：《物质生活》，王道乾译，上海：上海译文出版社，2007年版，第132页。

② Marguerite Duras, *La Musica*, *Œuvres complètes Ⅱ*, Gallimard, 2011: p. 505.

公社”的集体生活，所有人拿一样的薪酬，一起出工，一起吃大锅饭，杜拉斯亲自下厨，给剧组熬韭葱汤、煮越南饭。

三、毁灭吧，她说

从《音乐》开始，杜拉斯开启了一个小说（文本）-戏剧-电影创作交织交错的时期，反复成了她体现主题的最有效的修辞手法。《成天上树的日子》《毁灭，她说》《印度之歌》……都是如此。对杜拉斯而言，文学（很快还有戏剧和电影）也是一种政治表达，她要创造一种“新语言”，同时也要宣告旧世界（旧文学）的终结，带着先锋、介入的姿态，预告了1968年的风暴。

杜拉斯始终站在斗争的前线，1955年10月，她是第一批在反北非战争请愿书上签名的知识分子和艺术家：

> 这是一场非正义的战争。我们以我们的名义追捕、关押、折磨、枪毙了那么多人，而他们的罪行就是为了自己的利益胆敢运用起我们的原则，用我们那种曾经把他们逼入绝境的反叛的语言。
>
> 这场战争是可耻的。
>
> 这场战争是徒劳的……
>
> 现在签名的这些人，不仅是在表达被卷入这场战争的人的感情，更是在表达大多数法国人的感情，他们团结起来要求尊重各民族的权利，要求北非得到兄弟

般的友谊和和平。[1]

她反对阿尔及利亚战争，1960 年的“121 宣言”是知识分子反抗“法属阿尔及利亚”的重要行动之一；她公开指责美国人对越南盲目发动战争，还有斯大林主义在苏联犯下的暴行；她在切·格瓦拉的古巴中看到一线可能的微光。杜拉斯一如既往地憎恨右派，认为自己一直是一个无条件的共产主义斗士，“搞政治，就是不再对世界忍气吞声”，她穿着橙色卷领套头衫，及膝的直筒裙，戴着粗框眼镜，拿着大喇叭，意气风发地出现在街头巷尾。她和一帮昔日的小伙伴(迪奥尼斯·马斯科洛、罗贝尔·昂泰尔姆夫妇、莫里斯·布朗肖、让·舒斯特、路易-勒内·德福雷……)一道，和当时欧洲千万名知识分子一样，处在浪潮的中心，积极投身 1968 年的“五月风暴”。他们支持大学生的暴动，参加揭露警察暴行的示威游行，他们攻占大学，呼吁公民起来反抗，反对戴高乐政权，希望国家机器消亡。

狂热的激情、战斗和街垒，似乎又燃起了革命的希望、改变世界的希望。“五月风暴”期间诞生的很多口号都被认为是出自杜拉斯之手：“我们不知道自己会到哪一步，但这不是不前进的理由”，“禁止禁止”，“街石之下，是沙滩”，“我们是永恒的。我们谱写的是未来的序曲”……但很快，幻灭接踵而来。在 6 月的国民议会选举中，戴高乐派大获全胜。更糟的是，8 月 21 日，苏联坦克开进捷克斯洛伐克，碾压了“布拉格之春”。

---

① 劳拉·阿德莱尔：《杜拉斯传》，袁筱一译，沈阳：春风文艺出版社，2000 年版，第 366 页。

五月风暴中的杜拉斯,1968 年

杜拉斯的身体和灵魂遭受了双重的打击,尽管她坚信"唯一可能的道路依然,而且永远是共产主义。一种原初的共产主义,没有理想化、制度化,仍然在等着定义的共产主义"。① 一年的黑夜。又一次,是写作把她从虚无中解救出来。"我重新开始写作的时候,一直是逆着自己的心愿在做,不再是过去的习惯,逆着杜拉斯在做,我再也忍受不了自己了。我觉得我应该冒个险,我处在黑暗之中。"②

正是在这一身心都极度脆弱的时期,杜拉斯开始修改《空椅子》(*La Chaise vide*),这部手稿脱胎于她 1964 年写的一部短篇小说《子弹》(*Les Balles*),当初是想和雷乃合作拍部电影的,结果遭到了雷乃的拒绝,但她认真考虑了雷乃的意见。带着内心的绝望,她把稿子修改(或者不如说是重新创作)成了《毁灭,她说》。这一书名其实综合了两位作家的想法。1968 年后理想破

---

① 劳拉·阿德莱尔:《杜拉斯传》,袁筱一译,沈阳:春风文艺出版社,2000 年版,第 505 页。

② 同上,第 506 页。

灭的杜拉斯给出了“毁灭”，罗伯-格里耶加上了“她说”。原来的哲学对话在《毁灭，她说》中演变为一个关于爱情、政治和词语毁灭的忧伤故事，人物在网球场前谈论着彼此对世界的看法。书写得很快，据说十一天就写成了，由午夜出版社出版，那段时间杜拉斯正在主持该出版社的“断裂丛书”，而《毁灭，她说》是最彻底的“断裂”的姿态。从叙事角度看，故事支离破碎，却更加符合杜拉斯式主题：一组在森林边缘的公园和冷清的网球场上徘徊挣扎的爱情四重奏。

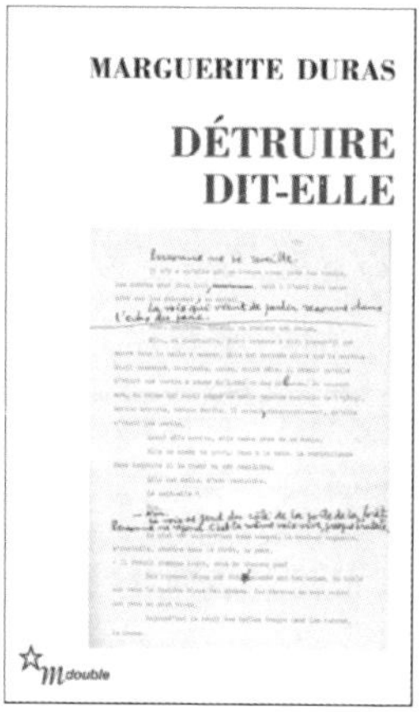

《毁灭，她说》

很快，杜拉斯将小说改编成电影。电影入围了纽约电影节和伦敦电影节，受到大西洋两岸影迷的热烈欢迎，人们激赏她的先锋姿态和革命精神。但是法国观众并不买单，没有表现出足够的耐心去“破译”这部节奏缓慢、色调阴暗、充斥了大量政治影射的晦涩影片，他们最直接的反应是：“我们得拼命压抑自己想掐死电影人玛格丽特·杜拉斯的冲动。”

杜拉斯在导演电影《毁灭，她说》

"毁灭"，代表了杜拉斯独特的电影风格，世界的毁灭已经迫在眉睫，而她要做的，就是揭露并毁灭电影"堕落"、"物质"、"娱乐至死"的一面。她抛弃了商业电影的套路和叙事。她鼓吹另一种电影，一种不同的电影，反电影的电影，她追求的是不可见和不可言说，一种文学电影，或者说作家电影。政治寓言小说《阿邦、萨芭娜和大卫》(*Abahn, Sabana, David*)在 1971 年被改编成电影《黄太阳》(*Jaune, le soleil*)，在这部影片中，我们时不时可以听到："让世界毁灭吧！"这或许就是杜拉斯"快乐的绝望"。

随后，从 1973 年的《恒河女子》(*La Femme du Gange*)到 1975 年的《印度之歌》，再到 1976 年的《在荒凉的加尔各答她名叫威尼斯》(*Son nom de Venise dans Calcutta désert*)，我们可以清晰地看到杜拉斯"杀死"电影的过程。如果说《印度之歌》还残留了一些故事和情节，在影片《恒河女子》中已经没有直接叙述任何故事，除了"声音的电影"只言片语所提到的那个故事。画面非常单调。在书中，人物的指称已经很模糊：旅行者，黑衣女

《印度之歌》电影海报

人，疯子，L. V. S.（比 Lol. V. Stein 还要简略）；在电影里更简化为：他，她，女人，另一个女人。人物多数时候在走路（慢慢地走），跳舞（慢慢地跳），有时候停下来看，经常一动不动地待着。有观众是冲着片名《恒河女子》来的，满心以为能看到印度的景色，各种旖旎的异国情调，而他们在黑黢黢的电影院里看到的只是一片荒芜、空旷、沙子和水，影片是在法国特鲁维尔（Trouville，分开来念就是 trou-ville，洞-城）的海边拍摄的。洞开的世界，一切都在塌陷，像沙流于水，沙塔拉、加尔各答、印度都成了电影的虚构，或者说：解构。

"慢"是杜拉斯电影的一大特色，出奇地缓慢，通常一部电影有 700 个镜头，而《娜塔莉·格朗热》只有 250 个，《恒河女子》只有 152 个（而且全部是固定镜头，整部电影没有一个移动镜头）。大量使用长镜头，人物很少移动，就算动，动作也极其缓慢、犹豫、心不在焉，仿佛站着都能睡着。影片缺乏事件，情节没有跌宕，一直渲染的是一种氛围——不能忍受的印度。

杜拉斯和她的摄影团队

“黑镜头”和“空白之页”就像一张胶片的正片和负片，就像《恒河女子》，用杜拉斯的话说有两部电影：一是影像的，一是声音的。影像的电影是预先设计好的，有计划，整个结构都记录在剧本中。影像的电影如期拍摄，如期合成完毕。而说话的电影，也就是声音的电影并非事先设想好的，是在拍摄完、合成完影像的电影后才有的，“这部声音的电影，它来自遥远的地方，到底是什么地方呢？它扑向影像，进入影像的领地，然后便驻扎在那里。”杜拉斯认为不应该把这些声音从影像的电影中剔除出去，因为它们或许出自“某种与电影不同的材料，也一定会通向与这部电影完全不同的另一部电影，只要它是一部空白、贫瘠、充满空洞的电影”。另一部电影就是《在荒凉的加尔各答她名叫威尼斯》，这部拍摄于1976年的影片完全没有人物，只剩下空荡荡的房子，或许这是对画面最彻底、最粗暴的弃绝。杜拉斯式的隐喻：所指的缺失，身体的缺失，我们的精神漂浮在一个失落的物质世界。

四、驶过黑夜的《卡车》

在杜拉斯1977年拍摄的电影《卡车》片尾，我们听到杜拉斯的画外音："大家等待着事故发生，殃及森林。这是有东西经过的声音。不知道是谁经过，是什么经过。"[1]此时，观众脑海中浮现的是影片开头的镜头，一辆卡车开过，慢慢通过乡野，冬天的天空，"有雾，很淡，田野上、大地上到处弥漫"。[2] 一个流动的、不确定的、若隐若现的画面，于是，整个故事似乎可以重新再来一次，就像影片中的那个女人，"天天晚上拦汽车，拦卡车，然后对谁都是第一次谈她的生活……"[3]《卡车》因此呈现出一种即兴的、潜在的、正在完成、甚至未完成的状态，隐喻了可能被无限阐释和演绎的空间。

《卡车》

---

① 玛格丽特·杜拉斯：《卡车》，马振骋译，上海：上海译文出版社，2009年版，第72页。

② 同上，第4页。

③ 同上，第66页。

因为导演杜拉斯一开始中意的两位女演员西蒙娜·西涅莱(Simone Signoret)和苏珊娜·弗龙(Suzanne Flon)都有事抽不开身,杜拉斯决定临时客串,亲自扮演这个女人,这个搭乘热拉尔·德帕迪约驾驶的卡车的女人,和他一起穿过荒凉的旷野,穿过夜色,看着眼前"这片空白、赤裸的冬天和海"①。但时值1月,天寒地冻,气温低至零下七摄氏度,冷得演员和摄制组在卡车驾驶室里根本待不住。于是,德帕迪约和杜拉斯把拍摄场地改在了诺弗勒堡的"暗室"中。德帕迪约未经事先排练,就在摄像机镜头下拿起电影脚本,流畅地朗读起来。原本打算拍摄的影片因此发生了巨大的改变。

《卡车》拍摄期间的杜拉斯和热拉尔·德帕迪约

第一次,杜拉斯同时出现在镜头的前面和后面,但她似乎并不是真的在演戏,她和热拉尔·德帕迪约用条件式过去时有一

---

① 玛格丽特·杜拉斯:《卡车》,马振骋译,上海:上海译文出版社,2009年版,第11页。

搭没一搭地聊着影片应有的样子,“这原本是一部电影”①,“这时她可以开始观看风景”②,“车外的光线可以比车内明亮,像雪光似的”③,“可以看到卡车驾驶室座位上面有一张两用铺位,躺着一团影子,这是一个人”④,甚至“这个本子可以不考虑任何排演”⑤,“片子可以拍得很快……时间上一点不要拉长”⑥,“片子可以拍得不贵……也可以拍成黑白片”⑦……《卡车》成了一部关于电影的电影,杜拉斯在片中鲜明地表达了自己对电影的看法和主张:

> 电影限制了剧本,也葬送了由剧本衍生的想象。
>
> 封闭和限制想象,这就是电影的功能。
>
> 这种限制,这种封闭,称为影片。
>
> 好还是坏,出色还是拙劣,影片代表了这种最终判决。演出一旦定影,永远不容改变。
>
> ……
>
> 电影再也无法满足观众日益增长的认知渴望。
>
> 电影不明白的是,电影外部发生的事跟电影内部发生的事是密切相关的。

---

① 玛格丽特·杜拉斯:《卡车》,马振骋译,上海:上海译文出版社,2009年版,第6页。

② 同上,第7页。

③ 同上,第9页。

④ 同上。

⑤ 同上,第10页。

⑥ 同上,第13页。

⑦ 同上。

电影尽管拥有亿万资金，却不能生产出赶上观众智慧的电影。①。

《卡车》电影海报

所以，杜拉斯决绝地说："已经没有必要把电影拍成电影。"②没有必要再去拍迎合消费和景观社会的电影，因为那样的"工业/商业"电影和政治、广告一样，在合谋粉饰一个繁荣文明的假象。没有必要。杜拉斯说："应该把'没有必要'这个认识拍成电影。"③通过她的大胆实验，杜拉斯尝试打破电影的虚构和叙事方式，尽可能拉开对白与画面的距离，为观众的想象力开辟空间。

《卡车》是一部什么都谈的影片，除了谈论正在拍摄的电影，

① 玛格丽特·杜拉斯：《卡车》，马振骋译，上海：上海译文出版社，2009 年版，第 77—78 页。

② 同上，第 75 页。

③ 同上，第 76 页。

还谈论爱，谈论死亡，谈论世界末日，谈论革命，谈论阶级斗争和无产阶级专政，谈论移民的棚屋区，谈论青春年代的迷误，谈论犹太人大屠杀和一个叫亚伯拉罕的孩子，谈论太空中地球的孤独……

> 忧虑灾难，这才是政治的智慧。
>
> ……
>
> 奋起要实现各种琐碎的要求——都是改善命运的物质要求。
>
> ……
>
> 这种焦虑只是物质的焦虑。
>
> 这种焦虑是工人阶级的焦虑。
>
> 只有这种物质的焦虑，才值得重视。①

这个女人可以是作家杜拉斯本人，“我通过她在看。我通过她吸收外面，把外面摄入到我的里面”。② 这个女人也可以是任何人，我们每一个人，在某个晚上、某个地方，一种莫名的痛苦突然袭上心头，需要找一个人倾诉，哪怕说过后很快就被遗忘了，而后再无人提及。“事实上，这是一则政治故事。这也是我与政治的故事。”③《卡车》中的女人就是杜拉斯表达她的政治愤怒的

---

① 玛格丽特·杜拉斯：《卡车》，马振骋译，上海：上海译文出版社，2009年版，第40—44页。

② 同上，第81页。

③ 同上，第112页。

主要文本。

> 让电影走向毁灭，这是唯一的电影。
>
> 让世界走向毁灭，让它走向毁灭，这是唯一的政治。①

《卡车》入围了当年的戛纳电影节，但它没有斩获金棕榈大奖。杜拉斯在那儿得到了一个新绰号："高速公路圣母"。置身于大众娱乐时代，用作家电影"杀死"商业电影注定只能是一场尚未打响就胜负已定的战斗。抵挡太平洋的堤坝，用西西弗的勇气，这或许就是杜拉斯的(文本-戏剧-电影)书写最打动我们的地方。尽管最终商业电影"淹没"了作家电影，但她的写作仍继续着，"卡车"行驶在荒凉的高速公路上，那是杜拉斯穿过黑夜的孤独和不妥协。

---

① 玛格丽特·杜拉斯：《卡车》，马振骋译，上海：上海译文出版社，2009年版，第76页。

第五章

重回写作

唯一的主题，是写作。[1]

Le seul sujet, c'est l'écriture.[2]

对杜拉斯而言，“电影是一种和写作平行的经验”[3]，但“电影在我的生活中是次要的。它不会取代写作”[4]。杜拉斯拍摄电影是为了对抗电影，即便她曾经表示她创作文本和拍摄电影都源于同样的灵感。在她看来，“电影表达的是一种终结，一种已经完成的事情。电影不是一种表现，书才是一种表现”。[5] 没有什么比写一本书更困难，更有意义。

---

① 玛格丽特·杜拉斯：《1962—1991 私人文学史：杜拉斯访谈录》，黄荭、唐洋洋、张亦舒译，北京：中信出版社，2018 年版，第 277 页。

② Marguerite Duras, *Le Dernier des métiers*, textes réunis, transcrits et postfacés par Sophie Bogaert, éditions du Seuil, 2016: p. 267.

③ 玛格丽特·杜拉斯：《1962—1991 私人文学史：杜拉斯访谈录》，黄荭、唐洋洋、张亦舒译，北京：中信出版社，2018 年版，第 80 页。

④ 同上。

⑤ 同上，第 103 页。

以消遣娱乐为目的打造的院线电影追求的终极目标并非艺术，而是利润，观众花两三分脑力甚至不动脑筋就可以看穿故事的前因后果、来龙去脉，很多影片还保留着19世纪巴尔扎克时代的叙事和审美，而杜拉斯拍的电影至少要用到八分的智慧才能看懂（我这里想补充的是还需要十分的耐心，且看到最后也不见得能完全看懂）。她喜欢卓别林、塔蒂、勒努瓦、布莱松、德雷耶（Carl Theodor Dreyer）的电影，特别是她看过很多次的德雷耶的《诺言》（*Ordet*）："因为他讲述与众不同的东西。他是唯一想使电影对一些超越自身的东西做出解释的人。而其他人只讲'内部的'东西，走不出电影的围墙。"她把电影看作一间储藏室，"装满了偏移的、失败的情感和各式各样的痛苦。但同时正是这点使我感到亲切……"人可以一直待在书房，但不会一直待在一间储藏室里，电影不是杜拉斯艺术追求的终极目标。

> 电影终止了文本，凶狠地打击它的产物：想象。
>
> 但这也是它的优点：封闭。停止想象。
>
> 这种终止，这种封闭就叫作：电影。
>
> 好也罢，坏也罢；优秀也罢，糟糕也罢；电影代表着最终的停止，这种代表已经固定，一次就意味着所有，意味着永恒。
>
> 电影知道：它永远无法代替文本。
>
> 然而还试图将它替代。
>
> 文本是画面唯一一个不确定的承载者，电影知道

这点。但它无法再回复文本。它不知道如何回复。①

其实，杜拉斯心里一直都很清楚，电影无法代替文学，画面无法代替语言。1978年她创作并拍摄《黑夜号轮船》(*Le Navire Night*)的时候就已经感受到了电影的失败，杜拉斯赢了，电影终于被她"杀死"了。《黑夜号轮船》的灵感来自一个戈布兰家的年轻人J. M.，他在1977年12月给杜拉斯讲述了一段他自己的亲身经历：一段匪夷所思又感人至深的电话情缘，三年隔空恋爱。

电影《黑夜号轮船》

年轻男子和他的情人F只通过打电话来互诉衷肠，两人素未谋面。1979年上映的电影里有很多很长的黑镜头，没有光的光影艺术，应该是杜拉斯对电影手段最彻底的摈弃，"终于达到

① 贝尔纳·阿拉泽、克里斯蒂安娜·布洛-拉巴雷尔主编：《解读杜拉斯》，黄荭主译，北京：作家出版社，2007年版，第310页。

的拍摄电影的不可能性”[1]。2003 年，当我坐在巴黎电影影像中心的放映厅里观看这部电影时，已经很习惯杜拉斯风格的我还是产生了一种强烈的不适感，仿佛被什么困住了，虽然空气中飘浮着缠绵的情话和绝望，这艘满载着欲望的《黑夜号轮船》如幽灵般沉没在黑暗中，不知所终。

文字版《黑夜号轮船》

杜拉斯本人也在书的开头坦言：

> 我现在相信——无疑我是一直地相信——也许它不值得拍成电影。但怎么打发生活呢？我相信电影无疑是多余的，因此是不必要的、无用的。
>
> ……

① 玛格丽特·杜拉斯：《黑夜号轮船》，林秀清译，上海：上海译文出版社，2018 年版，第 9 页。

> 撰写《黑夜号轮船》是不可避免的——这一点人们都知道——是的，这是无法抗拒的。但拍摄它却是可以避免的——这一点人们也知道——我无法摆脱这一观点：利用这种黑暗来拍摄一部影片是可以避免的。①

在书中，杜拉斯删去了说话者的姓名缩写，只是在句子前面加了破折号以示区分，同样，她也省去了所有拍摄说明。她说："我之所以采取这些预防措施，是为了抹去电影的痕迹，避免读者因此牺牲了阅读。"②如果说电影对杜拉斯而言曾经是一种新的认识、新的光亮，是一种走出孤独的方式，那么拍电影的这十几年时间让杜拉斯更加坚定地相信语言的重要性，它比图像、画面重要，词汇蕴含的神秘的力量比电影那"可怕的光线"更有穿透力，更直抵人心。"电影，完了。我将重新开始写书，我将回到故乡，回到我离开十年的可怕的劳动中。"③后来，1982 年在《死亡的疾病》中，杜拉斯再次强调了文本和阅读的重要性："表演可由阅读代替。我一直相信什么都代替不了文本阅读，什么都代替不了文本记忆的缺失，任何东西，任何表演。"④

对电影的"谋杀"结束了，是时候回到孤独的写作，面对空白之页。杜拉斯远离所有人，隐居到诺弗勒堡冷清的寓所，"我独

① 玛格丽特·杜拉斯：《黑夜号轮船》，林秀清译，上海：上海译文出版社，2018 年版，第 5—6 页。

② 同上，第 5 页。

③ 同上，第 9 页。

④ 玛格丽特·杜拉斯：《坐在走廊里的男人》，王道乾、马振骋、桂裕芳译，上海：上海译文出版社，2012 年版，第 67 页。

自待在这座房子里。我将自己关闭起来——当然我也害怕。后来我爱上了这房子。它成了写作之家。我的书出自这种光线，出自花园。出自水塘的这种反光”。[1]

和写作一起回来的，还有酒和一个很快将被杜拉斯命名为扬·安德烈亚的年轻男子——最后的情人。杜拉斯酗酒应该是从她四十一岁遇见雅尔洛开始的，先是几杯葡萄酒，接着是威士忌、苹果烧酒，起初是逢年过节、朋友聚会才喝，后来发展为天天喝，从早到晚喝，且越喝越凶。“像这样，持续有十年之久。一直喝到肝硬化，吐血。”[2]第一次酒精戒断治疗之后，她有十年不再喝酒。1975 年，酒又回到杜拉斯的生活，因为健康问题，她断断续续戒过几次，但戒不掉的是瘾。“酒一经喝上，我就成了一个酒鬼。我就像一个酒鬼那样接连不断地喝。我喝得把所有的人都抛在后面了。我开始在晚上喝，后来中午也喝，再后来早晨也喝，以后在夜里也喝上了。每天夜里喝一次，后来是每两小时喝一次。”[3]因为酒带来一种精神上的快感，它“促使人说话”[4]，促使人思考，“这个社会为什么是这样、为什么‘不公正统治一切’”[5]，借酒精一吐胸中的郁结，让积愤得到宣泄，也因为酒精可以填补宗教信仰的缺失：

---

① 玛格丽特·杜拉斯：《写作》，桂裕芳译，上海：上海译文出版社，2005 年版，第 11 页。

② 玛格丽特·杜拉斯：《物质生活》，王道乾译，上海：上海译文出版社，2007 年版，第 19 页。

③ 同上，第 20 页。

④ 同上，第 21 页。

⑤ 同上。

> 人们缺少一个上帝。人们在青年时期，一旦发现那是一个虚空，又对之毫无办法，因为那本来就是子虚乌有。醉酒于是用来承受世界的虚空，行星的平衡，行星在空间不可移易的运行，对你来说，还有那痛苦挣扎所在地专有的那种默无声息的冷漠。①

她用酒来承受不能承受的生命之轻，暂时的欢愉粉饰了绝望，温热可以抵御无眠的长夜，微醺中，人飘飘欲仙。“酒对于人的这种功能，最根本最重要的一点是创造幻象，在其中，任何人的存在，任何女人，任何诗，任何音乐，任何文学，任何绘画，都不可能代替酒。酒在这里取代了创造。”②酒神狄俄尼索斯的狂欢是一种突破常规束缚的自由，酒于是成了一条充满活力的生命溪流，冲垮所有理性和非理性的堤坝，飞奔向“话语的高速公路”。

一、80 年夏

特鲁维尔下着雨，这是一个多雨、迟到的夏天。杜拉斯刚结束为《电影手册》做一期特刊的工作，这本后来以《绿眼睛》(*Les Yeux verts*)作为书名出版的小册子是应塞尔日·达内(Serge Daney)之邀写作的。杜拉斯利用这一契机开启重返童年的记忆

---

① 玛格丽特·杜拉斯：《物质生活》，王道乾译，上海：上海译文出版社，2007 年版，第 21 页。

② 同上，第 22 页。

之旅，谈论了写作和电影、文字和画面的关系。内容很芜杂：文学的、电影的、自传性的、政治的……她先用录音机录下两人的长谈，之后塞尔日把录音内容转写成文字，再由杜拉斯进行加工。特刊出来了，杜拉斯成功地将照片、信件、文本、画面、对白糅合成一曲多重奏，带着淡淡的乡愁，带着对电影的怀疑。

《绿眼睛》

写作的杜拉斯回来了，而且酝酿着一种风格和题材的改变。杜拉斯的身体状况有所好转，她决定在特鲁维尔度夏，直到天气转凉。她在 1963 年 6 月看到《费加罗报》上一则启事后立刻买下了一处新房产，就在充满传奇色彩的黑岩旅馆，普鲁斯特曾经在旅馆 111 号房间住了很长一段时间，从那以后，这里就一直散发着《追忆似水年华》婉约绵长的气息。她知道这个地方，小时候曾经在附近海滩散过步，在旅馆大厅打过弹子球。最重要的或许是住在面朝大海的黑岩旅馆，白天可以看阳台栏杆和窗框细长的影子在地上慢慢爬过，孩子们在一望无际的沙滩上嬉戏、喧闹，到了晚上，只听到潮水的声音，仿佛枕着大海入梦，让她仿佛又回到了童年，无边无际的大海，那是一切开始的地方，包括她的写作。

黑岩旅馆里的杜拉斯

"在我的书里，我总是在海边……我很早就接触了大海，在我母亲买下《抵挡太平洋的堤坝》里那块地的时候。海水淹没一切，我们破产了。"[①]让小玛格丽特感到恐惧、感到绝望的海吞没了一切，但她的写作也正是在黑暗的大海中孕育的。因为，看海就是看一切，看沙子就是看一切，世界就倒影在深不见底的海水里。"海完全是为我而写。这就好比是一页页的纸，你瞧，一页页写满的纸，因为写满而空茫，因为不断被写，因为写满了字而难以辨认。"[②]也就在 1980 年夏，埃莱娜·邦贝尔吉(Hélène Bamberger)在特鲁维尔遇见了杜拉斯，养成了和她每天下午一

① Marguerite Duras, Michelle Porte, *Les Lieux de Marguerite Duras*, Éditions de Minuit, 1977: p. 84.

② *Ibid.*, p. 91.

起散步、一起看海的习惯，散步的时候埃莱娜会随手拍照，慢慢地，杜拉斯会指导她要怎么拍，对照片的要求也越来越严格，年复一年。这些照片于1995年被整理成一本摄影集，配上杜拉斯的片言只语，书名就叫《写作的海》。

也就是这一年夏天，杜拉斯做出了两个重要的决定，一是答应《解放报》的总编塞尔日·朱利(Serge July)的请求给报纸写专栏，二是写信给那个已经孜孜不倦给她写了五年信的年轻男子。

朱利希望她在专栏里不要谈及政治或其他的时事，而是谈谈新发生的、杜拉斯感兴趣的事件，这些事件不一定被日常新闻所关注，而是一种什么也不像，仅仅属于杜拉斯自己的东西，她看待这个世界的角度——把她在黑岩旅馆看得到风景的那扇窗户当成自己的报纸。“看着大海，看着这世界的碎片一点点地来到她面前。孩子的脚步，动物的印记，动物残骸。”①这不是通常意义上的新闻写作，是一种“潜在的现实性写作，现实的意义，而不是大家都关注的爆炸性事件”。② 这个想法很吸引她，这跟她一直捍卫的“主观新闻写作”不谋而合。杜拉斯欣然接受了朱利的邀约，但她不同意写一年，也不能保证每天写一篇，最终她答应写三个月，也就是一个夏天，每周一篇。

于是，就这样，我为《解放报》撰稿。没有写作题

---

① 劳拉·阿德莱尔：《杜拉斯传》，袁筱一译，沈阳：春风文艺出版社，2000年版，第586页。

② 同上，第587页。

目。但也许并不需要。我想我要写雨。正在下雨。从六月十五日以来就在下雨。为报纸写稿应该像在街上走路。你走，你写，你穿过城市，它被穿过去了，它到头了，走路还在继续，同样地，你穿过时间、日子、一天，然后它被穿过去了，到头了。①

这是第一篇专栏文章的开头，于是，在接下来的三个月里，杜拉斯什么都谈，又似乎什么也不谈，很多的雨水，变幻无常的天光云影和海水的颜色，愚蠢的游客，愚蠢的太阳浴，火腿三明治，伊朗国王的葬礼，格但斯克造船厂工人的罢工，乌干达的饥馑，莫斯科奥运会，喀布尔的坦克，飓风“阿伦”，会说“拉凯特，拉凯塔蓬”会流泪的鲨鱼，灰眼睛的孩子，夏令营的年轻女辅导员，天空中的风筝……

《80 年夏》

---

① 玛格丽特·杜拉斯:《八〇年夏》，桂裕芳译，上海：上海译文出版社，2012年版，第 5 页。

这种信马由缰的表达方式让她再次回到了广阔的天地和人群当中，延续了她从1957年开始断断续续给《新法兰西观察家》《巴黎早报》《Vogue》《女巫》等报纸杂志写稿的风格。因为她并不只描写身边的日常，也谈论她对国内外各种新闻时事的看法，让遥远的事件和眼前沙滩上重复单调的风景相映成趣。在宛若与世隔绝的黑岩旅馆的房间，杜拉斯观察着世界的波动，理解事物和生命的无常、不透明的前途和一直困扰我们的脆弱和痛苦，但始终怀着希望。

> 她像说话那样写作，像思考那样说话，她每时每刻都在思考，一切都能引起她的思考。玛格丽特还一直期望着革命的来临，为每一次革命而狂喜，总是想从一团乱麻中离析出革命的因子。①

《80年夏》就是由这些各式各样、长短不一的文章组成的，只和读者共度一夏的专栏，短暂却又意味深长，“谈论当时无情地发生的灾难，但也断断续续、片片段段地讲述来来往往、奄奄一息、最后死亡但又在别处新生的生活。在这里复活，到处复活，现在就复活。”②复活的还有爱情。这本在午夜出版社出版、很快销售量达到七万册的书带着“最后的爱情”的印戳，扉页上写着：

---

① 劳拉·阿德莱尔：《杜拉斯传》，袁筱一译，沈阳：春风文艺出版社，2000年版，第587页。

② 阿兰·维贡德莱：《杜拉斯传：一个世纪的穿越》，胡小跃、伍倩译，南京：江苏凤凰文艺出版社，2017年版，第321页。

“献给扬·安德烈亚”。

他:这个夏天真如我们说的那么美好?

她:是的,这是一个可爱的夏天。回忆十分强烈,胜过我们这些保持回忆的人……胜过您,胜过您和我加在一起……这个夏天比我们更强,比我们更有力,胜过我们,比您的眼睛更蓝,它超过我们的美和我的身体,它比阳光下按在我皮肤上的那个皮肤更柔和,比我没碰到的那张嘴更温存。①

1981 年,在《阿加塔》中,杜拉斯依然念念不忘这个夏天,1980 年夏。

二、扬·安德烈亚

扬·安德烈亚原名扬·勒梅,杜拉斯删去了他的父姓,留下了名“扬”,再加上扬母亲的名字:安德烈亚。“有了这个名字,你就可以安心了。大家都会记住这个名字的,谁都不会忘记。”的确,因为这个名字先是被写在《80 年夏》的题词里,之后一直或显或隐、反反复复地伴随着杜拉斯的文字和传奇:《阿嘉塔》(*Agatha*,1981)、《大西洋人》(*L'Homme atlantique*,1982)、《死亡的疾病》(*La Maladie de la mort*,1983)、《乌发碧眼》(*Les*

① 玛格丽特·杜拉斯:《坐在走廊里的男人》,王道乾、马振骋、桂裕芳译,上海:上海译文出版社,2012 年版,第 143 页。

Yeux bleux, chevaux noirs, 1986)、《诺曼底海滨的娼妓》(*La Pute de la côte normande*, 1986)、《埃米莉·L》(*Emily L.*, 1987)、《物质生活》(*La Vie matérielle*, 1987)、《扬·安德烈亚·斯泰奈》(*Yann Andréa Steiner*, 1992)……但这个发生在1980年夏的爱情故事要回溯到几年前说起。

扬第一次读杜拉斯的书是在冈城,当时他还是马莱伯中学法国高等师范学校文科预备班的学生。他读的是《塔尔奎尼亚的小马》,书是室友的,扔在地上,混在一堆乱七八糟的书里。"一见钟情",这一读他就再也放不下了。"第一次读,第一次喜欢。后来,我抛开一切,抛开了所有别的书:康德、黑格尔、斯宾诺莎、司汤达、马居斯和别的哲学家或作家的书。我开始读她所有的书,所有的书名,所有的故事,所有的文字。"①他开始像书中的人物一样喝苦康巴利酒,或许从那一刻起,他就已经在尝试把自己当成她书中的一个人物。就连作者的名字也越来越让他心醉神迷,他把杜拉斯的名字抄写在白纸上,甚至尝试模仿她的签名,抄写书中的句子。彻底地沦陷了。

> 我扔下了所有别的书,只读她的作品。这个作者,我对她一无所知,我并不认识她。谁也没有跟我提起过这个名字。然而,我从此以后再也离不开她了。这

---

① 扬·安德烈亚:《那场爱情:我和杜拉斯》,胡小跃译,南昌:百花洲文艺出版社,2015年版,第4页。其实扬的这本 *Cet amour-là* 在法国一出版,国内很快就引进翻译出版,用了一个哗众取宠的书名《我,奴隶与情人——杜拉斯最后一个情人的自述》,海天出版社,2000年版。

> 已成定局。我是一个真正的读者。我立即就爱上了她写的每一个字，每一个句子，每一本书。我读了又读，把书中的句子完整地抄写在纸上。我想成为这个名字，抄她所写的东西，让自己模糊不清，成为一只抄写她的文字的手。对我来说，杜拉斯成了文字本身。①

很强烈的心理暗示和自我催眠，扬当时或许还惘然无知，但故事已经开始了，他已经和杜拉斯的文字谈起了恋爱。"我已经想把她留给自己了，我已经想保护她了。她已经跟我在一起，但她本人还不知道。我是一个读者，第一读者，因为我喜欢她写的所有文字、全部文字，毫无保留。"②尽管读她的书是孤独的。他也害怕和别人谈论她的书。"要是遭到别人的嘲讽怎么办？要是别人不喜欢，或不怎么喜欢，或喜欢得不够，那怎么办？所以我宁愿缄口不语，把话留在心里，接着读她的书。独自读，躲起来读，羞耻地读。"③

据说，如果思想集中在某一领域的时候，和这个领域相关的人、事、物就会被它吸引过来，这就是吸引定律，也称作吸引力法则。天地间一定弥漫着这种看不见又无处不在的能量，引导着宇宙中的每一样事物，也引导着我们的生活。很快，扬就见到了他心心念念的作家。

---

① 扬·安德烈亚：《那场爱情：我和杜拉斯》，胡小跃译，南昌：百花洲文艺出版社，2015年版，第5页。

② 同上，第5—6页。

③ 同上，第5页。

杜拉斯和扬

1975年，冈城的吕克斯电影院放映《印度之歌》，杜拉斯应邀在电影结束后参加一场讨论会。扬想买一大束鲜花，但又不敢买。因为羞涩，怕在座无虚席的大厅里献花被人笑话。他坐在第一排，就坐在杜拉斯对面，举手提了一个问题，但因为紧张，他都不知道自己问的是什么，也不知道她回答的是什么。讨论会结束了，还有十几个大学生围在她身边。扬从口袋里掏出《毁灭，她说》请杜拉斯签名，并对她说："我想给您写信。"她给了他巴黎圣伯努瓦街5号的地址。之后一群人去火车站附近的一家小酒吧喝了一杯啤酒，杜拉斯要回特鲁维尔的黑岩旅馆，几个年轻人陪着她上了一辆小汽车，把扬和另几个人扔在冈城火车站对面那家叫"出发"的小酒吧里。

故事"出发"了。"第二天，我就写了一封信。以后便再也没有停止过，我一直在写。信很短，每天写好几封。有时，我几天不写，然后又开始写。"写完立刻寄走，不然或许就会打退堂鼓。"我给她寄了几箱信。我期望回信，没有回信可等。我什么都不等，但我在等待。”[1]就这样，扬怀着矛盾的心情，义无反顾地等待或者说奔赴一场前景渺茫的文字情缘：

> 我不等她的回信，然而，我还是希望她能回，希望她会给我写信。没有回答。没有。哪怕写一句亲切的话，礼貌礼貌也好，比如“感谢您”“我非常高兴收到您的信”之类。没有。没有任何回音。写几句亲切的话，礼貌的话，这不是她的风格。决不。我应该知道这一点，因为我读了她的书。我让自己天真地这样想：总有一天，她会给我写一个字的。[2]

扬继续读杜拉斯的书，别的书一概不碰，不再上课，什么也不干，天天晚上喝威士忌，像杜拉斯或她书中的人物一样活着。他继续给她写信，写很多信。“有时一天一封。信很短，类似于短笺，是的，类似于从一个无法生存的、致命的、荒漠似的地方发出的呐喊。这呐喊带有显而易见的美。”[3]1992 年 7 月在 P. O. L. 出版社出版的《扬・安德烈亚・斯泰奈》中杜拉斯这样回忆道。

杜拉斯没有回信，但她留着所有的信。五年过去了。

1980 年初，杜拉斯寄了一本《坐在走廊里的男人》(*L'*

---

① 扬・安德烈亚：《那场爱情：我和杜拉斯》，胡小跃译，南昌：百花洲文艺出版社，2015 年版，第 8 页。

② 同上，第 8—9 页。

③ 玛格丽特・杜拉斯：《扬・安德烈亚・斯泰奈》，王文融译，上海：上海译文出版社，2007 年版，第 2 页。

《扬·安德烈亚·斯泰奈》

Homme assis dans le couloir）给扬，年轻人显然被吓坏了。“我第一次碰到这样的事：我不怎么喜欢，就是说，我看不懂。……我不知道怎么跟她说，我不想撒谎，我不会。她马上就会感觉到的。我没有回信，我停止写信了。我收到了第二本书，书中附了几个字：我想你没有收到第一本。……我什么都没说，不再写信。”[①]杜拉斯很快也意识到了这一份不同寻常的沉默，“于是在你留下的虚空里，在没有信件、没有呐喊的情况下，轮到我给你写信了，我想知道你为何不再写信，为何戛然而止，为何停止写，好像猛然受到阻碍，比方死亡的阻碍”。[②]

于是杜拉斯给扬写了一封信，一封“忧伤的、条理不清的信”，很久以后，当杜拉斯在《扬·安德烈亚·斯泰奈》这本书里

① 扬·安德烈亚：《那场爱情：我和杜拉斯》，胡小跃译，南昌：百花洲文艺出版社，2015 年版，第 10 页。

② 玛格丽特·杜拉斯：《扬·安德烈亚·斯泰奈》，王文融译，上海：上海译文出版社，2007 年版，第 2 页。

再次谈起她和扬的故事时，她在特鲁维尔寓所衣柜的一个抽屉里找到了这封信。

信是这样写的：

扬·安德烈亚，今年夏天我遇到了一个你认识的人，让-皮埃尔·塞通(Jean-Pierre Ceton)，我们谈起了你，我没想到你们俩认识。《黑夜号轮船》之后，我在巴黎寓所房门下发现了你的便条。我试图打电话给你，但没找到你的电话号码。后来接到你1月份的信——我再次住院，记不得又生了什么病，人家告诉我是服用所谓抗抑郁的新药中了毒。总是那一套。这没什么，心脏没任何问题，我甚至不难过，我不过是什么东西走到了头而已。我依然喝酒，是的，冬天，晚上。多年来我叫朋友们别在周末过来，我一个人住在诺弗勒那栋能住十个人的房子里。一个人住十四个房间。对回声已经习以为常。有一次我写信告诉你，我刚完成了影片，名字叫《在荒芜的加尔各答她名叫威尼斯》，我已记不清楚对你讲了什么，大概是我喜欢这部电影，正如我喜欢几乎我所有的电影。你没有回这封信。后来你寄诗给我，我觉得其中有一些非常美，另外的差一些，而这，我不知如何对你说。就这些，对，就这些。你的信就是你的诗。你的信文辞优美，我觉得是我一辈子接到的最美的信，美得令人心痛。今天我很想和你谈谈。现在我开始康复了，但我在写作。在工作。我相信第二部《奥蕾丽娅·斯泰奈》是为你写的。[1]

杜拉斯还给他寄了《黑夜号轮船》《奥蕾丽娅·斯泰奈》《否决之手》，扬疯了，喜欢得发疯。他又开始给她写信了，他去了巴黎巴比伦的宝塔电影院看《黑夜号轮船》，看了好几遍，以为一定会在放映厅里碰到她；又去剧院看她的戏，还特意第一次去了圣伯努瓦街5号，在大楼前面经过。"我怕遇到她。遇到她怎么办呢？说什么好呢？"所幸没有遇见，扬又乘车回到了冈城。

1980年7月底的一天，收到杜拉斯信的扬终于鼓起勇气打电话到特鲁维尔的黑岩旅馆，他知道她在那里，"我每周都读她在《解放报》发表的专栏文章，她谈论波兰、格但斯克，谈论灰眼睛的孩子、孩子突兀的脑袋和年轻的夏令营辅导员。我敢肯定她在写我。这个故事是为我写的。"[2]在电话的另一端，杜拉斯说："来特鲁维尔吧。这里离冈城不远。我们一起喝一杯。"[3]

第二天一早，扬坐长途汽车去了特鲁维尔。他告诉杜拉斯大客车10点半到，他11点到黑岩旅馆。到了旅馆，因为不知道杜拉斯的套间在哪儿，他又走到外面的电话亭打电话。却不知此时，杜拉斯就在房间的阳台上等他，看他穿过黑岩旅馆的院子。

---

① 玛格丽特·杜拉斯：《扬·安德烈亚·斯泰奈》，王文融译，上海：上海译文出版社，2007年版，第3—4页。

② 扬·安德烈亚：《那场爱情：我和杜拉斯》，胡小跃译，南昌：百花洲文艺出版社，2015年版，第11—12页。

③ 同上，第12页。

你是个又高又瘦的布列塔尼人。我觉得你很优雅，非常含蓄的优雅，这一点你自己不知道，现在依然如此。你走着，不看豪华住宅的大楼。根本不朝我看。你带着一把很大的木柄雨伞，好似中国的油布遮阳伞，八十年代的年轻人很少有人用了。你还有个很小的行李，一个黑布包。

你沿着篱笆穿过院子，朝大海的方向拐，没有抬眼望我，便消失在黑岩的大堂里。①

刹那间，那把木柄雨伞是否触动了埋藏在心底久远的记忆，让杜拉斯想起曾经的中国情人，想起小哥哥保尔？或许是出于一种类似“近乡情更怯”的矛盾心理，杜拉斯在电话里说自己正在工作，让扬两小时以后再来。两小时后，扬又打电话给她，已是傍晚时分。杜拉斯又说还没忙完，让他晚上七点钟左右再打电话，并带一瓶红酒过来。杜拉斯告诉他如何找到她的套房，楼层、走廊、门。

敲门声响起，然后是扬的声音：是我，是扬。敲门声很轻，似乎是怕吵到邻居，杜拉斯还在等，扬又说了一遍：是我，扬。又等了一会儿，杜拉斯打开门，露出微笑，拥抱了他，说：“您知道，有门铃的。敲门谁也听不见。”

两人谈了好几个小时，谈书，谈写作，一直谈到肚子饿了，于是吃了冻鸡块、栗子泥、一些水果、干酪和面包。杜拉斯说：“别

---

① 玛格丽特·杜拉斯：《扬·安德烈亚·斯泰奈》，王文融译，上海：上海译文出版社，2007 年版，第 8 页。

浪费旅馆钱了，而且，到处都满了。我儿子的房间空着，他不在，您可以睡在那里。”[1]一切发展得很自然，似乎就应该这样，扬留了下来，再没有回冈城。命运的走向从此发生了改变（或许从扬读《塔尔奎尼亚的小马》那一刻开始就改变了），他走进了女作家杜拉斯的生活，从某种意义上，也走进了文学。那一年，他二十七岁，她六十六岁：相差近四十岁。他们的生活就像一部小说：她爱上了爱情，他爱上了她的书。

> 我在这里，和她在一起。我留下了。我不离开您了。我留下了。……我们不分离了，我们一起喝酒。我留下了。我用打字机打给《解放报》写的专栏文章。您口述，我怕跟不上，我打字打得不熟，用三个指头打。她笑了，说她从来没见过谁用三个指头打字打得这么快。我们写那个灰眼睛的孩子和年轻的辅导员，写波兰、莫扎特之爱和这句老话：我早就爱上你了，永远，永远，我永远也不会忘记您。[2]

他们一起在黑岩旅馆的公寓里喝酒、聊天、写作，在旅馆前的沙滩上散步，常常开车去卡布尔或翁弗勒尔兜风，看远处勒阿弗尔的灯光，一起唱《玫瑰人生》（*La Vie en rose*），反复听埃尔韦·维拉尔的唱片《卡布里，结束了》。扬很快成了杜拉斯的打

---

① 扬·安德烈亚：《那场爱情：我和杜拉斯》，胡小跃译，南昌：百花洲文艺出版社，2015年版，第14页。

② 同上，第15页。

字员、秘书，帮她整理她在媒体上发表的文章，分门别类。他也成了她的知己、司机、护士和伴侣，这种关系持续了十六年，直到杜拉斯去世。

和所有共同生活的伴侣一样，日子一久总免不了摩擦、争吵、尖叫、出走、尽最大可能给对方造成伤害，之后又妥协、承诺、回来、和好、一起喝更多的酒，仿佛只有这样来回折腾才能证明相爱又互相伤害的伟大爱情。“共同生活的痛苦，那不是痛苦，但说到底还是痛苦。爱情故事，那不是痛苦，然而也是痛苦。厌恶一切，厌恶生命，厌恶您，厌恶我，然而也不是，因为我们相爱，因为我们让此事变得很了不起。”①虽然在精神上非常默契，但扬是同性恋，他喜欢男人，而杜拉斯要占有，不仅仅是思想，她离不开情欲之爱。他们经历着这种不可能的爱情。杜拉斯抱怨：“如果我不是杜拉斯，您绝不会看我一眼……您爱的人不是我，而是杜拉斯，爱的是我写的东西。”②一场场爱情的闹剧，没完没了的撕扯和纠缠，爱到极致也难以容忍到极致。

有时，是杜拉斯要把扬赶出家门，她忍受不了扬，也忍受不了自己，用恶毒刻薄的话伤他、骂他、威胁他：“您在这里一无所有。一切都是我的，一切。您听见了，钱是我的，我一分都不会给您的，一分都不给。您什么都没有，您是个头号废物。”③在杜拉斯那里，金钱一直是一个过不去的坎儿。“可您是谁呀？我不

---

① 扬·安德烈亚：《那场爱情：我和杜拉斯》，胡小跃译，南昌：百花洲文艺出版社，2015 年版，第 33 页。

② 同上，第 22 页。

③ 同上，第 23 页。

杜拉斯和扬

认识您，我不知道您是谁，不知道您跟我在这里干什么。也许是为了钱。我先告诉您，您什么都得不到的，我什么都不会给您。我了解那些骗子。别想骗我。”①她不明白为什么扬一直赖着不走，为什么要留下来，每天和她四目相对，无处逃避。沉睡的暴力又苏醒了，她想砸烂一切，破坏一切，摧毁扬，打他、骂他、让他去死。

> 有天晚上，我不知道是怎么开始的，她把我的东西都塞进一个手提箱里，把箱子从窗口扔了出去。她说：“我再也忍受不了您了。您必须立即走，回冈城去。就这样。”她跟我拥抱告别。我走出去，在院子里捡起手提箱，我走了。
>
> 第二天早上，我坐出租车回去。我敲门，她开了

① 扬·安德烈亚：《那场爱情：我和杜拉斯》，胡小跃译，南昌：百花洲文艺出版社，2015 年版，第 23 页。

门。她说："我把您赶了出去，您又回来了。您没有一点自尊。人到了这种地步真是不可思议，难以置信。"我们拥抱，喝了杯红酒。①

有时，再也忍受不了奴役和屈辱的扬鬼哭狼嚎、负气出走，去母亲家清净几天，或去咖啡馆或酒店猎艳，找英俊的服务生搭讪。杜拉斯打电话央求他回来，化了浓妆，扑了厚粉，涂了红唇到火车站附近的酒吧接他，而扬不失时机地奚落她，骂她是"疯子"、"笨蛋"、"诺曼底海滨的娼妓"②（1986 年，她把它作为一本小书的书名，在杜拉斯那里，什么都不会浪费）。

《诺曼底海滨的娼妓》

① 扬·安德烈亚：《那场爱情：我和杜拉斯》，胡小跃译，南昌：百花洲文艺出版社，2015 年版，第 21 页。

② Marguerite Duras, *La Pute de la côte normande*, Éditions de Minuit, 1986.

就这样，说到底谁也离不开谁，像两个被扔在残酷世界的孤儿，他们无能为力，相依为命。“我在那儿，在床上，在厨房里，在汽车中，在欢笑中，在辱骂中，在文章中，在她口述她创造出来的文字中。我被迫待在那里，无法逃脱。她看守着我，看守着一切。我除了待在那里，别无选择。”①

而与此同时，扬的存在和陪伴于杜拉斯而言并非卑微的、无用的，而是有益的、必不可少的。是他不离不弃始终守护在杜拉斯的身旁，守护她因为酒精被彻底毁坏的身体。1982 年 10 月 21 日，虚弱浮肿的杜拉斯被送进塞纳河畔讷伊的美国医院，再次接受酒精戒断治疗。那时，杜拉斯眩晕、反应迟钝、血栓、肝胆异常、时不时陷入震颤性谵妄，在幻觉中说着颠三倒四、莫名其妙的胡话。她在生死之间徘徊了三周，是扬把她从鬼门关上拉了回来，11 月 10 日，扬陪她出院，回到圣日耳曼德普雷的公寓。“我们为了活下去而斗争，推迟离死神已经很近的时间。”同时，他也把自己推向了写作。

1983 年，扬用“扬·安德烈亚”的笔名在午夜出版社出版了《玛·杜》(*M. D.*)②，真实记录了杜拉斯这次酒精戒断治疗的过程，带着他热爱的女作家的行文风格，是日记，也是一首爱的告白。“你勇敢地生活，勇敢地放弃。你往前走，世界随之移动：我

① 扬·安德烈亚：《那场爱情：我和杜拉斯》，胡小跃译，南昌：百花洲文艺出版社，2015 年版，第 29 页。

② 《玛·杜》最初被译介到国内的时候也用了一个吸睛的书名：《我的情人杜拉斯》。

《玛·杜》

爱你，胜过爱世上的一切。"[①]很多年后，他在《那场爱情：我和杜拉斯》(*Cet amour-là*，1999)和《就这样》(*Ainsi*，2000)中一遍遍反刍自己和杜拉斯苦苦厮守在一起的生活，还有这种陪伴和存在的意义：

> 我在那里必不可少，又毫无用处。我随时都可以离开，但我不能走。我们相爱，我们不再相爱。这又重新开始了。什么重新开始了？写书。我们又开始写书，不可避免。[②]

---

① 雅恩·安德烈亚：《我的情人杜拉斯》，彭伟川译，深圳：海天出版社，1999年版，第149页。

② 扬·安德烈亚：《那场爱情：我和杜拉斯》，胡小跃译，南昌：百花洲文艺出版社，2015年版，第31页。

三、"萨瓦纳湾，就是你"

似乎从《80 年夏》之后，杜拉斯加快了自传的写作进程。而这一转向"自我"的进程似乎在 20 世纪七八十年代的法国文坛突然风行起来。一时间日记、回忆录、自传、自传体小说、自撰(autofiction)[①]等打着各种类似标签的自传类作品层出不穷，频频出现在老中青三代作家的笔端，印证了"自我"在文学创作中的强势回归，掀起一股"寻根"浪潮。被新小说淡化的情节再度变得清晰可见，第一人称对内心世界的探索有了新的实验意义，作家在小说、菲利普·勒热讷(Philippe Lejeune)定义的"自传"和塞尔日·杜勃洛夫斯基(Serge Duborovsky)所谓的"自撰"之间穿梭游走、自由切换，以自我为中心的叙事大有压倒传统虚构小说之势。

我们看到另一个玛格丽特。玛格丽特·尤瑟纳尔在《虔诚的回忆》(1974)和《北方档案》(1977)中对母亲家族和父亲家族进行溯源，并在《何谓永恒》(1988)中重返自己的童年和少年时代。她在宏大浩繁的历史背景中书写自己的家族故事，在文字搭建起来的扑朔迷离的"世界迷宫"(Le labyrinthe du monde)中探索永恒的意义："不应哭泣，因为她已经不在了，应该微笑，因为她曾在过，一生尽了她最大的努力。"[②]

---

① 也译为自我虚构。

② 玛格丽特·尤瑟纳尔：《何谓永恒》，苏启运译，北京：东方出版社，2002 年版，封面。

有“新小说之母”之称的娜塔莉·萨洛特于1983年出版《童年》开始“追忆童年往事”，用她擅长的潜对话的形式不断自我怀疑、自我提示、自我补充、自我修正，试图回到“一切都漂浮不定，不断变化，消逝”①的往日情景，在记忆中摸索前行，用大量的对话、短句、断断续续的句子和省略号去探寻一种“在朦胧中闪动的东西”②。其实在1956年发表的《怀疑的时代》中，萨洛特就已经敏锐地捕捉到了这种打破传统写作的趋势，或者说“向性”，预言了“我的小说”(le roman du je)的到来：

> 今天出现了一股不断扩大的新潮流，给我们带来了许多新作品。这些作品自认为是小说，不过，小说的主要任务是一个无名无姓的“我”，他既没有鲜明的轮廓，又难以形容，无从捉摸，形迹隐蔽。这个“我”篡夺了小说主人公的位置，占据了重要的席位。这个人物既重要又不重要，他是一切，但又什么也不是，他往往只不过是作者本人的反照……③

新小说派的灵魂人物罗伯-格里耶也从20世纪70年代起就转入了自传写作，随后发表的三部曲《重现的镜子》(*Le Miroir qui revient*, 1984)、《昂热丽克或迷醉》(*Angélique ou l'*

---

① 娜塔莉·萨洛特：《童年》，桂裕芳译，北京：外国文学出版社，1986年版，第1页。

② 同上，第2页。

③ 同上，第165页。

enchantement,1988)、《科兰特的最后日子》(*Les derniers jours de Corinthe*,1994)先被罗伯-格里耶称为"传奇故事",之后改为"回忆录"、"自传",最后以"新自传"为名出版。对他而言,这是一种"有意识的颠覆性自传":

> 人们是否可以像说到新小说那样,把它命名为一种新自传呢?是否可以使用这一已经获得了某种恩宠的术语呢?或者,以更为精确的方式——按照一个学生妥善论证的建议——称之为一种"有意识的自传",也就是说,意识到它结构上固有的不可能性,虚构成分必要地穿插其中,空白和疑难暗中埋藏,思辨的段落打破一下叙事的运动节奏,或许简而言之:意识到它的无意识。①

从《重现的镜子》开始,罗伯-格里耶谈论自己、他的写作、他的童年,一些"没完没了的动作、转瞬即逝的思想、模糊不清的梦幻、悬而未解的意识、脆弱不坚的愿望、迷惘隐晦的回忆"②。碎片式叙事将无足轻重的琐事、温馨的画面、不能承受的历史的轻与重交织交缠,"使读者不由自主地把自身存在的不确定性与整个现代文学的不确定性恰如其分地统一起来"。③ 在罗伯-格里

---

① 罗伯-格里耶:《罗伯-格里耶作品选集》,杜莉、杨令飞译,长沙:湖南美术出版社,1998年版,第479页。

② 罗伯-格里耶:《重现的镜子》,杜莉、杨令飞译,长沙:湖南文艺出版社,2011年版,第30页。

③ 同上,封底。

耶的“新自传契约”里，作家明确地告诉读者，自传作家的自传叙述并非可靠，虚构在所难免，而“我”是碎片化的、多重的自我主体，甚至是分裂的和变化的。

此外，这段时间还有吕西安·博达尔的“领事三部曲”[《领事先生》(*Monsieur le Consul*，1973)、《领事之子》(*Le Fils du Consul*，1974)、《安娜·玛丽》(*Anne Marie*，1981)]和《猎熊》(*La Chasse à l'ours*，1986)，菲利普·索莱尔斯(Philippe Sollers)的《游戏者的肖像》(*Portrait du joueur*，1984)，萨冈的《我最美好的回忆》(*Avec mon meilleur souvenir*，1984)，克洛德·西蒙的《刺槐树》(*L'Acacia*，1989)……这些作品都或多或少运用了档案、口述、信件、历史中和自身的故事，那些破碎又弥足珍贵的记忆。

因此，1984 年杜拉斯《情人》的出版并不是一个特立独行的个案，而是这波被简单统称为“自传小说热潮”中一朵奔涌的前浪。但在这个冲击了法国文坛的巨浪到来之前，我们在杜拉斯的其他文本中已经可以探知潮来的讯息。

1982 年 2 月，杜拉斯开始为八十三岁高龄的玛德莱娜·雷诺量身打造一出戏剧，文本于当年 9 月在午夜出版社出版，次年杜拉斯亲自导演将它搬上环形广场剧院的舞台，这出戏就是《萨瓦纳湾》(*Savannah Bay*)。没有明显的剧情，用杜拉斯自己的话概括：“两个女人。一个有着像布雷区一样千疮百孔的记忆。她是位演员，经历过一次悲惨事件，但搞错了日期、人物和地点。另一个试着在过去的废墟上重建未来，显然是依靠爱。这是一段关于记忆的对话，九十页，很快就能读完，可以一读再读。它与艾迪特·皮雅芙唱的情歌一样美。绝对不容错过的戏剧。”①空荡荡的舞台上，只有玛德莱娜·雷诺扮演的患了阿尔茨海默病的老妇人和布勒·欧吉(Bulle Ogier)扮演的极力想唤起老妇人回忆的年轻女人。

《萨瓦纳湾》

萨瓦纳湾在哪里？在佛罗里达，但杜拉斯说它也可以是世界上任何一个地方，因为到处都会发生同样的故事，一样的爱情，一样的绝望。“结尾我把它放到了暹罗。暹罗常常回到我的作品中。在堤坝的水田对面，群山和丛林的另一边，就是暹罗。这个词让我着迷。我想我永远都没有机会到暹罗去。但是这个词在那儿——触手可及，闪闪发光。”②堤坝、水田、群山和丛林，这些都是属于杜拉斯自己的风景，暹罗，是勾起印度支那童年回

① 蕾蒂西娅·塞纳克：《爱，谎言与写作——杜拉斯影像记》，黄荭译，重庆：重庆大学出版社，2014年版，第233页。

② 玛格丽特·杜拉斯：《1962—1991私人文学史：杜拉斯访谈录》，黄荭、唐洋洋、张亦舒译，北京：中信出版社，2018年版，第255页。

忆的钥匙，“因为它对着抵挡太平洋堤坝的种植园，就在大山后面。没有路过去。它在那儿，却难以接近”。① 那些破碎的、断断续续、若隐若现却永不磨灭的记忆。

玛德莱娜的表演显然是殿堂级的，当艾迪特·皮雅芙的歌声在舞台上响起时，“她站起身，努力回忆，既惊讶又平静，伤透了心后倒也无心可伤了”。② 杜拉斯看着她，这个形象太熟悉，玛德莱娜曾经扮演过《成天上树的日子》和《伊甸园影院》中的“母亲”，入戏太深甚至让杜拉斯本人产生错觉：“玛德莱娜不是演员，她简直就是我妈。”而布勒·欧吉在《萨瓦纳湾》中扮演的角色应该是老妇人的小女儿，她同样也出演了《成天上树的日子》和《伊甸园影院》，角色就是“小女儿”，所以，在她身上，杜拉斯自然投射了自己对母亲的深情：

> 我在世界上最爱的是您。（停顿）胜过一切。（停顿）胜过我所见过的一切。（停顿）胜过我所读过的一切。（停顿）胜过我所有的一切。（停顿）胜过一切。③

就像这个剧本最初的名字，也是剧中反反复复播放的皮雅芙的歌曲《情话》（*Les Mots d'amour*）中的一句歌词“我能如此爱你真是疯狂”（C'est fou c'que j'peux t'aimer）。她们在舞台

---

① 玛格丽特·杜拉斯：《1962—1991 私人文学史：杜拉斯访谈录》，黄荭、唐洋洋、张亦舒译，北京：中信出版社，2018 年版，第 266 页。

② 玛格丽特·杜拉斯：《萨瓦纳湾》，马振骋译，上海：上海译文出版社，2010 年版，第 6 页。

③ 同上，第 15 页。

上谈论萨瓦纳湾一个名叫萨瓦纳的年轻女子，她死于爱情。夏天，温热的海水，白色的礁石。

> 人们来到此地，为的是探一探岩石四周那茫茫的海水，随波徜徉一番；也可以睡在石上，自有海水来做盖被，你沉浸在这份虚空之中，直到身子凉透，任虚空萦绕在四周，直到岁月的尽头。人们来此还为了和它肌肤相亲，一同在酷日下受着煎熬；耳朵贴在石上聆听那远古无声的海涛，那份寂静。它所拥有的只是沧海一粟，要生成矿物质、无法触摸的一粟。它的确是锋芒尽逝，风风浪浪磨光了它的棱角，它如今柔和、疲惫，连痛苦都麻木了。①

一个微笑，十六岁的"她"和陌生的"他"一见钟情，她怀了他的孩子，一年后她在分娩当天自杀，生下女儿后她离开了产房走向了池塘。十七岁。这一年究竟发生了什么，谁也不清楚。只知道，什么东西都阻止不了爱，就像什么东西都阻止不了死亡。这让人联想到"印度之歌"系列中的安娜-玛丽·斯特雷特，她在季风季节死在恒河三角洲，同样，死于爱情。

从来都没有见过这样的爱情："每时每刻的爱情。（停顿）没

---

① 玛格丽特·杜拉斯：《外面的世界Ⅱ》，黄荭译，北京：作家出版社，2007年版，第11页。

有过去。(停顿)没有未来。(停顿)不移的。(停顿)不变的。”[1]奋不顾身、却又让人绝望、不可能的爱情故事。

这可以发生在法国西南部的一个小镇。

可以在某个欧洲城市的一个街区。

也可以在其他地方。

在中国南方的那些小城镇。

或是在北京。

加尔各答。

凡尔赛。

……

或在维也纳。

或在巴黎。

或在其他地方。[2]

“或在西贡。”[3]玛德莱娜呢喃道，她“认出了”故事。或者说，是作家杜拉斯“认出了”自己最初的爱情故事。

四、前所未有的轰动

十五岁半。西贡。在湄公河的渡轮上。

---

① 玛格丽特·杜拉斯：《萨瓦纳湾》，马振骋译，上海：上海译文出版社，2010年版，第48页。

② 同上，第61—62页。

③ 同上，第62页。

这是杜拉斯所有故事的源头，也是她创作的起点。但最初《情人》并不是一个写作计划，而是杜拉斯的儿子乌塔想出一本关于母亲的相册，或许是为了追求卖点，他希望母亲可以给相册配点文字。老母亲欣然应允，很乐意为自己的一生再增添一点神话的色彩，她命令扬给她打字。《情人》的第一遍打字稿名叫《绝对的照片》(*La Photo absolue*)。一张原本可以被拍下来而实际上并不存在的照片，一张缺失的渡轮甲板上一个白人女孩的照片。或许所有写作都是从缺失开始的，抱着一种幻想，文字可以追寻逝去的时光，还有韶华。

> 这个形象本来也许就是在这次旅行中清晰地留下来的，也许应该就在河口的沙滩上拍摄下来。这个形象本来可能是存在的，这样一张照片本来也可能拍摄下来，就像别的照片在其他场合被摄下一样。但是这一形象并没有留下。①

不到三个月就洋洋洒洒积累了很多页稿纸。相册的想法被抛开，她要为自己写一本书，用第一人称。这一次，杜拉斯要如何讲述这个已经被她自己重复了很多次、读者也已经很熟悉的故事，这个“有所不同，不过，也还是一样”的故事？一本高度自传性的小说，还是一本高度虚构性的自传？她一再强调这个故事是她人生真实的故事，但她又说：

---

① 玛格丽特·杜拉斯：《情人》，王道乾译，上海：上海译文出版社，2005年版，第11—12页。

> 我的生命的历史并不存在。那是不存在的，没有的。并没有什么中心。也没有什么道路，线索。只有某些广阔的场地、住所，人们总是要你相信在那些地方曾经有过怎样一个人，不，不是那样，什么人也没有。我青年时代的某一小段历史，我过去在书中或多或少曾经写到过，总之，我是想说，从那段历史我也隐约看到了这件事，在这里，我要讲的正是这样一段往事，就是关于渡河的那段故事。这里讲的有所不同，不过，也还是一样。以前我讲的是关于青年时代某些明确的、已经显示出来的时期。这里讲的是同一个青年时代一些还隐蔽着不曾外露的时期，这里讲的某些事实、感情、事件也许是我原先有意将之深深埋葬不愿让它表露于外的。①

如何去写另一个版本的《抵挡太平洋的堤坝》，或《伊甸园影院》，或过去所有作品的另一个版本？用什么样的光芒去照亮那口记忆的深井？再次照亮那些已经被埋葬、被尘封的往事？首先，转换视角：

> 我在《抵挡太平洋的堤坝》里采用了我母亲和哥哥们的视角。他们把我的情人看成怪异的、憎厌的对象。他们都是种族主义者，是殖民者，打心底觉得自己高人

---

① 玛格丽特·杜拉斯：《情人》，王道乾译，上海：上海译文出版社，2005 年版，第 9 页。

一等。他们认为，让这个黄种人混入我们白种人，他们“办不到”。[1]

而在《情人》里，她用了她自己的视角，作为白人女孩的“她”和作为作家的“我”重新描写了那段发生在十五岁半、持续了不到一年半、曾经羞于承认的爱情故事。这一次，杜拉斯弱化了史诗般的背景、殖民地波澜壮阔的时代，强化了情感的维度，还有她的身体和“不道德”的欢愉。书写得很快，杜拉斯感觉自己回来了：“这种感觉从未有过。我不再迷失，而是回到原点。我感到自己在写作。对于其他书，我想我一直在努力进入写作的状态。可这本书，我真的在写。我不再刻意寻找写作的感觉，而是自然地写出来。”[2]于她而言，这是一种“流动的写作”。

写作回来了，或者更确切地说，是杜拉斯对写作有了新的认识，从某种意义上说，真实被写作消解了，笔下的故事成了亲身经历，替代了所谓的“个人历史”。

我们总以为人生像一条路，从起点延伸到终点。就像一本书。以为人生是一本编年史。这是不对的。亲身经历一件事的时候，我们并不自知。然后，经由记忆，我们自以为知道发生了什么。然而眼中所见的是余光，是表象。事情的其余部分被死死地、不由自主地

① 玛格丽特·杜拉斯：《1962—1991私人文学史：杜拉斯访谈录》，黄荭、唐洋洋、张亦舒译，北京：中信出版社，2018年版，第278—279页。

② 同上，第279页。

《情人》

掩盖了,无法触及。当死亡临近,这种感觉尤其强烈,看着吧,我期待那一刻。有些散落的点,闪烁的点,或者发光的线,通向阴暗难辨的区域。我们看着自己向前,却不知前方是什么。或许生命中的每个瞬间要真的经历过才能留下点什么去回味和思考。你们的历史,我的历史,都是不存在的,顶多是词汇的集合。①

再想去考证情人的故事究竟是传奇还是事实,玛格丽特到底有没有跟那个富有的中国人做爱变得毫无意义。记忆本身就不是恒常不变的,不断反复更新的记忆给真实蒙上了一层“雾”,建构记忆的同时回忆也在土崩瓦解,写作就是让故事有一种“雾的厚度”。一种雾里看花的虚幻的真实,模糊了文学和生活的界

① 玛格丽特·杜拉斯:《1962—1991 私人文学史:杜拉斯访谈录》,黄荭、唐洋洋、张亦舒译,北京:中信出版社,2018 年版,第 291 页。

限，拉近了现实和想象的距离。在《卡车》中，杜拉斯就在和米歇尔·波尔特的对谈中聊到了记忆和遗忘的矛盾统一关系：

> 我们一直在写，在我们身上似乎有一个住所，一片阴影，在那里，一切都在进行，全部的经历都聚集、堆积起来。它是写作的原材料、一切作品的宝藏。这种"遗忘"，是没有写出来的作品，是作品本身。①

记忆就像一个千疮百孔的筛子，只有把碎片一一捡回来，用想象的丝线去补缀，才能重新编织生活。对杜拉斯而言，"记忆类似一种企图，一种试图逃脱对遗忘的恐惧的尝试。……无论如何，记忆是一种失败。您知道，我所写的，一直是对遗忘的记忆。人们知道自己已经忘却了，这就是记忆，仅此而已。"②不管是根植于战后的历史背景像《广岛之恋》《长别离》中因为战争创伤导致的应激障碍，还是像《劳儿之劫》《萨瓦纳湾》中受到了不能承受、不能想象的爱情的灼烧，这种"对遗忘的记忆"对杜拉斯而言都是写作的泉眼，有一种诗意的维度：

> 有一天我们看到一朵花——一朵玫瑰——然后我们遗忘了它，它经历了死亡——之后，我们又看到了它，认出了它，并称它为安娜-玛丽·斯特雷特：玫瑰的

① Entretien avec Michelle Porte, *in Le Camion*: p. 105-106.

② *Marguerite Duras à Montréal*, textes réunis et présentés par Suzanne Lamy et André Roy, Québec, Spirale, 1981: p. 41.

路程，从被发现直至这个名字，就是痛苦，就是写作。[1]

印入-遗忘-重现，这就是杜拉斯的记忆诗学，一种残损的、变形的、创造性的记忆，因写作而重现的记忆。

1984年夏末，在午夜出版社出版的《情人》没有标注“小说”的字样，杜拉斯说她喜欢这种荒芜的空白。因为真实还是虚构，或者说信或不信，那是读者自己的事情。她不愿意《情人》沦为一本通俗的车站小说，中国人不是书的中心，不是她的主题，虽然成千上万的读者都这样以为，以为这一次，他们终于将走进女作家杜拉斯最隐秘内心花园，满足自己的好奇。事实上，“唯一的主题，是写作”，就像1984年9月4日发表在《解放报》上，玛利亚娜·阿尔方（Marianne Alphant）对杜拉斯访谈的标题。

书一上架很快就引起了各大媒体的强烈反响，《解放报》《晨报》《新观察家》《世界报》《观点》，还有法国文化台等都在第一时间做了大量报道和访谈。尤其是9月28日，她上了《猛浪谭》[2]，贝尔纳·毕沃在法国电视二台主持的一档收视率非常高的直播访谈节目，镜头前的杜拉斯威严、机智、真诚。《情人》首印两万五千册，在节目播出后第二天就销售一空，据说书店里还出现了抢购风潮。午夜出版社的发行部一天就收到了一万册的订单！出版社赶紧分两次加印，一次是一万五千册，一次是一万八千

① Entretien avec Michelle Porte, *in Le Camion*: p. 124.

② 贝尔纳·毕沃于1975年1月在法国二台创办并主播的法国电视史上最著名、最长寿的文学访谈节目，1990年停播。Apostrophes 意为顿呼、省文撇，中文有译为《责问》或《猛浪谭》。

册，一时间甚至找不到那么多原来设计采用的纸张。在国外也是一样的情形，各国版代都一窝蜂地联系代理。

杜拉斯参加贝尔纳·毕沃主持《猛浪谭》

《情人》引起了前所未有的轰动。杜拉斯成了偶像，一个“文学现象”，无数读者写信给她，午夜出版社每天都要收到一摞一摞的信件，大家模仿她说话的方式，甚至是穿搭的风格：高领毛衣、坎肩、短裙、小靴子。《情人》上了龚古尔文学奖的提名名单，在《抵挡太平洋的堤坝》出版三十四年后，这一次她能否“复仇”？她会赌一时之气拒绝曾经拒绝了她的龚古尔奖吗？1950 年，她认为最合适的年龄，最合适的书，《抵挡太平洋的堤坝》却在最后一轮投票中和龚古尔文学奖失之交臂。从此，对她而言，这个奖就像一个熟透了的水果，散发着一股发酵发酸的味道。

一连几周，《情人》在各大畅销书排行榜上位居榜首，印数超过了二十万册。报纸上、广播里、电视上，大家都在谈论她，只谈论她和她的新书。11 月 12 日，她收获了整整迟到了三十四年的龚古尔文学奖，这一次她认为龚古尔文学奖没有找到拒绝颁奖

杜拉斯标志性的服装穿搭

给她的理由是因为政治风向标变了，密特朗当选，左派上台，“人们都有了新的行为，新的姿态。以前，他们不敢把奖颁给她。现在敢了”！①

销量一路飙升，11 月底，书已经卖出四十五万册。很多国家购买了翻译权，先后有五十多个国家翻译了它，电影改编权也卖出了。1986 年，美国人把里兹-巴黎-海明威国际最佳小说奖颁给了《情人》，杜拉斯很开心，因为她曾经（被认为）是“海明威的女弟子”，继承了“迷惘的一代”的惶惑、感性、叛逆和不满。不仅仅是普通读者，美国的大学教授们也开始关注她、研究她、邀请她去交流，很快法国和其他国家的大学教授们也纷纷加入了杜拉斯研究专家（durassiens）的行列，杜拉斯成了世界上最知名、最重要的当代作家之一。短短两年，《情人》已经卖出了一百五十万册，这还只是在法国本土。

① 劳拉·阿德莱尔：《杜拉斯传》，袁筱一译，沈阳：春风文艺出版社，2000 年版，第 634 页。

1986年4月7日,《情人》获丽兹-巴黎-海明威奖

《情人》的巨大成功让杜拉斯赚了很多钱,但因为一直不擅长理财,又总觉得别人对她有所亏欠,所以杜拉斯并不觉得自己比以前更富有。她依然保持着从小在殖民地养成的习惯,一种来自母亲对她深入骨髓的熏陶,把钱看得很重,攥得很紧,舍不得铺张浪费。她抱怨黑岩旅馆的维修费太高,抱怨扬太花钱,穿的衣服太高级,除了给自己添置了两件羊绒衫,她继续穿廉价的衣服,像个节约的越南女人一样,连碎布头也舍不得扔,偶尔还自己缝缝补补。不过她投资了房地产,并且买了一辆标致405,"房子+汽车",非常符合多纳迪厄家族对金钱一贯的想象。她成了明星,走在路上会被热心读者认出来,巴黎圣伯努瓦街5号也成了新的文学朝圣地。一开始,她有点担心自己会被声名所累,"害怕每天都要花时间拒绝别人,不论是打电话还是回信;最后这占用了我的大部分时间。让我有些焦虑"。[1] 但很快她就习

① 玛格丽特·杜拉斯:《1962—1991私人文学史:杜拉斯访谈录》,黄荭、唐洋洋、张亦舒译,北京:中信出版社,2018年版,第333页。

惯了明星的光环，开始享受成为“大人物”的那种膨胀感。

1994年冬，在拉斯巴耶大街的海鲜馆。杜拉斯和扬一起，她一门心思吃着牡蛎，扬吃着蟹肉拌沙拉。忽然一阵寂静，共和国总统进来，他走过去和朋友们坐在一起。杜拉斯没有看见他，继续津津有味地吮吸着她的牡蛎。过了一会儿，她喝了口白葡萄酒，抬起头，看见在她的对面弗朗索瓦·密特朗的脸。

> “扬，弗朗索瓦在那边，马上去把他找来。”
>
> 我没动。
>
> 您也没坚持。您继续吃。
>
> 一段时间过去。
>
> 后来，弗朗索瓦·密特朗站起身，朝我们这桌走过来。他拥抱了您。我向他问了好。他坐在您对面。
>
> 您立刻握住总统的手，对他说：
>
> “弗朗索瓦，我有很重要的话要告诉您。”
>
> “您说，玛格丽特。”
>
> “我想说的是，已经有阵子了，我的名气比你大多了，而且在全世界都如此。这真让人惊讶，不是吗？”
>
> “不，这并不让我惊讶，我早就知道了。”①

这是他们最后一次偶遇，杜拉斯神话和密特朗传奇交汇时最后的光芒，曾经的野心和后世的名声也随风而逝……

---

① Marguerite Duras et François Mitterrand, *Le Bureau de poste de la rue Dupin et autres entretiens*, Gallimard, 2006: p. 135-136.

第六章

这就是一切

> 我把时间浪费在书上，我在书上也找回了很多时光……不过那也是我付出的光阴。①
>
> J'ai perdu du temps aux livres, j'ai pris du temps aux livres... mais j'en ai donné aussi. ②

一旦有了超级明星的光环，"玛格丽特·杜拉斯"就成了销量和影响力的代名词。各种稿约，各种采访和报道……她推掉了很多，但她抵挡不了知名报纸杂志邀她写专栏的诱惑。对杜拉斯而言，新闻写作首先意味着走出房间，走到大街上，观察世界的运转，站在很近的地方注视它。为报纸写作因此是一种不等待的即时写作，要快，要有时效性，"这样的写作应当让人感觉

---

① 玛格丽特·杜拉斯：《1962—1991 私人文学史：杜拉斯访谈录》，黄荭、唐洋洋、张亦舒译，北京：中信出版社，2018 年版，第 395 页。

② Marguerite Duras, *Le Dernier des métiers*, textes réunis, transcrits et postfacés par Sophie Bogaert, éditions du Seuil, 2016: p. 383.

到这份焦灼，这份迫不得已的快捷，以及一点点的不假思索”。①它是客观世界映入作家心灵之镜的瞬间反射，只是这面镜子是面滤镜，它反射的是作家希望读者再度去审视世界的某个细节。就如同一张照片，我们看到的不是它所反映的真实世界，而是摄影师通过照片让我们看到的世界局部的真实，或者说对世界产生的某种真实感受。

杜拉斯一直很喜欢这类写作，这让她最直接地感觉到参与了当下的政治和社会生活，发出了自己的声音，表明了自己的立场。从 20 世纪 50 年代开始，她先后为《法兰西观察家》《解放报》《女巫》《星座》《世界报》《晨报》《另类日志》等报刊写了大量的专栏文章。

1985 年 7 月 17 日，杜拉斯在《解放报》上就四岁的小格里高利遇害一案发表了一篇名为《绝妙的，必然绝妙的克里斯蒂娜·V》的文章。这是一篇杜拉斯凭直觉写出来的非常感性也很有煽动性的文章，杜拉斯声称自己一看到那栋孤零零的、在一座光秃秃的山丘上的房子，看到凶案发生的周围环境，就知道究竟发生了什么：

> 罪行发生过。这就是我的想法。它超越了理智。天下着小雨，风敲打着紧闭的门窗就像出事那天一样。房子是新的。要卖掉。这是一座孚日山区的木屋，屋顶的斜度不一。周围，空旷的丘陵，荒凉的道路，低处，

① 玛格丽特·杜拉斯：《外面的世界》，袁筱一译，北京：作家出版社，2007 年版，第 18 页。

晦暗的冷杉林……在冷杉林间，小河流。[1]

她觉得孩子应该是在房子里被杀害的，之后再被丢到河里。她认为自己看到了真相，“它超越了理智。我看到这场凶案，并没有考虑到正行使在它身上的司法公正。什么都没有。对于我而言，我只看到它在世界的中心，只和时间，和上帝有关”。[2] 杜拉斯认为是不能忍受的生活，是绝望的母亲“或许在一种柔情中，或许在一种突如其来、难以计量的、疯狂了的爱中，以为必须要这么做。从小河那边，没有传来任何呻吟，任何叫喊，谁都没有听到孩子的声音，当他被扔到河里的时候他已经死了”。[3] 在杜拉斯看来，在这个荒凉的地方，“生活，在这些房子里，没有人清楚是怎么回事”。[4] 一个让人难以忍受的男人，一个或许不曾被期待到来的孩子，无力逃离的“自由的监狱”，死气沉沉的生活，一天天把过早陷入婚姻泥潭里的克里斯蒂娜·维尔曼推向疯狂，推向绝望。

杜拉斯对凶杀案一向很感兴趣，《琴声如诉》《夏夜十点半钟》《塞纳-瓦兹的高架桥》《英国情妇》……或者不如说是绝境中幽微绝望的人性总是能深深地触动她，让杜拉斯想为这些沉默的人发声。所以发表在《解放报》上的这篇文章其实属于文学的范畴，属于杜拉斯的虚构世界，它传达的是杜拉斯坚持不懈观察

---

① 贝尔纳·阿拉泽、克里斯蒂安娜·布洛-拉巴雷尔主编：《解读杜拉斯》，黄荭主译，北京：作家出版社，2007年版，第76页。

② 同上。

③ 同上。

④ 同上。

这个真实的世界，再用写作这种她唯一可以使用的武器去揭露它、重塑它的意图。报社主编塞尔日·朱利心里很清楚，在案件预审期间发表这样一篇文章会招致怎样的争议和非难，他已经特意加了声明，说作家的文章只是作家的个人预见，并给读者打了"预防针"，说那是杜拉斯"在对现实进行幻想，寻找并不一定是真相的真相，但它仍然是一种真相，即所写文章的真相"。①

杜拉斯这篇基于文学而不是事实证据写成的文章一刊登果然引起了轩然大波，经媒体迅速传播并持续发酵，传得沸沸扬扬。但三十多年过去，小格里高利遇害案至今未被侦破，案情错综复杂，峰回路转，扑朔迷离，很多涉案人员都感到自己受到了极大的伤害，尤其是小格里高利的父母。真相到底是什么？我们能够重组的只有案件发生和发展的时间轴。

> 1984 年 10 月 16 日，小格里高利被发现死在孚日山区沃洛涅河(la Vologne)里，手脚被缚。孩子的表舅贝尔纳·拉罗什(Bernard Laroche)在几小时前接到过一通匿名电话。17 日，孩子的父母，让-玛丽·维尔曼和克里斯蒂娜·维尔曼，收到一封匿名信："你的儿子死了，我的仇报了。"此前，夫妇俩已经收到了多封匿名恐吓信。
>
> 1984 年 11 月 5 日，孩子的表舅被指控为凶手，但最终因为证据不足，于 1985 年 2 月 4 日获释。

---

① 阿兰·维贡德莱：《杜拉斯传：一个世纪的穿越》，胡小跃、伍倩译，南京：江苏凤凰文艺出版社，2017 年版，第 355 页。

部分关于维尔曼事件的《巴黎竞赛周刊》封面

1985年3月29日，孩子的父亲让-玛丽·维尔曼认定拉罗什是凶手，用一发子弹解决了拉罗什。

1985年7月5日，笔记专家鉴定认为匿名信可能是克里斯蒂娜·维尔曼写的，她受到指控并被拘留，之后于7月16日获释。

1986年7月22日，让-玛丽·维尔曼因被控谋杀拉罗什被解送刑事法院。

1986年12月9日，克里斯蒂娜·维尔曼因被控谋杀格里高利被解送刑事法院。

1987年3月17日，对克里斯蒂娜·维尔曼的原判撤销，第戎上诉法院重启调查。

1987年12月24日，让-玛丽·维尔曼获释。

1993年2月3日，克里斯蒂娜·维尔曼因证据不足免予起诉。

1993年12月16日，让-玛丽·维尔曼被判刑五年，缓期一年执行，坐牢三十四个月后出狱。

2000 年 6 月 14 日，就 1983 年一封匿名恐吓信上的 DNA 重新启动调查，无果。

2004 年 6 月 30 日，小格里高利的双亲因司法部门办案不力被判各获三万五千欧元的赔偿。

2008 年 12 月 3 日，第戎上诉法庭在维尔曼夫妇的要求下重启调查，对 DNA 做了新一轮的检测。一直到 2013 年 4 月一轮轮的 DNA 检测在新技术的支持下均没有得出任何有效的、实质性的结果……

让-玛丽·维尔曼和克里斯蒂娜·维尔曼一直生活在一起，他们之后生了三个孩子。小格里高利事件一直没有离开媒体的视线，维尔曼夫妇的一举一动隔一段时间依然会受到记者和社会大众的关注。伤口一直没有愈合，维尔曼夫妇一直希望能揭开他们四岁的儿子遇害的真相。在照片上，在谈话中，那个死去的孩子无所不在，但这并没有阻止另外三个孩子的到来，快乐地成长、求学，迎来各自正常的人生。“于连，三十二岁，是光学技师。爱梅丽娜，二十九岁，是地球科学专业的教师。西蒙，十九岁，去年通过了 S 类会考。”他们的父母说：“年轻人知道家里曾经发生的故事。但我们还是给他们创造了绽放自我的机会，而不只是一个沉重故事的继承者。"①

维尔曼夫妇的《10 月 16 日》

这个发生在孚日山区的故事有了一个光明的尾巴，故事中的主人公回归了平淡正常的现实生活。克里斯蒂娜·维尔曼不是古希腊悲剧中疯狂绝望的主妇，她也丝毫不想成为杜拉斯笔下与劳儿·V.斯坦因或安娜-玛丽·斯特雷特齐名的女主角。《解放报》收到了无数读者意见不一的信件。杜拉斯的死对头、文学评论家安杰洛·里纳尔迪(Angelo Rinaldi)在《快报》上不失时机地讽刺挖苦："杜拉斯女士证明了成为美狄亚不仅是可能的，甚至还是不可避免的，因为人们周末百无聊赖，工作日又烦

① "Que sont devenus les époux villemin, les parents du petit Grégory", *Le Figaro*, 15 juin 2017.

恼缠身。”[1]

杜拉斯发表了一篇貌似与事实不符的文章，但这篇文章却深刻地揭示出无数和克里斯蒂娜·维尔曼一样的女性的真实处境，她们被孤立在大地的角落，孤立于黑暗中，无力逃脱一种既定的命运，待在由男人制定的夫妻规则里，待在被男人奴役的千年黑夜里。“司法显得力不从心，鞭长莫及，甚至没有用处”[2]。什么是公道？什么是正义？什么是政治正确？

杜拉斯再次写到“维尔曼事件”是在1987年出版的《物质生活》中一篇题为《断水人》的文章里，讲述的是几年前夏天发生在法国东部一个村镇上的真实事件：一家四口在家中被断水后卧轨自杀。

> 他们是被另眼看待、不同于其他人的一类人，也就是说，落后。他们住在一处废弃不用的火车站里——高速列车是经过这个地区的——那是经市镇同意才让他们住进去的。男人在镇上给一些人家打零工。他们大概还接受镇政府的一点资助。他们有两个孩子，一个四岁，一个一岁半。[3]

---

① 蕾蒂西娅·塞纳克：《爱，谎言与写作——杜拉斯影像记》，黄荭译，重庆：重庆大学出版社，2014年版，第244页。

② 贝尔纳·阿拉泽、克里斯蒂安娜·布洛-拉巴雷尔主编：《解读杜拉斯》，黄荭主译，北京：作家出版社，2007年版，第81页。

③ 玛格丽特·杜拉斯：《物质生活》，王道乾译，上海：上海译文出版社，2007年版，第139页。

这家人生活在极端的贫困之中，没有钱缴付煤气费和水电费。一天下午，自来水厂派了一个雇员过来，把他们居住的旧车站中的自来水切断了。来人见到了那个女人，应该也看到了两个孩子，男人不在家，“女人只是默不出声一言不发”[①]。那是一个非常炎热的夏天，断水人也心知肚明，但“有人下达命令叫他断水，他就那么做了。他遵守他日程排定的工作：切断供水。他让那个女人无水供应，无法给孩子洗澡，没水给孩子喝”。[②] 当天夜里，那个女人和她的丈夫带着两个孩子就在家门口的高速铁路上卧轨自杀。

据说断水人走后，女人去过村里的一家小酒店，找酒店老板娘说了什么，但谁也不知道她到底说过什么，因为新闻记者对此并没有专门报道。这个事件很快就被淹没在当地报纸形形色色的社会新闻里，再没有人提起。但杜拉斯要做的，是要复原“这个故事空白无声的部分，即断水之后和她从小酒店出来这一段时间”[③]借助女人“深沉的沉默展开成为文学”[④]，切入历史，进入故事的内部，看看这个落后无助的女人最后的心路历程，她为什么这么决绝地要去寻死。

断水人说他没有看到孩子，女人也没有央求他不要断水，他

---

① 玛格丽特·杜拉斯：《物质生活》，王道乾译，上海：上海译文出版社，2007年版，第139—140页。

② 同上，第140页。

③ 同上，第142页。

④ 同上。

只是公事公办。

小酒店的老板娘说女人没有跟她说自己走投无路了,她要自杀,要杀死她两个孩子和丈夫,还有她自己。如果她说了,自己或许会帮助她?

小镇给过落后女人资助,还同意他们一家住在废弃的火车站里,但女人一家竟然还是活不下去。水被断掉了,意味着生的希望被断送了,不能指望政府或什么人来拯救他们,他们被所有人、被整个社会抛弃了,留给她的只有一条路:死路。

"断水人"不是一个人,不只是那个自来水厂的雇员,是女人无能窝囊的丈夫、小酒店的老板娘、市政府、记者,甚至是那个过于炎热的夏天和周围人的冷漠,是这一切在女人的沉默中,在沉默和不作为中,一起逼死了这家人。

> 如果这个女人自己有解释,那么这个故事也不会引起我的注意。克里斯蒂娜·维尔曼连两句话也写不端整,却使我很是激动,因为她和这个女人一样,都具有那种不可能加以测度的强烈性质。有一种发自本能的行为,不妨对它深入探察一下,人们也可以将它归之于沉默。一种男性的行为很难纳入无声无息的沉默,那样做也是虚假不真的,因为男人不可能属于无声无息的沉默。在古代,在湮远的过去,千万年以来,默不出声的是女人。所以,文学,是属于女人的。文学里讲

的是她们，或者是她们从事文学，都是女人。[1]

这就是杜拉斯认为的文学和文学的意义，言说那些淹没在历史中的沉默无言，言说这些生活中每天都在发生的同类事件，这些人们不放在心上、很快也不再议论的悲惨事件和事件中那些死去的、无名的人。写作，就是打破沉默，让我们扪心自问，我们做过什么？我们没做什么？我们本应该去做些什么？

一、“外面的世界”和《物质生活》

杜拉斯为报纸杂志写文章的理由很多。首先就是让她走出房间，因为写书的时候她是内视的，把自己关在书房里，每天写八小时。“我蜷缩在窝里，时间对我来说一片空茫。我害怕外界。写书的时候，我想我甚至都不读报纸。我无法在写书的间歇插进这样的事情，我不明白身边都发生了些什么。”[2]而给报刊写文章是外视的，要和外面的世界建立密切的联系和互动，并从中得到反馈。其次，对常常被各种运动裹挟的作家而言，这是一种更直接的“介入”方式，旗帜鲜明地表明自己的态度：

---

① 玛格丽特·杜拉斯：《物质生活》，王道乾译，上海：上海译文出版社，2007年版，第142—143页。

② 玛格丽特·杜拉斯：《外面的世界》，袁筱一译，北京：作家出版社，2007年版，第19页。

> 法国的抵抗运动、阿尔及利亚的独立运动、反政府运动、反军国主义运动以及反选举运动；或者，和你们一样，和所有人一样，想要揭露某一阶层、某一群人或某一个人所忍受的不公正——不论什么阶层；而如果一个人疯了，丧失了理智，迷失了自己，我也会因为心生爱怜而写；我还关注犯罪，关注不名誉的事，卑劣的事，特别是司法无能、社会无力之时，我会做出自己的评判——这是一种自然的评判，就像人们评判暴风雨和火灾。①

此外，还有别的更现实的理由，比如没钱了，为了糊口，就会答应报刊写点来钱快、稿费优渥的专栏或连载文章。这些从1957年到1993年发表在报纸杂志上的文章和一些未公开的散记还有书信后来被整理成两本书，分别是1981年阿尔班·米歇尔出版社出版、1984年P. O. L.出版社再版的《外面的世界》(*Outside*)和1993年P. O. L.出版的《外面的世界Ⅱ》(*Le Monde extérieur*)。

正如克里斯蒂安娜·布洛-拉马雷尔在《外面的世界Ⅱ》的序中所言："书名本身就不言而喻。和《外面的世界》一样，它收录了玛格丽特·杜拉斯1962—1993年间写的报刊文章、序言、书信、随笔，有的已经发表了，有的从未刊行过。有的文章源于

① 玛格丽特·杜拉斯：《外面的世界》，袁筱一译，北京：作家出版社，2007年版，第19页。

《外面的世界》《外面的世界Ⅱ》合集

政治或社会事件，出于义愤，有的是因为一部心爱的电影，一幅看了良久的画作，一次相逢，一夜寂寞。这些文字，这些作品集中遗漏的短章，是玛格丽特·杜拉斯为身外的世界写的，它们构成了她的作品集的一个补充。"①

这些散落的文章内容芜杂，因为急切、因为不假思索，语言的刺也更加尖锐地戳在时间的齿轮上，那刹那的停顿让我们错愕，眼前突然呈现出某个时刻世界在杜拉斯眼中的样子：各种政治运动中的世界（"历史上的狗""右翼，死亡""关于里根"），不公正、残酷、荒谬的世界（"阿尔及利亚人的鲜花""垃圾箱和木板""巴黎的种族主义""下等人的巴黎"），被忽视、被遗忘、被边缘化

① 玛格丽特·杜拉斯：《外面的世界Ⅱ》，黄荭译，北京：作家出版社，2007年版，第9页。

的世界（“人造卫星时代的孩子并不胡思乱想”“和一个不思悔改的‘小流氓’的谈话”“两个少数民族聚居区”）……还有杜拉斯眼中的众生百态：碧姬·芭铎、褒曼、卡拉斯、塞里格、让娜·莫罗和那些不知名的路人，仿佛她一眼就捕捉住了某个人习惯的姿态，看书、看画、看电影也一样，她总能凭直觉就触摸到作品的内核，打动自己也打动读者。

有时候，回忆把杜拉斯带回童年熟悉的风景，大海和母亲（mer / mère）、兄弟和河流（frère / fleuve）、爱情和金钱（amour / argent），那根带我们追溯杜拉斯写作和重写（écrire / réécrire）源头的隐秘丝线。忽然，所有看似散乱的文章都串了起来，一个既矛盾又统一的意象：断续（discontinuité）中的延续（continuité）或延续中的断续，关于主题，关于激情，关于反抗。杜拉斯一直在热烈地反对，反对所有现有的秩序，反对所有的不公正，反对所有写就的一切，永远都要再度出发，重新开始“同一本书”的写作。于是杜拉斯的“外面的世界”是特别的，不拘泥于边界，它是“内在包裹了外在，就像旋律包容了歌词”。①

在《外面的世界》的译者袁筱一看来，这种写作方式凸显了已经成为“爱情和绝望教母”的杜拉斯写作的独特魅力所在，她观照世界的目光是感性的、带着强烈的个人色彩、是内外连通的：

---

① 玛格丽特·杜拉斯：《外面的世界Ⅱ》，黄荭译，北京：作家出版社，2007年版，第10页。

写作中的杜拉斯

即便是在杜拉斯已经被译滥、写滥的今天,《外面的世界》仍然为我们留下了很多话题。因为它呈现了一个有趣的矛盾。被奉为中国小资必读作家的杜拉斯其实有大量的文字是关于“外面”的世界的。然后,再一点点地深入进去看,看她写的政治事件,看她写的社会问题,看她写的明星,看她写的艺术,会理所当然地发现,她的“外面”并没有那么外。她自始至终没有站在旁观的角度去看外面的世界,当她需要……走到外面的时候,她仍然毫无保留地任自己冲入这个世界,被这个世界裹挟。她观照这个世界的目光,从来不曾冷静、客观,她仍然是激烈地爱着的,激烈地爱着,所以恨,恨所有的不公平,恨所有的不可沟通;同时,也羡慕所有自己所不具备的品性:宽容和独立。[①]

① 玛格丽特·杜拉斯:《外面的世界》,袁筱一译,北京:作家出版社,2007年版,第14—15页。

1987 年同样在 P. O. L. 出版的《物质生活》延续了“无所不谈”的自由风格，和《玛格丽特·杜拉斯的领地》《话多的女人》《卡车》《80 年夏》《外面的世界》属于同一个写作序列，“代表我在某些时机、某些时日、关于某些事情的想法。所以也代表我的思想”。[①] 书的缘起从副标题“对热罗姆·博儒尔谈话录”(Marguerite Duras parle *à* Jérôme Beaujour)中可见一斑。从 1986 年初秋到冬末，为了打发时间，杜拉斯和儿子的朋友热罗姆·博儒尔开始聊天，用一本“正处在进行时的书”，去网住逝水、飞光、爱情和“孩子们”。

合影(从左到右)：让·马斯科洛、杜拉斯、热罗姆·博儒尔

一开始的工作模式是由热罗姆提问，预设一些常规的问题，和杜拉斯聊写作和人生。但很快，杜拉斯就不再让他提问、设计主题了，而是由她自己从日常生活出发随心所欲地引出话题。随后热罗姆把录音整理成文本，双方各自通读，经过讨论后杜拉

① 玛格丽特·杜拉斯：《物质生活》，王道乾译，上海：上海译文出版社，2007 年版，第 1—2 页。

斯对文本进行修改，热罗姆从他的角度再读一遍，最后由杜拉斯来"简化文字，使之轻快，平静。这是我们共同的意见"。[①] 杜拉斯说这是一本"供阅读的书"，一本当下正在生成的书，一本和以往书籍都不太一样的书，她找到一种和自我、和他人（聊天对象热罗姆，或者广义的潜在的读者）之间往复进行交流互动的方式，一种"流动的写法"，一条"话语的高速公路"，有点像是二十年后全民网络时代开始流行的博客写作的先声：

> 在这一类不是一本书的书里，我愿意无所不谈，同时又什么都不谈，就像每一天，像任何一天的历程一样，平平常常的。走上高速公路，话语的大道，任何特殊的地点我都不停留。不问方向，也无所往，不是从所知或无知的既定出发点出发，在纷纭嘈杂的话语中，全凭偶然，走到哪里算哪里，这样做是不可能的。不可能。不能既不知而又知。所以我想，这本书就像所说的那样，是一条高速公路，同时可以通到任何地方，所以，这本书应该是无所不至同时又仅仅通向一个地点，既走回头路，又从头开始，再动身出发，像任何一个人，像所有的书一样，至少什么也不说，但要是这样的话，那也就无所写了。[②]

① 玛格丽特·杜拉斯：《物质生活》，王道乾译，上海：上海译文出版社，2007年版，第1页。

② 同上，第9页。

抽烟的杜拉斯

这种无所不谈、自由来去的风格在她这一时期的访谈中同样表现得淋漓尽致，仿佛一切都连成了一片。内心的影子和外界的众声喧哗，就算话题天马行空，甚至就算跑题，在她构建的世界里，都是自洽的。“变得自由，”杜拉斯说，“就是成为我自己。我有名气，他们对我无计可施。因为我写作。我太有名了，他们不能把我关起来。”① 自由也意味着说真话，真实表达自己对世界、对政治、对未来的看法和忧虑，清醒地看到物质繁荣背后掩盖的精神贫瘠，戳穿技术文明无往不利的幻觉。1985 年 9 月 25 日，在法国电视二台一档由米歇尔·德鲁盖（Michel Drucker）主持的访谈节目中，杜拉斯预言了 2000 年的景象：

> 我想人类会完全被信息淹没。接连不断的信息。关于身体。关于身体的变化。关于健康。关于家庭生活。关于工资。关于休闲。可以说离噩梦不远了。

① 玛格丽特·杜拉斯：《1962—1991 私人文学史：杜拉斯访谈录》，黄荭、唐洋洋、张亦舒译，北京：中信出版社，2018 年版，第 394 页。

不会再有人读书。他们会看电视;到处都是电视机,在厨房里,在卫生间里,在办公室里,在大街上……他们会在哪儿?当人们看电视的时候,他们在哪儿?他们不是一个人。他们不再旅行,因为没有必要。当人们用八天、用十五天就可以环地球一周……为什么还要旅行?在旅行中,有旅行的时间。不是用来走马观花,而是一边看一边生活。为旅行而活。这将不再可能。一切都将被阻挡。被包围。不过大海依然存在。大洋也是。然后是阅读。人们会重新发现它的乐趣。一天,一个人拿起书本。于是,一切重新开始。他会回到无欲无求的状态。也就是说到了那时,对答案的需求会减少。就像这样,从打破规则开始。这是针对他本人的一场冒险。有一天,他会再次变得孤独。带着他的不幸。还有他的幸福。可它们都来自他的内心。能够迈出这一步的人或许会成为未来的英雄,这很有可能。让我们期待有更多……

我记得曾经读过一位两次世界大战期间的德国作者写的书,书名是《最后一位公民》(*Le Dernier civil*),是厄恩斯特·格拉泽(Ernst Gläser)写的,我读过这本书。书里写道,当自由之光在世界上熄灭,总会有人依然憧憬它。我想这一切已经开始了。①

① 玛格丽特·杜拉斯:《1962—1991 私人文学史:杜拉斯访谈录》,黄荭、唐洋洋、张亦舒译,北京:中信出版社,2018 年版,第 359 页。

今天，杜拉斯悲观的预言已然成了我们的现实和日常，在全球信息化的今天，我们时时刻刻被无限暴增、无限碎片化的信息淹没、左右、裹挟，生活越来越便利，大数据技术的运用让我们变得越来越被动、惰怠，越来越容易被取悦、安抚。但同时，书读得越来越少，我们也越来越习惯蜷缩在唾手可得的舒适区里虚掷光阴，无法自拔。在一个泛娱乐时代，现实正如尼尔·波兹曼（Neil Postman）在《娱乐至死》（*Amusing Ourselves to Death*）里所指出的那样：一切公众话语日渐以娱乐的方式出现，并成为一种文化精神。无形中我们被同化、被规训，丧失独立思考和做出判断的能力，或者说，正在失去自我，就像赫胥黎在《美丽新世界》中所担心的那样：真相将被无关的信息汪洋淹没，我们的文化将因琐碎而杂草丛生，大众为微不足道的事物所痴迷。"我们不知道自己为什么笑，为什么不再思考"，当手机成瘾、无聊生活无尽循环时，"我们终将毁于我们所热爱的东西"。①

杜拉斯也担心这样的未来，"到处都是水却没有水喝"，她尽力想要用独立的话语、用写作保存一份个体的见证，护住自由的火种，因为从希腊神话中的普罗米修斯开始，火就是照亮黑暗蒙昧大地的自由和解放之光。《圣经》中有一句箴言："在一切之上，你要谨守你的心。"坚持做自己，不随波逐流，杜拉斯说："我是自由的！我总是自己做选择。"②

---

① 尼尔·波兹曼：《娱乐至死》，章艳译，桂林：广西师范大学出版社，2011年版，第4页。

② 玛格丽特·杜拉斯：《1962—1991私人文学史：杜拉斯访谈录》，黄荭、唐洋洋、张亦舒译，北京：中信出版社，2018年版，第387页。

二、“最次的职业”

“最次的职业”这个说法，最早是 1964 年，杜拉斯在瑞士广播电视一档名叫《晚间来客》(*Visiteur d'un soir*)的节目中，接受主持人安托万·利维奥(Antoine Livio)的访谈时使用的。

> AL：您从来不会写累吗？
>
> MD：会累。这是最次的职业。
>
> AL：但您还是会继续？
>
> MD：每写一本书——但每位作家不都是这样吗，每写一本书的时候都觉得够了，不想再写了，然后……又会重新开始。①

所以当杜拉斯成名后时不时收到投稿无门、四处碰壁的写作爱好者抱着不妨一试的侥幸心理寄给她的手稿时，她很少鼓励年轻人在写作这条充满荆棘的寂寞道路上走到黑。

> 我很少鼓励。这确实是最次的职业。这让人痛苦，让人烦恼，侵占生活中其他东西的位置。某种幸福的位置！至于促使人们写作的欲望，可以征服它，把它用在其他地方，用在夫妻间的日常生活。可以发疯，旅

① 玛格丽特·杜拉斯：《1962—1991 私人文学史：杜拉斯访谈录》，黄荭、唐洋洋、张亦舒译，北京：中信出版社，2018 年版，第 40 页。

游，变成疯子。为什么不变疯呢？写作或许是一种酷刑，一旦开始便无法脱身。①

但就算不写作，所有人都在写作，不写作的人也在写，杜拉斯这样认为。这种“潜在的写作”意味着把自身经历的现实转换成再创造的现实，理解它、安顿它、将其融入内心世界，之后经过时间的发酵，把经历的生活主观化（或客观化，杜拉斯说这两个术语在这里同样有效），去修改它、加工它，直到生活（或者说经历过的事件）“可以让我忍受，为了我而变得可以忍受，能够与我内心的人群、与我的事件重合”。② 这是每个人接受过去、接受自身“历史”的心理轨迹，作家和非作家的区别只在于创作流程的最后一个阶段：实施阶段。

《最次的职业：杜拉斯访谈录》

① 玛格丽特·杜拉斯：《1962—1991 私人文学史：杜拉斯访谈录》，黄荭、唐洋洋、张亦舒译，北京：中信出版社，2018 年版，第 82 页。

② 同上，第 85 页。

每个人的内心都有一个写作的蓄水池，都有阴影，都有残缺，都需要缝补。所有内心冲动都会本能地寻求释放、寻求表达，比如找人倾诉、比如做爱、比如写作、比如发疯、比如自杀等。杜拉斯这样解释为什么兰波在寻求表达不可言说的东西之后踏上了寻金的道路：

> 就我个人而言，我看到，这是同样的寻求，但是换了地方。在这种转换——简单地说，也就是从词语到金子的转换中，我没有看到任何人会迷路。我看到在兰波身上，自我的冲动使他培养了勤奋而非选择性寻找的性格。对于作为作家存在的兰波来说，没有什么优越的寻找方法。我发现寻金十分艰难，充满圈套，危险重重，还会致命，这是一种冒险的交易。我看到兰波经历了荣耀、成功，经历阴暗的日子，徒劳地寻找，以及绝望。我看到这是一种转变，从寻找不可言说的东西转变为寻找目标，更加难以命名、更加神秘，但是自我冲动可以找到栖身之地，找到安放之地。当兰波进入第二种寻找时，第一种寻找的徒劳并不会消失，相反，它还会表达出来。对财富的渴望，正如对不可言说的表达方式的渴望一样，都是源于最初同样的幻想。更进一步：第二种寻找的徒劳会揭露第一种寻找的徒劳。当兰波在寻金时，他会向我们指出他对不可言说的寻找与所有的寻找都具有一样的性质，都是徒劳的。诗

歌在这里揭示的徒劳性夸大，覆盖了随之而来的所有事。[①]

虽然寻找注定是徒劳，一切最终都指向虚无，但杜拉斯还是在写作中找到了栖身之地，安放了自己的内心。和通灵的诗人兰波一样，写作之于杜拉斯，“绝不是简单的文学实践，而是一种存在体验”[②]，若埃尔·巴热-班冬（Joëlle Pagès-Pindon）在《玛格丽特·杜拉斯，无限的写作》（*Marguerite Duras，l' éciture illimitée*）的开篇这样总结。杜拉斯把生活当神话来过，就像1990年她和阿列特·阿梅尔在《文学杂志》上访谈的标题，她要把她所经历的一生转化为不朽的文字传奇，“我写作是为了从自我转移到书上。为了降低我的重要性。让书占据我的位置。为了在书的分娩过程中杀死我、糟蹋我、损坏我。这成功了。我越写，我就越不存在”。[③] 通过书写实现从身体上转移自我，从此，肉身获得了自由，超越了痛苦，超越了死亡，在文学中得以延续。“我觉得写进书里就不会让人感到痛苦……也就无所谓了。一笔勾销。我从我和你的这个故事里发现了这一点：写作，毫无疑问，也是这样，一笔勾销。置换。”[④]

---

① 玛格丽特·杜拉斯：《1962—1991 私人文学史：杜拉斯访谈录》，黄荭、唐洋洋、张亦舒译，北京：中信出版社，2018年版，第87—88页。

② Joëlle Pagès-Pindon，*Marguerite Duras，l'éciture illimitée*，ellipses，2012：p. 8.

③ 玛格丽特·杜拉斯：《1962—1991 私人文学史：杜拉斯访谈录》，黄荭、唐洋洋、张亦舒译，北京：中信出版社，2018年版，第88页。

④ 玛格丽特·杜拉斯：《埃米莉·L》，王道乾译，上海：上海译文出版社，2010年版，第15—16页。

2016年，当索菲·博加艾尔(Sophie Bogaert)把1962—1991年间杜拉斯的重要访谈都整理成册时，她用了《最次的职业》[①]作为访谈录的书名，或许就是为了强调这一种从自我到文本的“位移”或“置换”对心灵的磨损和升华，作家就是纪伯伦诗中那个怀着痛苦、用生命把沙子孕育成珍珠的海蚌。

不仅把自己的生活变成一本又一本的书，杜拉斯还要把家人、朋友和情人都变成自己书中的人物、舞台上和镜头中的演员，最彻底的莫过于出现在她生命中的最后一个情人扬·安德烈亚，继“印度支那”系列和“印度”系列之后，她开始写“大西洋”系列。1987年，杜拉斯在午夜出版社出版了《埃米莉·L》，用嵌套的手法讲述了一个写作的故事：诺曼底基依伯夫海边的旅馆，一个写作的女人和她的情人(完全可以把他们看作杜拉斯和扬)，她和他谈论下一本书的内容，她要把广场、渡轮、咖啡馆、无处不在的韩国游客，把他们的对话、酒吧老板娘和酒吧里形形色色的顾客都写进书里。书正在成形，埃米莉·L的故事也在缓缓展开。

酒吧里的一对夫妻引起了他们的好奇，船长带着他的女人乘游艇满世界跑，似乎是为了追赶，又似乎是为了逃避。他们年轻的时候一定发生过什么事，船长喝的比尔森黑啤和女人喝的波旁威士忌都无法抚平过去的印记，或者说，心中的芥蒂。

看着这一对被命运捉弄的爱人，女作家(杜拉斯)对情人

---

① 该书引进翻译出版后，书名改成了更为直白的《1962—1991私人文学史：杜拉斯访谈录》。

(扬)说:“爱的生活就像是对失望的体验。”[1]那一年,船长来女人父亲的船运公司应聘,她二十六,他二十二,一见钟情,初恋。她坚决要嫁给他,她父母坚决不肯,“不行。只要我们还有一口气,那就不行”。[2] 十年时间就这样在僵持中过去了,年轻的恋人一直住在船坞顶上的两间房子里,在她父母的眼皮底下。他们开始喝酒,越喝越多,她在和船长一起生活了四年之后,重新开始写诗,她以前一直写诗,只是在遇到船长之后有几年不写了。在书中,她有了名字,埃米莉·L,那个写诗的女人。

《埃米莉·L》

她告诉船长说她在诗中倾注了对他的“全部热情,同时还注入了对于每一个活在世上的人的失望”。[3] 但船长读不懂她的

① 玛格丽特·杜拉斯:《埃米莉·L》,王道乾译,上海:上海译文出版社,2010年版,第31页。

② 同上,第61页。

③ 同上,第64页。

诗，不理解她在诗中注入的情感，他感到十分痛苦，仿佛她背叛了他，逃离了他，“过着一种与他认为的她的生活相平行的另一种生活”。[1] 他感觉自己受到了背叛，这种精神的出走比肉体的不忠更令他难以忍受。后来，绝望的船长去找她的老父亲倾诉，可老父亲脸上露出神秘的微笑，并不把船长的痛苦放在心上，他为女儿终于成为诗人（她从小就梦想成为的人）喜极而泣。

写作可以超越庸常的生活，超越绝望，埃米莉·L对此深信不疑。

> 诗的内在性，诗对于心灵的穿透性能，实质上和环境一样，也是神秘莫测的。她相信，当诗在一个既定的地方写出，很快就会四下散布开去，按它们的明显性，它们独一的存在，被迅速投射到任何地方，距离，天空，海洋，大陆，不同的政治制度，某些禁阻，都可超越。她是这样一个人，倾心相信不论在什么地方人们都在写同样一首诗，但形式各不相同。她相信她要写出穿越一切不同的语言、不同的文化的诗，她在追索那样一首诗。[2]

后来，她怀孕了，小女孩生下来就死了，她在黑夜里呼号喊叫，痛苦得发狂。整整一个夏季和整整一个秋季她都没有写诗，

---

① 玛格丽特·杜拉斯：《埃米莉·L》，王道乾译，上海：上海译文出版社，2010年版，第64页。

② 同上，第66页。

直到一月的某一天，在非常阴冷、非常阴暗的冬日午后，她又开始动笔了，写了一首关于光的诗。她没有告诉船长。

有一天，她出门去了，船长在家等她，无意间看到了这首诗，他感觉心头被剜了一刀，他们的生活，他们的爱情，他们的幸福，似乎都变成了欺瞒，都变成了错误。诗还没有写完，有涂抹修改的痕迹，晦涩难解，游移不定。

> 这阳光之剑砍在我们身上一道道流血创伤是上天加之于我们的惩罚。这创伤不留痕迹也不见有疤痕，既不伤及我们的血肉之身，也不触及我们的思想。太阳之剑原来没有宰割我们，也不拯救我们。那是另一番景象。那是在别处。在别的地方，距我们可能想到的地方还要远而又远。这伤口没有提示任何征兆……①

船长愤怒了，他受伤了，他感到自己深爱的女人的心已经在别的地方，比他可能想到的地方还要远而又远。他把这首诗扔到火炉里烧了，他以为这样痛苦就随之化为乌有了。后来她发现那首诗不见了，她找了整整一晚，那首唯一真正的诗。

> 大概是在这首诗遗失以后她才想到要出海远行，决心在海上消磨一生，不再写诗，不再去爱，只求将诗

---

① 玛格丽特·杜拉斯：《埃米莉·L》，王道乾译，上海：上海译文出版社，2010年版，第70页。

和爱都交付大海任其泯灭消失。①

老父亲去世了，他对冬日之光那首诗的事一无所知。他把另外十九首诗拿去出版了，女儿对此也一无所知。去世之前，老父亲把女儿的事告诉了别墅新来的看守人，诗集再版的时候看守人收到一本样书，他读了那十九首诗，他对船长说诗写得很难懂，他不理解，但他发现这些诗非常美，令他印象深刻。有一年夏天，年轻的看守人趁船长不在，把诗集拿给太太看，他们聊起了那首《冬日的午后》(*Winter Afternoons*)，她流泪了，他也流泪了，她的心乱了，“有人和我谈我写的东西，这还是第一次”。突然间，她想亲吻他的嘴，“您就像是我的第一个爱人”。② 因为第一次感到自己被理解，自己的诗有了真正的读者。

不再写诗的埃米莉·L带着心灵的某种缺失和船长永远漂泊在海上，年轻的看守人后来也离开了怀特岛，怀着对埃米莉·L无望的爱。杜拉斯说《埃米莉·L》是她最喜欢的一本书，或许是因为它是一本比《情人》更纯粹的关于写作的书，关于写作的女人的书，虽然也披着一件爱情的外衣。埃米莉·L影射的是美国女诗人埃米莉·狄金森(Emily Dickenson)，是英国女作家弗吉尼亚·伍尔夫，是所有在孤独中写作的女人，更是杜拉斯自己，一个被酒精摧毁、靠写作去抵挡绝望、靠写作活下来的女人。

小说的最后，谈论的话题依然是写作，只有写作：

---

① 玛格丽特·杜拉斯：《埃米莉·L》，王道乾译，上海：上海译文出版社，2010年版，第73页。

② 同上，第97页。

《写作》

写出来不要去改动，不一定要写得快，全速进行，不，不，而是要按照自己，按照所经历的时间，自己的，就在那个此时此刻，把写作置之度外，几乎可以说折磨它，对，虐待它，其中无用的瘩块不要删掉，一点也不删，全部让它和其余部分留在一起，不要去理顺弄得平服，不管进度是快是慢，一切都保持在本有的显现形态上。①

因为酗酒，杜拉斯的健康状况越来越差，病情起起伏伏。1988年秋她再度住院，肺气肿频频发作，她先是用上了呼吸机，又接受了紧急手术，陷入深度昏迷长达五个月之久。大家都以为这一次她撑不过去了，报社编辑部已经写好了讣告、悼词和纪

① 玛格丽特·杜拉斯：《埃米莉·L》，王道乾译，上海：上海译文出版社，2010年版，第129页。

念文章，就等大限一到官宣她的死讯。杜拉斯的儿子让·马斯科洛坚持要继续治疗，拒绝切断设备电源："如果妈妈死了，我也自杀。"他买来一台录音机，放音乐给她听，扬·安德烈亚也一步不离陪伴在她身旁。终于，奇迹发生了，杜拉斯醒了，走出沉沉黑夜，从"死神"那里回来了。虽然这次病危让她元气大伤，气虚了，背驼了，人也消瘦苍老了许多，喉咙因为插管说话不便，但爱俏的她会用丝巾挡住脖子，化个淡妆，裹上红披肩，挽着扬的胳膊外出散步，或让扬开车带着她沿塞纳河到郊外兜风。

晚年杜拉斯

写作好像成了她活着的唯一证明，一开始她根据五年前拍摄的电影《孩子们》的脚本改编成《夏雨》，之后是《来自中国北方的情人》《扬·安德烈亚·斯泰奈》《写作》《这就是一切》。

写作是唯一丰盈我的生活、令它无比喜悦的事。我写作。写作从未离我而去。[①]

① Marguerite Duras, *Écrire*, Gallimard, 1993: p. 15.

写作，是最次的职业，也是最美好的职业，一种“美妙的不幸”，为追寻逝去的时光磨损着心灵，但所有的苦痛都不会白挨，穿越文字组成的虫洞，那些重现的时光仿佛都经过了美颜的滤镜，带着神话般炫目的光芒。

三、死后，我仍可以写作

杜拉斯知道自己已时日无多，“很多次，我们都害怕一张纸还没写完就要死了”。[①] 1993 年初，伯努瓦·雅各在圣伯努瓦街 5 号公寓和诺曼底拍摄杜拉斯讲述“年轻的英国飞行员”的故事，听她从诺曼底村庄的一座坟墓谈起，引出了对二战期间在沃维尔森林被德国人的大炮炸死的一个二十岁的英国小伙子的记忆（或者不如说是想象）。《一个年轻的英国飞行员之死》是献给所有在战争中无辜枉死的生命，献给死在殖民地的小哥哥，“任何死亡都是死亡……任何人的死亡就是全体的死亡。任何人就是所有的人”。[②] 这是对死亡的探寻，对战争的反思。“我写是因为我有机会插手一切，参与一切，有机会来到这个战场，这个战争已离开的舞台，有机会扩大这种思考，它慢慢地触及战争。”[③]写作就是不忘记这些曾经发生过的事情，那些曾经绝望的哭喊，在孤独中死去的孩子，为了不让世界就这样在沉默中崩塌，为了生命的无邪。

---

① 现代出版档案馆档案。

② 玛格丽特·杜拉斯：《写作》，桂裕芳译，上海：上海译文出版社，2005 年版，第 59 页。

③ 同上，第 76—77 页。

《写作》DVD

随后，在诺弗勒堡，杜拉斯又在伯努瓦·雅各的镜头前聊起了占据她人生很大部分的"写作"。这两段录像的文字记录被杜拉斯用来写作一本新书，《写作》于 1993 年 6 月在伽利玛出版社出版，仿佛她一生的总结。在杜拉斯看来，写作无处不在，甚至在一只垂死的苍蝇身上，"它持续的时间，它的缓慢，它难以忍受的恐惧，它的真实"①，因为作家的在场显得更加残酷。苍蝇的死亡在杜拉斯眼中产生了一种文学的位移，"反映出与人的共存，与殖民地民族，与世上庞大无比的陌生人群，与处于普遍孤独中的孤单人们的共存。生命无所不在。从细菌到大象。从大地到神圣的或已死亡的天空"。② 她感受到不公正，感受到存在的虚

① 玛格丽特·杜拉斯：《写作》，桂裕芳译，上海：上海译文出版社，2005 年版，第 34 页。

② 同上，第 35 页。

无,并为此哭泣。

> 即使哭泣无济于事,我认为也应该哭泣。因为绝望是可以触知的。它会留下来。对绝望的回忆会留下来。有时它会要人命。
>
> 写作。
>
> 我不能。
>
> 谁也不能。
>
> 应该说:人们不能。
>
> 但人们写作。
>
> 这就是人身上所承载的未知:写作,就是触碰未知。要么写作,要么什么也不做。[①]

她在那只“写作的”苍蝇身上看到了自己。1994 年 4 月 4 日,玛格丽特·杜拉斯过完八十岁生日,死亡的脚步声越来越近了,她已经不再写作,但想说的话还有很多。从 1994 年 11 月 20 日开始到 1995 年 2 月 28 日结束,扬·安德烈亚当着她的面记录下一些她说的重要的东西,形成了《这就是一切》。都结束了,只剩下死亡,如此切近的死亡。“但愿活着的人微笑着相互扶持。”

扬还在。

① Marguerite Duras, *Écrire*, Gallimard, 1993: p. 51-52.

我得走了。

我不知道把自己放在哪里。

晚年杜拉斯和扬·安德烈亚

1996年3月3日,玛格丽特·杜拉斯在圣伯努瓦街5号公寓去世,享年八十二岁。她把自己放在了书里,在蒙帕纳斯公墓的墓碑上,只写着简简单单的"M.D.",那是她作为作家的签名。

"有一天我们会死的。"

"是的。棺材里将有爱情和尸体。"

"是的,棺材外面要放着书。"

"也许吧。我们还不可能知道一切。"

中国人说:

"能的。我们知道。知道将有一些书。"

不可能不是这样。①

《这就是一切》

这是《中国北方的情人》中中国人和女孩分别在即的对话，这也可以看作杜拉斯和扬最后的对话。“即使在死后，我也能继续写作。”②因为那些书打开的是“无限的阅读”，把读者也变成作者，一起驶向世界的黑夜、自身的黑夜。

杜拉斯去世后，扬消失了很长一段时间。从“80 年夏”以来，他已经习惯了生活在杜拉斯的世界里，沦陷在她的文字、病痛和琐碎的庸常里。疲劳，巨大的疲劳，还有责任。而突然，这一切都消失了，失重的生活，意义的抽离，没有工作，也没有钱，扬已

① 玛格丽特·杜拉斯：《中国北方的情人》，施康强译，上海：上海译文出版社，2006 年版，第 233 页。

② 玛格丽特·杜拉斯：《1962—1991 私人文学史：杜拉斯访谈录》，黄荭、唐洋洋、张亦舒译，北京：中信出版社，2018 年版，第 400 页。

经不知道一个人该怎么办，要怎么活，他想到了自杀：

> 我决定在窗口上吊。我在窗角用皮带系了一个圈，爬上一张椅子，把头钻进圈中。好了，头进去了。试验成功。后来，我又想，身体太重，会把皮带崩断的，或者会把窗框给拉下来。我想，我只会被勒一下，但吊不死。这不是个好办法。我想起了地铁，想起了塞纳河，想起了手枪。但怎样才能买到枪呢？我这副样子怎么去买枪呢？我不能这样出去，几个星期以来，我不洗澡，不刷牙，不洗头，脸也不刮了。①

颓废，彻底的颓废，“脏兮兮的衣衫，脏兮兮的被单，成堆的报纸，红酒瓶、白酒瓶、玫瑰红葡萄酒瓶，所有的瓶子都扔在地上，堆得像小山似的。几个月后，地上几乎全是报纸和酒瓶。无处落脚”。② 只有醉了才可以睡着，才不用去想永远没有谁的日子，再也没有白天，没有时间，没有黑夜，他生活在那堆垃圾中，觉得自己也是一堆发臭的垃圾。

后来，情况发生了变化。两年后的某一天，扬对自己说：“既然我没能自杀，既然什么事都没有发生，既然我不会饿死，仍然活着，那就是说我应该活着。我活着，根本不想自杀，我在跟自

---

① 扬·安德烈亚：《那场爱情：我和杜拉斯》，胡小跃译，南昌：百花洲文艺出版社，2015 年版，第 72—73 页。

② 同上，第 73 页。

己开玩笑，我真蠢。”[1]突然，他开始厌恶自己这种愚蠢的、不健康的生活方式，他给母亲打了电话，换上干净的床单被单，洗澡，洗头，到饭店要了一块白汁小牛肉。做完这一切后，他又恢复了原来的样子，“继续一种普通的生活，好像什么都没有发生过一样。活着，爱，哭，吃，说。就这样”。[2]

杜拉斯说，“扬，您只有一件事可做：写。”[3]于是，消失三年半后，扬带着《那场爱情：我和杜拉斯》回来了。只有文字，只有真实。“我留下来是为了让您活着，也是为了爱您，爱您的文字，爱您的故事。”[4]

《那场爱情：我和杜拉斯》

---

① 扬·安德烈亚：《那场爱情：我和杜拉斯》，胡小跃译，南昌：百花洲文艺出版社，2015 年版，第 77 页。

② 同上，第 164 页。

③ 同上，第 34 页。

④ 同上，第 104 页。

杜拉斯撒下了种子，直到今天，她在全世界都拥有无数读者，“年轻的读者”，就像她在《这就是一切》中说的那样，有些读者甚至因为她而蜕变为作者。学术研讨会、电影回顾展、作品朗诵会、手稿展、摄影展、戏剧和电影改编……各种和她相关的文化活动在世界各地举行，在法国、在西班牙、在波兰、在日本、在中国、在越南、在美国、在加拿大、在突尼斯……对一个好作家而言，作品活得比作者本人长久，随着时间的流逝，它甚至并不是一成不变的，它在旅行、在迁移、在生成，从一个地方到另一个地方，从一种语言到另一种语言。杜拉斯说，要让书“变成属于每个人的东西，属于所有将它捧在手中、将它占为己有的人。作家必须把书从书写的牢笼中释放出来，让它有生命，可以运行，可以让别人做梦”。①

四、杜拉斯在中国

似乎只需一个中国情人，或者说几乎，就可以建构一个法国作家在中国的当代传奇。杜拉斯笔下的童年和少年时代在印度支那的亲身经历，“概念的”印度和荒凉的加尔各答，纷繁的外面世界和芜杂的物质生活……只是在后来才渐渐进入中国读者的视野。

但细究起来，杜拉斯作品在中国的流传并非始于《情人》，那

① 玛格丽特·杜拉斯：《杜拉斯谈杜拉斯：悬而未决的激情》，莉奥波迪娜·帕洛塔·德拉·托雷访谈，缪咏华译，桂林：广西师范大学出版社，2016 年版，第 56 页。

位无比自恋、戴着黑框眼镜、笑起来像孩子的老妇人首先是在法国“新小说”译介到中国这一大文化背景下进入中国读者的视野的。当时中国刚刚走出十年“文革”，改革开放重新搭起中西交流的桥梁，再次推动了思想和文学的“西学东渐”。和阿兰·罗伯-格里耶、娜塔莉·萨洛特、米歇尔·布托、克洛德·西蒙等新小说派作家的作品一起，杜拉斯最早被翻译到中国的作品是1980年王道乾译的《琴声如诉》。稍后，另两本杜拉斯的作品也由王道乾译成中文：一本是《昂代斯玛先生的午后》，没有真正意义上的情节和结局，小说讲述了一个孤独的老人执着却徒劳的等待；另一本是《广场》，记叙了一个女佣和流动商贩在街心花园的闲聊对话。中国评论界在这一“不是一种理论”而是一种“探索”的文学流派面前显得有些困惑和慌张。欣喜掺杂着怀疑：一方面，新小说为小说体裁的更新提供了新的审美体验；另一方面，主人公和情节的淡化很难让习惯了传统叙事的中国读者得到“文本的愉悦”。

这一时期值得一提的是1986年谭立德翻译了《广岛之恋》，陈景亮翻译了《长别离》。如果用比较文学和历史反思的眼光去审视，这一翻译选择绝非偶然，这两部作品的主题和风格和与20世纪80年代一度风行中国的所谓“伤痕文学”有很多契合之处。柳鸣九在《广岛之恋》中译本的序中用“规范之外的伤痕爱情”点出了贯穿故事始终的存在之痛，指出：“作者的感情与立场不是‘阵营性’的，而带有人道主义的色彩。她关心的是人，是人的城市、人的物质生活、人的生命在战争盲目的毁灭力量面前会变成什么样，她表示了一种泛人类的忧虑，一种超国度、超阵营、超集团的人道主义的忧虑，对于整个人类命运的忧虑。”①

但“伤痕文学”在中国很快过时，让杜拉斯在中国红极一时的也不是因为她作品中体现出来的人道关怀，更不是基于她在法国新小说探索上的建树。打动中国读者更多的是作家传奇而让人非议的生平和爱情，她女性的、敏感的、弥漫着浓厚自传色彩的写作风格。

1984 年《情人》获龚古尔文学奖显然大大推动了杜拉斯在中国的流行，中国出现了第一次译介杜拉斯的热潮：两年内出版了六个《情人》中译本，1985 年三个，1986 年三个。尤其是杜拉斯把情人的身份定为 20 世纪 30 年代西贡富有、英俊的中国男子，“柞丝绸和英国香烟的味道”，1991 年出版的《来自中国北方的情人》中杜拉斯更加明确地点明了情人的身世渊源，这无疑让中国读者，尤其是中国男性读者的虚荣心大大地膨胀了一番。

如果说《抵挡太平洋的堤坝》中母亲抵挡太平洋的勇气让读者感到震撼，中国情人的故事则以坦陈往事的勇气让读者痴迷，那一场“只是当时已惘然”的懵懂的爱情和那张“比年轻的时候更美”的“备受摧残的面容”深深打动了中国读者，尤其是耽于浪漫幻想的女性读者。直到电影《情人》的上映，尤其是杜拉斯和她最后的情人——比作家小三十九岁扬·安德烈亚的恋情见诸报端才让杜拉斯成为中国媒体炒作的焦点，仿佛文字永远没有画面来得触目惊心。尽管杜拉斯一点也不喜欢让-雅克·阿诺的电影，这部“少儿不宜”、经过剪辑才在中国各大影院公映的电

---

① 柳鸣九：《枫丹白露的桐叶》，北京：社会科学文献出版社，2000 年版，第 283—284 页。

影，以及稍后广为流传的全本《情人》盗版 VCD、DVD 却引起了不小的轰动效应，让很多从来没有读过杜拉斯的书的人也知道了她的名字和她的中国情人。

很快，杜拉斯成了在中国被译介、阅读和研究最多的法国当代作家之一。1999 年和 2000 年可以毫不夸张地被称为“杜拉斯年”，两年内有三十几部杜拉斯作品和关于她的传记和研究著作被译成中文，掀起了杜拉斯在中国译介的第二次热潮：1999 年漓江出版社出版四卷本《杜拉斯小丛书》①，同年作家出版社出版三卷本《杜拉斯选集》②，2000 年春风文艺出版社出版许钧主编的十六卷本《杜拉斯文集》③。劳拉·阿德莱尔的《杜拉斯传》和扬·安德烈亚的《那场爱情：我和杜拉斯》和《玛·杜》都被译成中文，其中后两本的中文书名被译为很有卖点的《我、奴隶和情人：杜拉斯最后一个情人的自述》和《我的情人杜拉斯》。而《情人》，以八个中译本，制造了中国的一个“文学现象”（“《情人》现象”或“杜拉斯现象”），不仅成为杜拉斯最为中国读者熟知的作品，也成了最受某些中国当代作家推崇并模仿的外国作品。女

---

① 包括《闺中女友》、《杜拉斯传》、《外面的世界》、《黑夜号轮船》（附“奥蕾莉娅”系列、《塞扎蕾》、《否决的手》和剧本《伊甸园影院》）。

② 《话多的女人》（附《埃米莉·L》）、《毁灭，她说》（附《如歌的中板》《卡车》）、《死亡的疾病》（附《坐在走廊里的男人》《80 年的夏天》《大西洋的男人》《萨瓦纳湾》《诺曼底海滨的娼妓》）。

③ 《厚颜无耻的人》、《平静的生活》、《抵挡太平洋的堤坝》、《直布罗陀的水手》、《塔吉尼亚的小马》、《树上的岁月》（附《巨蟒》《多丹太太》《工地》）、《街心花园》（附《阿邦·萨芭娜和大卫》）、《夏日夜晚十点半》（附《安德马斯先生的午后》）、《广岛之恋》（收入《纳塔丽·格朗热》《音乐之二》）、《劳儿的劫持》、《副领事》（附《印度之歌》）、《英国情人》（附《塞纳-瓦兹的高架桥》）、《爱》（附《恒河女子》）、《来自中国北方的情人》、《写作》和《杜拉斯传》。

权主义者把她视为女性解放事业的一面旗帜，而社会学家则把她视为时尚和习俗改变的一个敏感的风向标。中国作家，尤其是“美女作家”纷纷把杜拉斯当作“身体写作”、“文字裸舞”和“半自传体写作”的楷模。

20 世纪 70 年代，福柯就宣告“自白的时代”(l'heure d'aveu)已经来临：“自白在西方已经成了制造真实的最被看重的技巧之一。此后，这就成了一个公开忏悔的社会……人，在西方，成了自白的野兽(bête d'aveu)。”① 稍晚于西方，20 世纪 90 年代以来，自传体小说也在中国大量出现。“自传体小说是一种含混而可疑的文体，作者的我与书中的‘我’两相混同，在我的生活故事与我写出的故事之间作者可以毫无顾忌地左右摇摆，作者处于绝对主宰的地位。人物得到赞美时，它是自传；情感悖逆而受到怀疑时，它又是小说。同时，自传的‘隐私’性，诱人阅读；小说的虚构性，又可以美化自己的缺憾——作者是最大的受益者。”② 真实和虚构交织成一张张重重叠叠的文字之网。像张贤亮、王小波、陈染、林白、顾艳、虹影、赵玫、卫慧、棉棉等执迷于用第一人称或第三人称“自述身世”进行“个人化写作”的作家都曾经风靡一时。

> 对我来说，个人化写作建立在个人体验与个人记忆的基础上，通过个人化的写作，将包括被集体叙事视

---

① Michel Foucault, *Histoire de la sexualité*, tome 1: *La Volonté de savoir*, Paris, Gallimard, 1976: p. 79-80.

② 凹凸：《杜拉斯：文本的表演》，见《光明日报》，2002 年 2 月 19 日。

为禁忌的个人性经历从受到压抑的记忆中释放出来，我看到它们来回飞翔，它们的身影在民族、国家、政治的集体话语中显得边缘而陌生，正是这种陌生确立了它的独特性。①

作为自我书写的典范、文本的表演大师，杜拉斯对中国作家潜移默化的作用是有迹可寻的：死亡(《习惯死亡》，张贤亮)、情人(《舅舅情人》，王小波)、往事(《与往事干杯》，陈染)、战争(《一个人的战争》，林白)、欲望(《欲望旅程》，赵玫)、疼痛(《疼痛的飞翔》，顾艳)、饥饿(《饥饿的女儿》，虹影)……这些杜拉斯世界的关键词有意无意间成了中国作家某一时期的自我标签，而杜拉斯也成了他们集体学习和模仿的对象。“现在世界上已经有了杜拉斯，有了《情人》，这位作家和她的作品给我们一个范本，再写起来已经容易多了。”②

王小波在杂文集《沉默的大多数》《我的精神家园》和多次访谈中不止一次把杜拉斯当作他重要的文学上的师承，“我对现代小说的看法，就是被《情人》固定下来的。”③作从巨曾经对王小波的“西方资源”做过一个统计，杜拉斯在王小波的作品全集中被提到 21 次，位居第一，他认为“杜拉斯对王小波的影响有‘观念’的意义，但更具‘技术’的性质”。④ 尤其是《情人》这个放之四海

① 林白：《猫的激情时代》，北京：中国文联出版社，2001 年版，第 301 页。

② 王小波：《我的精神家园》，南京：译林出版社，2016 年版，第 60 页。

③ 同上，第 62 页。

④ 作从巨：《中国作家王小波的“西方资源”》，见《文史哲》，2005 年 04 期，第 72 页。

而皆准的“范本”。

> 这篇小说的每一个段落都经过精心的安排：第一次读时，你会感到极大的震撼；但再带着挑剔的眼光重读几遍，就会发现没有一段的安排经不起推敲。从全书第一句“我已经老了”，给人带来无限的沧桑感开始，到结尾的一句“他说他爱她将一直爱到他死”，带来绝望的悲凉终，感情的变化都在准确的控制之下。叙事没有按时空的顺序展开，但有另一种逻辑作为线索，这种逻辑我把它叫作艺术——这种写法本身就是种无与伦比的创造。我对这件事很有把握，是因为我也这样写过：把小说的文件调入电脑，反复调动每一个段落，假设原来的小说足够好的话，逐渐就能找到这种线索，花上比写原稿多三到五倍的时间，就能得到一篇新小说，比旧的好得没法比。事实上，《情人》也确实是这样改过，一直改到改不动，才交给出版社。《情人》这种现代经典与以往小说的不同之处，在于它需要更多的心血。①

但像王小波这样亦步亦趋、有板有眼地跟着杜拉斯学习感性、学习反复重写、学习文字的节奏和筋骨、学习嵌套闪回各种挪移手法的作家并不多。在聒噪的传媒和中国大众眼里，《情

① 王小波：《我的精神家园》，南京：译林出版社，2016年版，第59—60页。

人》不过是文学不可避免地通俗化之后“一本最通俗的小说”①，而杜拉斯本身也简单地沦为一个西方和时尚的符码，成了中国女性“小资”和“小私”读本的代名词。一时间《情人》的作者无处不在，大家谈论“欲望的诗意——杜拉斯和她的《情人》”，“湄公河畔的风情——玛格丽特·杜拉斯”，她的中国弟子们崇拜她，安妮宝贝开始重读杜拉斯，洁尘开始编“杜拉斯语录”，台湾影星伊能静扬言要做“东方杜拉斯”……不仅要像杜拉斯那样写作，还要“像杜拉斯那样做女人”，文艺女青年甚至喊出了“像杜拉斯一样生活”的口号：

可以满脸再皱纹些
牙齿再掉落些
步履再蹒跚些没关系我的杜拉斯
我的亲爱的
亲爱的杜拉斯！

我要像你一样生活
像你一样满脸再皱纹些
牙齿再掉落些
步履再蹒跚些
脑再快些手再快些爱再快些性也再
快些

① 吴岳添：《世纪末的巴黎文化》，北京：社会科学文献出版社，1998 年版，第 7 页。

快些快些再快些快些我的杜拉斯亲爱的杜
拉斯亲爱的亲爱的亲爱的亲爱的亲爱的亲
爱的。呼——咻——我累了亲爱的杜拉斯我不能
像你一样生活。①

就这样，杜拉斯在中国也成了一个神话。随着纪念杜拉斯辞世十周年系列活动的展开②，杜拉斯再次成为出版的一个热点选题，很快掀起了国内第三次"杜拉斯热"。中国出版界对杜拉斯的"钟爱"应该算是忠诚而持久的，每次系列出版都有交叉重复，不同的版本，不同的出版社，总是同样的书，增加一些新书，重复创造（或者说制造）经典。但这种回顾式的出版样态也契合了杜拉斯写作的特点：杜拉斯找到了属于自己的主题，重复只是为了更好地表现这一主题，而完美永远都不可企及，所以她一直重复，重复同时也是一种新的探索和超越。因为重复是一种加强，在音乐、绘画和文学中都是如此。总是同样的东西，但每次都有不一样的阅读感受，这就是杜拉斯的魅力，没有什么可以抵挡，一旦你走进了她的文本旋涡。

2005 年上海译文出版社开始推出名家翻译的"杜拉斯作品

---

① 安琪：《像杜拉斯一样生活》，2003 年 8 月 1 日。

② 2006 年 3 月 25 日，南京法语联盟的多媒体图书馆举办了"杜拉斯神话在中国"的讲座；2006 年 4 月 22—23 日，法国驻华使馆文化处举办杜拉斯逝世十周年电影回顾展和题为"杜拉斯式的写作对中国的影响"座谈会；2006 年 6 月 2—3 日，南京法语联盟举办纪念杜拉斯辞世十周年活动："文学三人谈：我眼中的杜拉斯"和"渐入迷狂：论杜拉斯与写作"；2006 年 6 月 5 日，上海法语联盟举办纪念杜拉斯辞世十周年小论坛——"从印度支那的童年到 1945 年的巴黎，玛格丽特·杜拉斯的辗转人生：现实与虚构"。

系列”，有新译本，也有老译本，目前已经推出三十几本。绝大多数没有前言后记，只有杜拉斯文字自身的传奇，似乎是担心任何外部的（比如译者的）诠释会破坏作者和读者约定的“野餐”会，“作者带去词语，而由读者带去意义”。[①] 仿佛这一谨慎的态度能赋予“本文的意图”最大限度的自由和忠实，去言说爱情，或者由此企及了这一经典言说的“作者的意图”，一如印在《中国北方的情人》书腰上简约的两行字：始终没有结束。永远没被遗忘。

在《驳圣伯夫》中，普鲁斯特很清醒地指出：“一本书是另一个‘自我’的产物，而不是我们表现在日常习惯、社会、我们种种恶癖中的那个‘自我’的产物……”这种说法耐人寻味之处在于，“在日常生活状态下，人们是那么容易忽略那‘另一个自我’的存在。人们常常搞不清楚哪个‘自我’是‘日常自我’，哪个‘自我’是‘作者自我’，人们总是习惯于用‘日常视角’去分析和判断一个作者的创作秘密，因为角度的错误，所以人们才会有日常层面的对作者的无尽苛责或纵容。”[②]玛格丽特·艾特伍德[③]在《与死者协商》中也说过：

> 书可以比作者活得久，也会移动，也可以说是能够改变。但改变的不是说故事的方式，而是阅读的方式。许多评论家都说过，一代代读者重新创造文学作品，在

---

① 艾柯：《诠释和过度诠释》，王宇根译，北京：生活·读书·新知三联书店，1997年版，第28页。

② 普鲁斯特：《驳圣伯夫》，王道乾译，南昌：百花洲文艺出版社，1992年版，第71页。

③ 即玛格丽特·阿特伍德。

> 其中找到新的意义，使其历久弥新。书本的白纸黑字因此便如同乐谱，本身并非音乐，但当音乐家演奏——或者如大家所说的“诠释”——它时，便成为音乐。阅读文本就像同时演奏并聆听音乐，读者自己变成了诠释者。①

面对杜拉斯，中国读者在演奏并聆听“小音乐”时无疑暴露了自身的问题。2014 年 4 月 4 日 8 点 48 分，中央电视台新闻中心官方微博发布了一条煽情的央视新闻：“【人人都爱杜拉斯】‘爱之于我，不是肌肤之亲，一饭一蔬，它是一种不死的梦想，是疲惫生活里的英雄梦想。’——杜拉斯。今天是法国女小说家玛格丽特·杜拉斯一百周年诞辰。杜拉斯的经典，哪句戳中你心?”这条新浪微博在一个月里被阅读三十八万次。九宫格贴的九句所谓的杜拉斯语录，第一句就是这句“爱之于我”。但这句话是陈丹燕写在《鱼和它的自行车》一书中的句子，网上谬传已久。

我们不得不承认，人人都在谈杜拉斯，但未必人人都读过杜拉斯，很多人对杜拉斯的印象一直停留在让-雅克·阿诺导演的《情人》这部电影上，很多中国读者看杜拉斯的眼光非常狭隘。《情人》成了杜拉斯的魔咒，谁能唤醒森林里的“睡美人”? 中国媒体对杜拉斯的总体印象还是肤浅的，跳不出白人小女孩十五岁半的“爱情”，把杜拉斯一生的创作跟《情人》画上等号显然是

---

① 玛格丽特·艾特伍德：《与死者协商》，严韻译，上海：上海三联书店，2007 年版，第 36 页。

过于天真和轻率了。袁筱一也说："千万不要以为杜拉斯是个小女人。我想，这是在众多的读解中，我最不喜欢的一种误读。杜拉斯从来不是小女人，尽管出于误解(当然是她自己的错)，出于她对自己生命的难以把握，她影响的是一代所谓私人写作的小女人作家——至少在中国如此。"[①]事实上，杜拉斯不仅在写作上有追求，在政治上也有追求，作为法国知识界介入政治社会生活的积极分子，杜拉斯参加过抵抗运动、加入过法国共产党、游过行、卖过报、发过革命传单；作为文艺多面手，她既是作家，也是戏剧家、导演和专栏记者；作为热爱生活的模范，她热情好客，能做一手好菜，把家里打理得妥妥帖帖，花草照料得郁郁葱葱，就连被她插在各种瓶子里的干花都有一种颓废的物哀之美。她有过情人，甚至太多的情人，喜欢年轻的身体，但她在每一份爱里都倾注了真情，而爱也滋养了她的生命和写作。

不过有时候，误读也可以变成另一种领悟和解读。比如王道乾翻译的《情人》的译本，在王小波等一众杜拉斯拥趸的眼中，代表了文学完美的境界："到了将近四十岁时，我读到了王道乾先生译的《情人》，又知道了小说可以达到什么样的文学境界。"[②]就是这本备受膜拜的译本，仔细对照阅读也有几处字句上的出入。比如原书中有一句"Nous retournons *à* la garçonnière. Nous sommes des amants. Nous ne pouvons pas nous arrêter d'aimer."王道乾对应的译文是"我们又到公寓去了。我们是情

---

① 袁筱一：《文字传奇》，上海：华东师范大学出版社，2019年版，第111页。

② 王小波：《万寿寺》，南京：译林出版社，2016年版，第1页。

人。我们不能停止不爱。”[1]对照原文，我们发现，忠实地移译过来是“我们不能停止爱”，这是一种明知道爱无花无果，却不能不爱的绝望和悲怆。但这里的错却错出一种非常特别的味道，让人想起塞尔吉·甘斯布的那首情歌“Je t'aime moi non plus(我爱你，我也不)”的反语修辞法，这或许就是凌小汐会把这句话用作她写的杜拉斯传的书名[2]的缘由——“我们不能停止，我们不能不爱。”

是阅读成就了经典。今天，杜拉斯之于我们的意义或许就在于此，她依然能勾起我们阅读的味蕾，让我们心甘情愿走进她用文字砌筑的迷宫里，理解也好，误读也罢，在如水的小音乐中看到灵魂深处，世界和自己的倒影在写作的暗房里，渐渐浮现。

---

① 玛格丽特·杜拉斯：《情人》，王道乾译，上海：上海译文出版社，2005年版，第76页。

② 凌小汐：《我们不能停止不爱：杜拉斯传》，北京：中国华侨出版社，2014年版。

玛格丽特·杜拉斯生平大事记

1914年　4月4日，玛格丽特·日尔曼娜·玛丽-多纳迪厄出生在嘉定市（交趾支那[①]）。她的父亲亨利·多纳迪厄和母亲玛丽·多纳迪厄在印度支那任教。玛格丽特是多纳迪厄夫妇的第三个孩子。

1915—1917年　玛格丽特随父母和两个哥哥皮埃尔·多纳迪厄、保尔·多纳迪厄一起首次回法国住了一阵子，于1917年6月回西贡。

1918—1919年　玛格丽特和家人一起住在河内（东京地区）。

1920年年初　亨利·多纳迪厄获得任命，独自动身去金边（柬埔寨）。

1921年1月　一家人团圆。是年春天，因为疾病，亨利·多纳迪厄回法国。

① 原法属殖民地印度支那（今中南半岛的越南、老挝、柬埔寨三国）分为三部分，即北部的东京地区、中部的安南地区和南部的交趾支那。

1921年　12月4日，亨利·多纳迪厄在法国去世。他的家人留在金边。

1922—1924年　玛丽·多纳迪厄和孩子们住在亨利·多纳迪厄去世前买的在帕尔达朗(洛特-加龙省)的一处产业——普拉提耶。1924年，玛丽·多纳迪厄于夏天回到金边。秋天，她被派到湄公河三角洲的永隆(交趾支那)任教。皮埃尔·多纳迪厄因为学业回法国。

1925—1928年　玛格丽特和哥哥保尔住在永隆。玛丽·多纳迪厄任当地一所女子学校的校长。在永隆，玛格丽特遇到了日后出现在她作品中的“女乞丐”，听人说起她日后作品中的典型人物安娜-玛丽·斯特雷特。1925年春，玛格丽特取得小学结业证书。1927年7月，玛丽·多纳迪厄在今天的柬埔寨南方波雷诺(贡布省)买了一块政府租借耕地。皮埃尔·多纳迪厄时不时回来和永隆的家人团聚。1928年10月，玛丽·多纳迪厄被派到沙沥。是年秋天，玛丽·多纳迪厄让玛格丽特注册就读西贡的夏斯卢-洛巴公立中学。

1929—1930年　多纳迪厄一家住在沙沥，玛格丽特周末和放假的时候从西贡回来。某个周末，在回沙沥的渡轮上，玛格丽特遇到了一个男人，此人成了她日后写作中国情人的原型。

1931—1933年　1932年4月到1933年9月，玛格丽特和母亲及两个哥哥一起住在巴黎郊区旺弗。她顺利通过第一部分的中学毕业会考，之后通过第二部分的中学毕业会考。1933年秋，玛格丽特彻底回到巴黎，注册就读法律系。

1933—1937年　玛格丽特获公法和政治经济学本科和硕士

学位后，于 1937 年 6 月进入殖民地部的信息与档案处工作。她在那里一直待到 1940 年秋。

1939 年　菲利普·罗克和玛格丽特·多纳迪厄撰写、署名的《法兰西帝国》在伽利玛出版社出版。

1939 年　9 月 23 日，玛格丽特和罗贝尔·昂泰尔姆结婚。

1940—1941 年　玛格丽特写作第一部小说。1941 年秋，玛格丽特怀了罗贝尔·昂泰尔姆的孩子。

1942 年 5 月　玛格丽特生产，婴儿一出生就死了。7 月，玛格丽特进书籍组织委员会工作。10 月，她和丈夫罗贝尔·昂泰尔姆搬到圣伯努瓦街 5 号公寓。秋，玛格丽特结识迪奥尼斯·马斯科洛。12 月，保尔·多纳迪厄在西贡去世。

1943—1944 年末　1943 年，以玛格丽特·杜拉斯为笔名在布隆出版社出版《无耻之徒》。杜拉斯和罗贝尔·昂泰尔姆加入由弗朗索瓦·密特朗领导的全国战俘和集中营犯人运动。1944 年 6 月 1 日，罗贝尔·昂泰尔姆和妹妹玛丽-露易丝一道被盖世太保逮捕，之后被“遣送”到德国的集中营。第二本署名玛格丽特·杜拉斯的小说《平静的生活》在伽利玛出版社出版。

1945 年　5 月 13 日，罗贝尔·昂泰尔姆从集中营回来。12 月，罗贝尔、迪奥尼斯和杜拉斯成立众城出版社。

1945 年　杜拉斯加入共产党。战后的几年间，在圣伯努瓦街 5 号的公寓里常常举行共产党或亲共产党的知识分子聚会，后来人们把他们三人称为“圣伯努瓦街小组”。

1947 年　4 月，杜拉斯和罗贝尔正式离婚。6 月 30 日，迪奥尼斯和杜拉斯的儿子让·马斯科洛出生。10 月，《时代》杂志刊登了杜拉斯的短篇小说《蟒蛇》。

1949—1950 年　1949 年，玛丽·多纳迪厄从印度支那回来。杜拉斯完成《抵挡太平洋的堤坝》的写作，小说于 1950 年在伽利玛出版社出版。1950 年，杜拉斯与龚古尔文学奖失之交臂；杜拉斯、马斯科洛和罗贝尔被法国共产党开除。

1952 年　《直布罗陀水手》出版。

1953 年　《塔尔奎尼亚的小马》出版。

1954 年　短篇小说集《成天上树的日子》出版

1955 年　小说《广场》出版。

1956 年　玛丽·多纳迪厄在卢瓦河边的翁赞去世。杜拉斯用《抵挡太平洋的堤坝》改编电影的收入在塞纳-瓦兹省的诺弗勒堡买了一幢房子。杜拉斯和迪奥尼斯分手；结识热拉尔·雅尔洛，之后数年与之关系密切。小说《广场》被改编为戏剧。

1957 年　杜拉斯开始和《法兰西观察家》合作。

1958 年　《琴声如诉》在午夜出版社出版。杜拉斯为阿兰·雷内导演的电影《广岛之恋》写对白。

1959 年　杜拉斯参与改编由彼得·布鲁克导演的《琴声如诉》。7 月，《成天上树的日子》在伽利玛出版社出版；杜拉斯在反对继续对阿尔及利亚战争的"121 人宣告"上签字。

1961 年　杜拉斯和阿兰·罗伯-格里耶、娜塔莉·萨洛特一起在英国和比利时做巡回讲座。和罗贝尔一起改编亨利·詹姆斯的《阿斯珀恩文件》、和热拉尔·雅尔洛一起改编的威廉·吉普森的《阿拉巴马的奇迹》分别在马图林剧场和埃贝尔多剧场上演，大获成功。是年，由她和热拉尔·雅尔洛创作剧本、亨利·

科尔皮导演的电影《长别离》和路易斯·布努艾尔导演的电影《维尔迪亚娜》同获戛纳电影节金棕榈奖。

1962年　1月，《昂代斯玛先生的午后》出版。9月初，由杜拉斯和詹姆斯·劳德合作改编的亨利·詹姆斯的短篇小说《丛林猛兽》在雅典娜剧场演出，杜拉斯的好友劳莱·贝龙的演出大获成功。10月，《弓》杂志首发杜拉斯写于1958年夏的《坐在走廊里的男人》(1980年午夜出版社出过一个修订本)。

1963年　2月，克洛德·赫奇把杜拉斯发表于1959年的《塞纳-瓦兹的高架桥》搬上舞台。《战斗报》发表了访谈《玛格丽特·杜拉斯在犯罪中寻找自由》。4月，《塞纳-瓦兹的高架桥》获青年批评奖。7月，《新法兰西文学评论》发表了杜拉斯的戏剧《水和森林》，她把作品题献给勒内-路易·德福雷。是年夏，杜拉斯在特鲁维尔古老的黑岩旅馆刚买不久的套房里完成了小说《劳儿之劫》。

1964年　2—3月，《劳儿之劫》在伽利玛出版社出版后，杜拉斯应出版她作品的美国格鲁夫出版社之邀，开始了她的首次美国之行。同年，杜拉斯和热拉尔·雅尔洛分手。

1965年　杜拉斯的戏剧声誉得到肯定。1月，丹尼尔·索拉诺剧院张贴了新版《广场》的海报；5月，穆夫塔尔剧院开演《水和森林》，伽利玛出版社酝酿出版《戏剧(一)》；10月，杜拉斯为英国电视写作的《音乐》在香榭丽舍工作室上演；12月，由让-路易·巴霍执导、杜拉斯根据自己同名小说改编的戏剧《成天上树的日子》在奥岱翁剧院上演，玛德莱娜·雷诺扮演“母亲”一角，大获成功。

1966年　杜拉斯首次尝试导演电影，指导德菲因·塞里格、罗伯特·霍辛出演《音乐》。1月底，《副领事》在伽利玛出版社出版。6月，在伦敦，佩吉·阿什克罗夫特在约翰·施勒辛格导演、索尼娅·奥威尔改编的英文版《成天上树的日子》中扮演“母亲”一角。

1967年　3月，小说《英国情人》、新版《塞纳-瓦兹的高架桥》在伽利玛出版社出版。5月，杜拉斯为卢森堡电台追踪报道戛纳电影节。她对格劳贝尔·罗查的《痛苦的大地》非常着迷，梦想实现一个革命的、介入的电影，希望“置身于时代的潮流里”。7月，她和迪奥尼斯、让·苏斯特、米歇尔·赖瑞斯等一群法国艺术家和知识分子应菲德尔·卡斯特罗之邀一起去古巴。

1968年　1月，杜拉斯在格拉蒙剧院亲自执导了《萨迦王国》和《是的，也许》。在第二部戏剧中，她试图将先锋派戏剧和介入戏剧“糅合”起来。5月，杜拉斯上街游行。杜拉斯与莫里斯·布朗肖、让·苏斯特、罗贝尔和迪奥尼斯一起，参与了学生-作家行动委员会的立法，直到夏末都在精心修改集体起草的文件。12月，克洛德·赫奇执导杜拉斯自己改编的《英国情人》，玛德莱娜·雷诺、迈克尔·朗斯戴尔、克洛德·多芬扮演剧中角色。这出戏在随后几年多次再演。

1969年　1月，杜拉斯写了《毁灭，她说》，又名《大毁灭》，这是她在午夜出版社主持的“断裂”丛书的第一部。3月，导演了《毁灭，她说》同名电影。秋天，参加纽约和伦敦的电影节。

1970年　1月，杜拉斯（和萨特、热内和其他人）一起加入了“革命万岁”组织的示威，为在巴黎的非洲移民的悲惨命运抗议。

2 月，杜拉斯改编的奥古斯特·斯特林堡的《死亡的舞蹈》由国家人民剧院在夏约宫演出。4 月，《阿邦、萨芭娜和大卫》（又名《布拉格的狗》）在伽利玛出版社出版。是年，杜拉斯加入“人民事业之友”协会。

1971 年　年初，杜拉斯在诺弗勒堡拍摄了由小说改编的《黄太阳》。4 月，在废除 1920 年颁布的禁止流产和随意使用避孕套的法令之际，杜拉斯签署“343 名坏女人宣言”。玛德莱娜·雷诺在美国巡回演出《英国情人》；佩吉·阿什克罗夫特在伦敦王家剧院上演的《英国情人》英文版中担纲女主角。秋天，杜拉斯将《爱》的手稿交给伽利玛出版社。

1972 年　1 月，《爱》于伽利玛出版社出版。4 月，杜拉斯在诺弗勒的家中拍摄了一部别出心裁的《娜塔莉·格朗热》（和让娜·莫罗和吕西娅·波赛）。《娜塔莉·格朗热》入选当年威尼斯电影节和纽约电影节并参展。夏，杜拉斯应伦敦国家剧院院长彼得·霍尔之邀开始创作一个新剧本，剧本由伽利玛出版社次年以《印度之歌，文本·戏剧·电影》为名出版，创作灵感来自她的小说《副领事》。9 月，杜拉斯得到职业导演证。11 月，她在特鲁维尔拍摄《爱》改编的电影《恒河女子》。

1974 年　5 月，午夜出版社出版《话多的女人》。这是杜拉斯与格扎维埃尔·戈蒂埃关于女权问题的访谈集。

1974 年　7 月，杜拉斯在巴黎和布罗涅-比昂古尔拍摄《印度之歌》。德菲因·塞里格塑造的安娜-玛丽·斯特雷特以及迈克尔·朗斯戴尔扮演的在老挝的法国副领事的叫喊成为经典。

1975 年　5 月，《印度之歌》在戛纳电影节的“眼福”系列展出。该片于6月在巴黎上映，秋天在外省和欧洲几个国家上映。11月14日，杜拉斯到冈城介绍该片并第一次遇见扬·安德烈亚。

1976年　杜拉斯因拍摄《在荒凉的加尔各答她名叫威尼斯》再次回到《印度之歌》的拍摄地——废弃了的罗基德堡。3月，杜拉斯为法国电视二台SFP演播室拍摄戏剧《成天上树的日子》。4月，杜拉斯拍摄《巴克斯泰尔，薇拉·巴克斯泰尔》，它是由杜拉斯写于1968年并于同年发表在伽利玛出版社的《戏剧(二)》中的《苏珊娜·安德莱尔》改编而来的。5月，《成天上树的日子》由雷诺-巴罗艺术团在奥赛剧院演出，随后到美国巡回公演；法国电视一台播出两个由米歇尔·波尔特为国家视听研究院摄制的长达45分钟的节目《玛格丽特·杜拉斯的领地》。《印度之歌》荣获法兰西电影学院颁布的水晶星奖。秋，美国女演员梅瑞德·丹诺克在纽约的广场上的马戏团剧院再次扮演《成天上树的日子》中的母亲一角。是年，杜拉斯为女权主义杂志《女巫》写了好几篇文章，其中包括没有署名的、描写罗贝尔1945年从集中营回来的短篇故事《没有死在集中营》。

1977年　1月，杜拉斯在诺弗勒和伊夫林省拍摄《卡车》。她在一台摄像机前跟热拉尔·德帕迪约讲她本可能拍摄的电影。春天，《卡车》正式参加戛纳的评选，这部电影让围绕着杜拉斯的电影作品的争议进一步扩大。5月底，《卡车》在巴黎上映；6月，《巴克斯泰尔，薇拉·巴克斯泰尔》上映；10月，玛德莱娜·雷诺在奥赛剧场首演杜拉斯为她量身定做的改编自《抵挡太平洋的堤坝》的《伊甸园影院》。法兰西信使出版社出版了改编的文本。

1978年　1月，杜拉斯在以色列旅行。其间，她参观了塞扎蕾废墟。这次旅行给了她灵感，她于次年创作了一个短片。5月，《黑夜号轮船》在《午夜》杂志发表。7—8月，杜拉斯拍摄《黑夜号轮船》。

1979年　杜拉斯拍摄了四部短片：《塞扎蕾》、《否决之手》和两部《奥蕾莉娅·斯泰奈》[《奥蕾莉娅(墨尔本)》和《奥蕾莉娅(温哥华)》]。9月，杜拉斯应邀做耶尔青年电影节的嘉宾。11月，四部短片出现在巴黎的同一电影海报上。12月，四部影片的文本和《奥蕾莉娅(三)》由法兰西信使出版社出版。

1980年　6月，《电影手册》发了杜拉斯专号，名为《绿眼睛》。是年夏天，扬·安德烈亚到特鲁维尔和杜拉斯团聚。他成了她后来十六年的伴侣。10月，杜拉斯为《解放报》的每周专栏写的文章的集子《80年夏》，由午夜出版社于出版。

1981年　年初，杜拉斯在报刊上发表的文章的集子《外面的世界》由阿尔本·米歇尔出版社(1984年由P. O. L.出版社再版)。2—3月，杜拉斯和扬·安德烈亚还有布勒·欧吉一起在特鲁维尔的黑岩旅馆大厅拍摄《阿嘉塔或无限的阅读》，文本后来在午夜出版社出版。4月，杜拉斯应魁北克电影资料馆之邀去蒙特利尔，其间她和公众进行的访谈和会见记录收录在《玛格丽特·杜拉斯在蒙特利尔》一书并由活页图书出版社(Spirale)出版。是年春天，杜拉斯改编的《丛林猛兽》由德菲因·塞里格和萨米·弗雷在圣-德尼的热拉尔·菲利浦剧场上演。7月，杜拉斯用《阿嘉塔》的剪掉不用的胶片拍摄电影《大西洋人》。8月，杜拉斯在《印度之歌》于卡耐基影院上映之际去了纽约。10月，在约克镇战役200周年庆典活动之际，杜拉斯乘坐密特朗总统的专机再次访问美国。随后，杜拉斯和《阿嘉塔或无限的阅读》一片的演员布勒·欧吉及扬·安德烈亚一起去蒙特利尔以该片和《大西洋人》参加平行电影节。

1982年　2月，杜拉斯开始为玛德莱娜·雷诺创作一出新戏剧《萨瓦纳湾》，文本于9月出版。4月，杜拉斯应RAI之请在意大利拍摄《罗马对话》。8月，她开始写作《死亡的疾病》。10月，她在纳伊的美国医院里接受治疗；电影《成天上树的日子》在美国法-美有线电视频道上播出。

1983年　年初，《死亡的疾病》由午夜出版社出版。法国外交部的文化处开始把杜拉斯的8部电影制作成录像带(《娜塔莉·格朗热》《印度之歌》《在荒凉的加尔各答她名叫威尼斯》《卡车》，以及1979年的四部短片)。借此机会，热罗姆·博儒尔和让·马斯科洛拍摄了杰出的资料片《杜拉斯拍电影》，录制了一系列杜拉斯和多米尼克·诺盖的访谈。是年，杜拉斯亲自导演戏剧《萨瓦纳湾》。

1983年　米歇尔·波尔特拍摄了杜拉斯在环形广场剧院指导玛德莱娜·雷诺和布勒·欧吉排练《萨瓦纳湾》的过程。该戏于9月27日上演。电影《萨瓦纳湾是你》是年冬天在法国二台播出。伽利玛出版社出版《戏剧(三)》。

1984年　3月，杜拉斯在洛桑电影资料馆放映她的电影回顾展之际去瑞士。4月，纽约“外百老汇”①演出《苏珊娜·安德莱尔》。6月，她把《情人》的手稿交午夜出版社。7—8月，杜拉斯在维特里拍摄《孩子们》，剧本改编自1971年发表的《啊！艾尔奈斯多》，新剧本由她与让·马斯科洛和让-马克·杜林纳合作完成。9月24日，在《情人》发行之际，杜拉斯担任法国二台贝尔纳·毕沃的文学访谈节目《猛浪谭》的唯一嘉宾。10月20日，法国文化台播出节目《玛格丽特·杜拉斯的快乐》。12月12日，《情人》荣获龚古尔文学奖。

1985年　2月，电影《孩子们》在柏林电影节上公映的时候，杜拉斯指导米欧-米欧和萨米·弗雷在环形广场剧院演出她写于20年前的《音乐(二)》的增补版。5月，彼得·汉德克导演的改编自《死亡的疾病》的同名电影(*Das Mal des Todes*)在戛纳上映。夏初，描写等待罗贝尔从集中营归来和法国解放的《痛苦》出版(P. O. L. 出版社)。于7月17日发表在《解放报》上的一篇谈论“小格利高里事件”的文章引起轰动性丑闻。7月24日，杜拉斯第一次和总统密特朗对谈。《情人》英文版，由芭芭拉·布雷翻译，在纽约书祠出版社(Pantheon Books)出版。是年，杂志《弓》为杜拉斯出了一期专刊。

1986年　1月，杜拉斯和密特朗的第二次对谈在爱丽舍宫进行，谈话记录于3月初发表在《另类日记》上(第一次对话记录

① 因为新剧的排演成本很高，所以百老汇现在面临的最大困难是缺乏资金排演新剧。因此剧目的排演与否全依赖票房价值，一些题材严肃、艺术实验性强的剧目往往不能上演，只能到被称为“外百老汇”(Off-Broadway)和“外外百老汇”(Off-Off-Broadway)的剧院演出。

2月26日发表在《另类日志》上，名为《杜班街邮局》）。第三次对谈记录发表在随后的一期。4月，杜拉斯凭英文版小说《情人》荣获丽兹-巴黎-海明威国际最佳小说奖。5月，《痛苦》的英译本《战争》(*The War*)在书祠出版社出版。夏天，她在特鲁维尔写作《乌发碧眼》，秋天《乌发碧眼》在午夜出版社出版。

1987年　5月，杜拉斯作为克劳斯·巴尔比案件的证人被传唤，她拒绝出庭。6月，P. O. L. 出版社出版《物质世界》(副标题为“玛格丽特·杜拉斯对热罗姆·博茹尔如是说”)。9月，《埃米莉·L》在午夜出版社出版。12月底，法国三台《海洋》节目在圣伯努瓦街录制了一档《杜拉斯-戈达尔》。玛格丽特·杜拉斯为克洛德·贝里改编《情人》，后者购买了电影改编权。

1988年　5月，吕丝·贝罗和一个电视摄制组在杜拉斯自己的公寓里拍摄节目《书页之上》。10月17日，长年受肺气肿之苦的杜拉斯被送到拉奈克医院急救。历经手术(气管切开术)和长时间的昏迷，她5个月后才苏醒。

1989年　《夏雨》在P. O. L. 出版社出版。

1990年　杜拉斯和让-雅克·阿诺合作改编《情人》，之后突然中断合作，她决定自己写《情人》的剧本，也就是1991年伽利玛出版社出版的《来自中国北方的情人》。是年，阿诺在越南和马来西亚完成了电影《情人》的拍摄。

1992年7月　P. O. L. 出版社出版《扬·安德烈亚·斯泰奈》，书中杜拉斯与扬·安德烈亚相遇的故事和对泰奥朵拉·卡茨的回忆交织在一起，后者源自杜拉斯在二战结束后开始写作但没写完的一部作品。是年，伽利玛出版社说服她再版早期作品《无耻之徒》，该书在Folio丛书中再版。法国电影资料馆在杜拉斯电影回顾展之际和马卓塔出版社合作编辑了一本她的电影作品集。

1993年　1月，杜拉斯出现在ARTE电视频道皮埃尔·杜马耶的《读与写》节目中。该节目是前一年秋天在特鲁维尔的黑岩旅馆录制的。伯努瓦·雅各在圣伯努瓦街和诺曼底拍摄杜拉斯讲述“年轻英国飞行员”的故事。在诺弗勒，他再次在镜头前就占据了杜拉斯人生很大部分的写作采访杜拉斯。这两段录像的文字记录被她用来写作一本新书《写作》，该书于6月在伽利玛出版社出版。10月，由克里斯蒂安娜·布洛-拉巴雷尔辑录杜拉斯的报刊文章并作序的《外面的世界Ⅱ》在P. O. L. 出版社推出。

1994年　4月4日，杜拉斯庆祝八十岁生日。11月，她开始创作最后一本书《这就是一切》，她给扬·安德烈亚口述的片段。P. O. L. 出版社在最终成书前曾出过一个初版。

1996年　3月3日，以“杜拉斯”闻名于世的玛格丽特·多纳迪厄在圣伯努瓦街辞世，被葬在巴黎蒙帕纳斯公墓。

玛格丽特·杜拉斯著作年表

小说、叙事、戏剧剧本、访谈

《无耻之徒》，布隆出版社，1943 年。

《平静的生活》，伽利玛出版社，1944 年。

《抵挡太平洋的堤坝》，伽利玛出版社，1950 年。

《直布罗陀水手》，伽利玛出版社，1952 年。

《塔尔奎尼亚的小马》，伽利玛出版社，1953 年。

《成天上树的日子》附《蟒蛇》《道丹太太》《工地》，伽利玛出版社，1954 年。

《广场》，伽利玛出版社，1955 年。

《琴声如诉》，午夜出版社，1958 年。

《塞纳-瓦兹的高架桥》，伽利玛出版社，1959 年。

《夏夜十点半钟》，伽利玛出版社，1960 年。

《广岛之恋》，伽利玛出版社，1960 年。

《昂代斯玛先生的午后》，伽利玛出版社，1962年。

《劳儿之劫》，伽利玛出版社，1964年。

《戏剧(一)：〈水和森林〉〈广场〉〈音乐(一)〉》，伽利玛出版社，1965年。

《副领事》，伽利玛出版社，1965年。

《英国情人》，伽利玛出版社，1967年。

《戏剧(二)：〈苏珊娜·安德莱尔〉〈成天上树的日子〉〈是的，也许〉〈莎伽王国〉〈一个男人来看我〉》，伽利玛出版社，1968年。

《毁灭，她说》，午夜出版社，1969年。

《阿邦、萨芭娜和大卫》，伽利玛出版社，1970年。

《爱》，伽利玛出版社，1971年。

《啊！艾尔奈斯多》，阿尔兰·齐斯特出版社，1971年。

《印度之歌》，伽利玛出版社，1973年。

《娜塔莉·格朗热》附《恒河女子》，伽利玛出版社，1973年。

《话多的女人》(与格扎维埃尔·戈蒂埃合作)，午夜出版社，1974年。

《玛格丽特·杜拉斯》由M.杜拉斯、J.拉康、M.布朗肖等著，信天翁出版社，1975年。

《卡车》附《和米歇尔·波尔特的对谈》，午夜出版社，1977年。

《玛格丽特·杜拉斯的领地》(与米歇尔·波尔特合作)，午夜出版社，1977年。

《伊甸园影院》，法兰西信使出版社，1977年。

《黑夜号轮船》附《塞扎蕾》《否决之手》《奥蕾莉娅·斯泰

奈》,法兰西信使出版社,1979 年。

《薇拉·巴克斯泰尔或大西洋海滩》,信天翁出版社,1980 年。

《坐在走廊里的男人》,午夜出版社,1982 年。

《80 年夏》,午夜出版社,1980 年。杜拉斯朗读过一些选段,取名《年轻女子和孩子》,妇女出版社,《声音图书馆》,1982 年。

《绿眼睛》,电影手册,312—313 号,1980 年 6 月;1987 年新版年。

《阿嘉塔》,午夜出版社,1981 年。

《外界》,阿尔班·米歇尔出版社,1981;1984 年 P. O. L. 出版社再版年。

《大西洋人》,午夜出版社,1982 年。

《萨瓦纳湾》,午夜出版社,1982 年首版;1983 年增补版。

《死亡的疾病》,午夜出版社,1982 年。

《戏剧(三)》,其中《丛林猛兽》由詹姆斯·洛德和玛格丽特·杜拉斯根据亨利·詹姆斯的小说合作改编、《阿斯珀恩文件》由玛格丽特·杜拉斯和罗贝尔·昂泰尔姆根据亨利·詹姆斯的小说合作改编、《死亡的舞蹈》由玛格丽特·杜拉斯根据奥古斯特·斯特林堡的小说改编,伽利玛出版社,1984 年。

《情人》,午夜出版社,1984 年。

《痛苦》,P. O. L. 出版社,1985 年。

《音乐(二)》,伽利玛出版社,1985 年。

《乌发碧眼》,午夜出版社,1986 年。

《诺曼底海滨的娼妓》,午夜出版社,1986 年。

《物质生活》,P. O. L. 出版社,1987 年。

《埃米莉·L》,午夜出版社,1987 年。

《夏雨》,P. O. L. 出版社,1990 年。

《来自中国北方的情人》,伽利玛出版社,1991 年。

《英国情人戏剧版》,伽利玛出版社,“想象丛书”265 号,1991 年。

《扬·安德烈亚·斯泰奈》,P. O. L. 出版社,1992 年。

《写作》,伽利玛出版社,1993 年。

《外面的世界》由克里斯蒂安娜·布洛-拉巴雷尔辑录并作序,P. O. L. 出版社,1993 年。

《这就是一切》,P. O. L. 出版社,1993 年。

《写作的海》(配埃莱娜·邦贝尔吉的摄影作品),玛尔瓦尔出版社,1996 年。

《电视访谈录》(和皮埃尔·杜马耶的对谈),EPEL 出版社,1999 年。

《词语的颜色》(和多米尼克·诺盖的对谈),贝诺瓦·雅各布出版社,2001 年。

《战争笔记和其他文本》,P. O. L. 和 IMEC,2006 年。

合集

《小说、电影、戏剧,1943—1993 年回顾》,伽利玛出版社,1997 年。

《玛格丽特·杜拉斯作品全集》,伽利玛出版社,2011 年、2014 年。

戏剧改编

《阿斯珀恩文件》，麦克·雷格拉夫改编；玛格丽特·杜拉斯和罗贝尔·昂泰尔姆根据亨利·詹姆斯小说合作改编法语版，1961年；收录在《戏剧(三)》，伽利玛出版社，1984年。

《丛林猛兽》，玛格丽特·杜拉斯和热拉尔·雅尔洛根据亨利·詹姆斯小说合作改编，首次改编是在1962年，第二次改编是在1981年，收录在《戏剧(三)》，伽利玛出版社，1984年。

《阿拉巴马的奇迹》，玛格丽特·杜拉斯和热拉尔·雅尔洛根据威廉·吉普森的小说合作改编，1963年。

《死亡的舞蹈》，玛格丽特·杜拉斯根据奥古斯特·斯特林堡的小说改编，1970年；收录在《戏剧(三)》，伽利玛出版社，1984年。

《家》，玛格丽特·杜拉斯根据大卫·斯多瑞的小说改编，伽利玛出版社，1973年。

《海鸥》，玛格丽特·杜拉斯根据契诃夫的小说改编，伽利玛出版社，1985年。

电影作品

《音乐》，合作导演：保尔·色邦，1966年。

《毁灭，她说》，1969年。

《黄太阳》，1971年。

《娜塔莉·格朗热》，1972年。

《恒河女子》，1973年。

《印度之歌》,1975 年。

《巴克斯泰尔,薇拉・巴克斯泰尔》,1976 年。

《在荒凉的加尔各答她名叫威尼斯》,1976 年。

《成天上树的日子》,1976 年。

《卡车》,1977 年。

《黑夜号轮船》,1979 年。

《塞扎蕾》,短片,1979 年。

《否决之手》,短片,1979 年。

《奥蕾莉娅・斯泰奈(墨尔本)》,短片,1979 年。

《奥蕾莉娅・斯泰奈(温哥华)》,短片,1979 年。

《阿嘉塔或无限的阅读》,1981 年。

《大西洋人》,1981 年。

《罗马对话》,中长片,1982 年。

《孩子们》,与让・马斯科洛和让-马克・杜林纳合作,1984 年。

剧本和/或对白

《广岛之恋》,阿兰・雷乃导演,1959 年;文本于 1960 年在伽利玛出版社出版。

《长别离》,亨利・科尔皮导演,与热拉尔・雅尔洛合作编剧,伽利玛出版社,1961 年。

《不稀奇》,米歇尔・米特拉尼导演,与热拉尔・雅尔洛合作编剧,电视剧,ORPT 出品,1964 年 4 月首播。

《黑夜加尔各答》,马兰・卡尔米兹导演,未公映的短片,

1964 年(有 DVD 版,MK2 出版,2003 年)。

《白窗帘》,乔治·弗朗叙导演,并负责剧本和对话,1965 年。

《女窃贼》,让·夏波导演,剧本让·夏波和阿兰·法图编剧,玛格丽特·杜拉斯负责改编和对白,1966 年。

由杜拉斯作品改编的电影

《抵挡太平洋的堤坝》,勒内·克莱芒导演,1958 年。

《琴声如诉》,彼得·布鲁克导演,1960 年。

《夏夜十点半钟》,朱尔斯·达辛导演,1966 年。

《直布罗陀水手》,托尼·理查森导演,1967 年。

《反反复复》,根据《啊! 艾尔奈斯多》改编,让-玛丽·斯托和丹尼尔·于莱导演的短片,1982 年。

《死亡的疾病》,彼得·汉克导演,1985 年。

《情人》,让-雅克·阿诺导演,1992 年。

《昂代斯玛先生的午后》,米歇尔·波尔特导演,2004 年。

《抵挡太平洋的堤坝》,潘礼德导演,2008 年。

《暴风雨》,法布里斯·卡穆安导演,2015 年。

《痛苦》,艾玛纽埃尔·芬基尔导演,2017 年。

以杜拉斯之名

玛格丽特·杜拉斯学会(Société Internationale Marguerite Duras)

1997 年创立,主席是克里斯蒂安娜·布洛-拉巴雷尔,学会的主要任务是组织关于玛格丽特·杜拉斯的国际学术研讨会,和国外的玛格丽特·杜拉斯学会建立联系,筹备并出版学会的年刊。

玛格丽特·杜拉斯协会(Assoiciation Marguerite Duras)

创建于 1997 年,协会总部设在法国洛特-加龙省的小城杜拉斯。每年五六月份,该协会都会在杜克城堡组织"遇见杜拉斯"的活动,以纪念这位女作家。

伯努瓦·雅各布出版社(Benoît Jacob Éditions)

出版社于1999年由杜拉斯的儿子让·马斯科洛创立,主要出版玛格丽特·杜拉斯的作品,并再版了影像批评出版社发行的囊括了杜拉斯很大一部分电影作品的录像带,还出版了让·马斯科洛和让-马克·杜林纳拍摄的影片《圣伯努瓦街小组轶事》(*Autour du groupe de la rue Saint-Benoît*)双碟DVD版。

现代出版档案馆(IMEC)

玛格丽特·杜拉斯在生前就把自己的档案交给了现代出版档案馆收藏,包括大量的手稿、小说、戏剧和电影脚本,它们提供了作家的创作背景,展现了作品创作的源头。

玛格丽特·杜拉斯日(Journées Margurite Duras)

特鲁维尔市在每年10月的第一个周末会举行"玛格丽特·杜拉斯日"的纪念活动,如作品朗读、电影展、研讨会……

玛格丽特·杜拉斯奖(Prix Marguerite Duras)

2009年起设在滨海特鲁维尔市(皮埃尔·贝尔吉-伊夫·圣洛朗基金会),该奖用以鼓励投身于文学、戏剧和电影三个领域的艺术家。

后记

一

终于，我也决心要写一本杜拉斯传。

计划酝酿了很久，也搁置了很久，到最后，最初的热情日渐冷却，蹉跎成一个仿佛不得不兑现的苍白诺言，为了履行一张白纸黑字的契约。

国内外关于杜拉斯的传记，就我知道的，光法国就已经出了十几种，国内已经翻译引进的也有不下六种：《杜拉斯传》《这就是杜拉斯》《杜拉斯传：一个世纪的穿越》，以及图文并茂、更适合当下“轻阅读”口味的《追寻杜拉斯的足迹》《玛格丽特·杜拉斯：真相与传奇》《爱，谎言与写作：杜拉斯影像记》。也已经有李亚凡的《杜拉斯：一位不可模仿的女性》和凌小汐的《我们不能停止不爱：杜拉斯传》……我能有什么新的材料、新的角度、新的发现？在杜拉斯真假莫辨的故事和盘根错节的文本森林里，我能寻找到什么？一次次的，她狡黠地砌筑起文字的重重迷宫，又暗中留下一根甚至多根神话中的阿里阿德涅之线，指引读者一步步深入她的领地，靠近写作半明半暗的内核，在那里，我能看清楚她“内心的影子”吗？能触及她深不可测的绝望和痛苦吗？能观察到客观世界映入她心灵之镜或长或短的反射弧吗？仅凭对她几十年不紧不慢的阅读，一份日久生情的热爱和一丝隐约模糊的责任感吗？

二

1950 年，《抵挡太平洋的堤坝》和龚古尔文学奖失之交臂；1961 年，《长别离》获戛纳电影节金棕榈奖；1964 年，《劳儿之劫》出版，拉康撰文“向玛格丽特·杜拉斯致敬”；1974 年，《印度之歌》获戛纳电影节艺术和实验电影奖；1984 年，《情人》荣膺龚古尔文学奖；1992 年让-雅克·阿诺执导的同名电影海报贴得满世界都是，梁家辉和珍·玛琪演绎的情爱在欲望都市泛滥成灾，小众、先锋的知识分子杜拉斯终于成了一个“通俗作家”……

可以说，杜拉斯在生前就已经完成了对自身传奇的建构，用母亲抵挡太平洋的堤坝，用中国情人欲望泛滥的蓝色格子间，用“不能忍受”的“概念”的印度，用写作的黑色团块，用杀死商业电影的作家电影。传奇的延续、阐释和神化，维系在自觉不自觉的读者对杜拉斯写作的迷狂；小说-戏剧-电影的三重蛊惑，在市场冰冷的逻辑面前施展灵与肉书写的热舞。而死亡会加快时间的筛选，要么被读者淡忘，要么成为一种共同的文学记忆得以流传。杜拉斯有自己的风格，她独特的小音乐有一种咒语般的魔力，那些女人的名字，那些东方的地名，似乎只要一经她叫出口，一切就都中了魔，仿佛睡美人的城堡和森林。用那些“被解构、被挖空、深入骨髓的句子”，从欲望、激情、孤独、绝望中勾勒出一个特殊的领地——杜拉斯的领地。

2006年，杜拉斯辞世十周年之际，我们已然有种强烈的感受：杜拉斯的作品正在被经典化。那一年，《音乐》《痛苦》《广场》《死亡的疾病》《夏雨》《广岛之恋》被再次改编并搬上舞台，巴黎电影影像中心(Forum des images)举办了杜拉斯电影回顾展，法国国家图书馆举办了她的手稿展和系列讲座，冈城(Caen)的法国现代出版档案馆(IMEC)推出“关于爱”的展览，特鲁维尔的黑岩旅店举办一年一度的“杜拉斯日”……与此同时，法国各大报纸杂志也纷纷推出纪念专号或刊登大篇幅的纪念文章，如《欧罗巴》《文学杂志》《读书》《新观察家》《观点》《解放报》《世界报》《费加罗报》等。据最主要的两家出版杜拉斯作品的法国出版社(伽利马出版社和午夜出版社)透露，杜拉斯的大部分作品不仅是畅销书，而且还是长销书。法国《费加罗报》曾对杜拉斯作品在法国的发行做过一个统计：自《平静的生活》(1944)出版以来，杜拉斯的作品单单在伽利马出版社一家就已经累计卖掉了400多万册，每年Folio丛书售出杜拉斯作品的口袋本就有10万册。《广岛之恋》1972年以来已经卖了60万册口袋本，《抵挡太平洋的堤坝》1978年以来已卖出62万册(2005年卖出1.2万册)，《来自中国北方的情人》1991年以来已卖出16万册。在午夜出版社，《琴声如诉》自1958年以来卖了96.7万册，现在每年还保持1.1

万册的销量，《情人》1984 年以来在书店卖了 140 万册，在读书俱乐部卖了 240 万册，现在还保持每年 1.8 万册的销量。随着《杜拉斯作品全集》一二卷于 2011 年、三四卷于 2014 年在“七星文库”出版，杜拉斯已然是端坐文学先贤祠的标准姿态——不朽。

杜拉斯全集法文套装

2014 年杜拉斯百年诞辰之际，国内外各种图书出版、学术研讨、文化交流、电影回顾展、戏剧演出、作品朗诵会更是此起彼伏，热闹非凡，有时甚至是你方还未唱罢我方就已登场。单说国内，从杜拉斯的生日 4 月 4 日那天开始，从北到南，从东到西，报刊媒体掀起了一阵铺天盖地的“杜拉斯风”，《北京青年报》《新京报》《三联生活周刊》《文艺报》《东方早报》《社会科学报》《外滩画报》《东方卫报》《南都周刊》《深圳特区报》做了杜拉斯专题，《经济观察报》《上海壹周》《南京晨报》《晶报》《广州文艺》《长江商报》《重庆日报》《国际先驱导报》《沈阳晚报》《齐鲁周刊》《华西都市报》《华夏时报》等报刊都或严肃或矫情地向法国女作家致了敬，缅了怀，抒了情。从发表文章的标题和内容来看，“情人”和“爱情”无疑是杜拉斯的关键词，加上“欲望”的发酵，给人的第一印象是整个中国文坛都在如痴如狂地爱着杜拉斯那副“备受摧残”的容颜。

三

布封说“风格即人”，认为风格就是作家人格的外化，展现了创作素材在作家思想深处的层次和调度，是作家智商和情商共同作用产生的审美感染力，也是作家的主观因素留在作品中不可磨灭的印记和标志。但不少单纯的读者容易把布封的话简单理解成“作品即人”，把作品和作家、虚构的小说和真实的人生画上等号，尤其是在一个现实和小说一样魔幻甚至更加魔幻的时代。埃莱娜·西苏(Hélène Cixous)在1969年获美第奇奖的小说《内心》(*Dedans*)中写过一段话，很好地诠释了作家和作品之间的关系：“对我而言，写作的故事一如生活的故事，似乎总是首先始于地狱，最初是始于自我(ego)的地狱，始于我们内在的原始而悠远的混沌，始于我们年轻时曾与之搏斗过的黑暗力量，我们也正是从那里长大成人。”

当作家的生活成了创作的底色和素材，当写作变成“充满我生活的唯一的事，它使我的生活无比喜悦”，纸上的生活在不知不觉中渐渐侵蚀甚或替代了真实的生活。尽管文字呈现的“自我”和“作家本人”是有距离的，这也是真实和“神话”的距离，而

纪念杜拉斯百年诞辰法国发行的邮票

杜拉斯最擅长的就是把这种距离模糊化，让它变得暧昧不清。所以杜拉斯说："当我越写，我就越不存在。我不能走出来，我迷失在文字里。"一方面，她越来越习惯用第三人称谈论自己；另一方面，她说："我写作并无目的。我觉得我写就是因为非写不可。我不是有所为而写。我也不为女人写。我写女人是为了写我，写那个贯穿在多少世纪中的我自己。"于是，杜拉斯隐身在自我虚构重重叠叠的文本里，成为作品中的一个个似是而非的"人物"，怀着对文字的信仰，等待"无限的阅读"。

四

爱情是杜拉斯写作和生活的主题，但追根究底，《情人》不只是一个爱情故事，《广岛之恋》《长别离》《琴声如诉》《印度之歌》《黑夜号轮船》……都不是，它们只是用一种连贯、反复的方式展现了中南半岛湄公河畔的玛格丽特如何“生成”纸上的“杜拉斯”的过程，就像在暗房里洗照片，胶卷在黑暗中慢慢发生化学反应，慢慢显影，生活的“负片(底片)”最终变成了黑白或彩色的相片，在时间或记忆的长河中漂浮、泛黄。

所以，我要写的，不仅仅是杜拉斯自身的传奇，剪不断理还乱、才下眉头却上心头的爱恨情仇，也是，或者说更是一个朴素的、关于写作的故事，看她如何用文字构筑起自身的神话，一点点垒起抵挡时间侵蚀的堤坝。

五

今年1月初，书稿写到一半的时候，我去巴黎一个月，参加各种文化活动和学术交流。女性书店&出版社社长安排我住在卡奈特街(rue des Canettes)一栋中世纪的老房子里，离女性书店&出版社、双叟咖啡馆、花神咖啡馆、立普咖啡馆、圣日耳曼德普雷教堂和圣伯努瓦街都只有几步之遥。曾经在很长一段时间，左岸这个“最文艺”的街区就是杜拉斯生活、写作、介入政治的地方，走在路上，我甚至可以想象她20世纪五六十年代坐在街头露天咖啡座的样子：短发，左手食指和中指夹着一根香烟，右手端着一杯波尔多红葡萄酒，闭着眼，仿佛看到了过去和未来。

记忆之场。也是遗忘之场。1977年，杜拉斯在和米歇尔·波尔特谈论《卡车》这部电影时说：“生活中百分之九十的事是要被人遗忘的，不然人会发疯，人会死亡，如果这些经历过的时间

杜拉斯在露天咖啡座，1955 年

都留在记忆中，人会死亡，这是不可忍受的……人们总说遗忘是一种遗憾，但是幸而存在遗忘，若一切痛苦、情欲、欢乐全都可以回忆起来，瞬间就会苍白无力，破坏殆尽，也就不会存在了……遗忘，这是真正的记忆……生活、作品、遗忘、记忆，对一切我只相信那种生理解释，我相信这一切都乱得很有道理。”

我很喜欢她的“一切都乱得很有道理”这个说法，尽管这种“听之任之”的态度在我写关于她的传记的时候并不可取，也不能让我用它为自己一再的惰怠和拖沓开脱。我必须让自己沉在一堆堆故纸堆里，努力去复原记忆，甚至还有遗忘。“消失的记忆需要花很长时间才会重新浮现。这些记忆的蛛丝马迹残留在本子上，不知道本子藏在哪里、由谁来看管、那些看管本子的人是不是愿意拿给你看。或许他们忘记了这些本子的存在，如此而已。”帕特里克·莫迪亚诺在《多拉·布吕代》中这样写道。但复原并非完全没有可能，莫迪亚诺认为那“需要一点点耐心”，要尽可能去找到那些本子，找到那些残留记忆的蛛丝马迹。

六

24 号除夕那天，我和另外两位中国厨娘一起，在巴黎近郊一个艺术家的公寓里准备年夜饭，约好了和六位法国老朋友一起过年。炸春卷的炸春卷，烧鱼的烧鱼，炖肉的炖肉，炒菜的炒菜……红色喜庆的餐巾纸搭配着高高低低的玻璃酒杯，热闹的人间烟火。快乐是真实的，但挥之不去的隐隐的烦忧也是真实的，大家都已经从新闻和各种社交网络平台上得知了新型冠状病毒肺炎(COVID-19)，看不见摸不着却同样真实的存在。大家都宽慰几天后就要回国的我，说很快一切都会好起来的，中国有经验，“非典”和禽流感不都扛过来了吗？

离开巴黎的前一天，我去了住所附近的两家药店，所有口罩都已售罄，店员抱歉地说不知道什么时候能补货，圣日耳曼德普雷区的所有药店应该都是同样的情况，让我不用再跑了。我庆幸自己在武汉宣布封城的当天就在 15 区的一家药店买了 10 个 FFP2 口罩备着。沉睡的记忆被唤醒了，2003 年国内发生“非典”的时候，我也在巴黎，那是我在法国注册读博的第二年，4 月初回国前，也是各种让人慌乱的消息不断传来传去，“法国老妈”特意给我准备了一大包口罩，叮嘱我回国后自己留一半，还有一半捎给她外派在马鞍山工厂上班的丈夫。

又一次，栖栖惶惶地去机场。尤其是这次来接我的网约车华人司机一路上咳嗽了好几次。为了避开早高峰，我们很早就出发了，天还是黑的。穿过的巴黎一条条冷清的街道，昏暗而潮湿，有一种在莫迪亚诺的小说中穿行的感觉，只是我很清楚，这一切都不是虚构。

机场上只要是亚洲面孔，几乎清一色都戴了口罩，大家都憋着嗓子小声说话，实在忍不住要咳嗽，也是克制的，眼神中闪现出一丝歉意和慌张。漫长的等待，漫长的飞行。飞机上的位置还比较空，从巴黎到广州转机再飞回南京，我始终一个人坐一排，全程戴着口罩，闷得有些昏昏沉沉。

七

老曾开车来机场接我回家，一路上车辆比平时少了许多，开到市区也难得见到几个行人。回到家，洗过澡、收拾完行李、吃过东西后，我的一颗心终于放下来了。平时几乎不买菜不烧饭的老曾已经屯了一阳台的菜，一冰箱的肉、蛋和海鲜，进门的柜子上整齐地摆着几包口罩、酒精、免洗洗手液，还有两大包板蓝根。他说爸妈家吃的用的也屯好了，现在全南京的人都宅在家里，尽量闭门不出。

我本来就“宅”，平时多半也是在家弄弄花草，烧菜煮饭，翻译、写作、备课、改作业，刷刷新闻和微信朋友圈。武汉和湖北的形势越来越严峻，南京也开始有几例确诊和疑似病例。老曾去仙林和园家里给我搬来一大摞杜拉斯的书，我准备静下心来继续写我一拖再拖的传记，但心绪很难完全静下来，一看新闻就有起伏，心里堵得慌。我的书写得很慢，我的灵感似乎也停摆了。

2 月 4 日，南京开始实行小区封闭管理，每次老曾去超市购物或去父母家看望二老我都有些隐隐的担心。时间的概念淡化了,模糊了,不看手机便不知道是几号,也不知道是星期几。朋友圈已经有人开始写封城日记,也有人开始重读《鼠疫》《禁闭》《屋顶上的轻骑兵》《霍乱时代的爱情》。德勒兹说:“文学是向着不完美或未完成的方向运动的……写作是一个关于生成的问题,它总是未完成的,总是处于形成之中,超越了任何可经历的和已经经历过的体验之内容。它是一个过程,即一个穿越了可经历的和已经经历过的生活的生命过程。”其实阅读也一样,也是未完成的,也在不断地生成,也是一个(重复)穿越他人的或自己可经历和已经历过的(差异)生活的生命过程。

和好莱坞灾难片一样荒诞的现实,冷清的春节,空无一人的街巷,都因为一种长得像极了水团花的病毒。

八

在城里宅了两周后,老曾开车和我一起搬回了仙林住。我得回我的书房写杜拉斯,我需要的不是一摞,而是我收集了二十多年满满一书橱和杜拉斯有关的书和资料,而且我也想念我一露台的花花草草。小区已经封了好几个门,只留了一个西门供车辆和行人出入,刷卡、测体温,门卫和保安一丝不苟。

很快,“云”上的日子开始了,学校开始各种网上授课和线上论文指导,寂寞的人开始“云拥抱”,无聊的人开始“云聚会”,热爱工作的人开始“云办公”……我开始“云购物”,像松鼠一样屯一堆吃的,再像松鼠一样咔嚓咔嚓啃一堆吃的。

虽然效率还是不高，但从早到晚在家还是可以做不少事情，多半是每天重复的事情，一日三餐，给花草浇水修剪枝叶（除非下雨），打开扫地机器人拖地，看书、写作、翻译、改作业、备课……我们用各自的方式在适应“禁足”的生活。因为新型冠状病毒的蔓延，全球越来越多的人开始“禁足”，确诊病例已经突破一百万。一天早晨听到警报声，全国哀悼，4 月是残忍的……

在希腊神话中，诸神判罚西西弗，令他把一块岩石不断推上山顶，而石头因自身重量又一次次滚下山脚。诸神认为再也没有比进行这种徒劳无望的劳动更可怕的惩罚了。但加缪却说，攀登山顶的奋斗本身就足以使一个人心里感到充实。应该想象西西弗是幸福的。因为那岩石的每个细粒，那黑暗笼罩的大山每道矿物的光芒，都成了他一人世界的组成部分，世界荒凉，却并非微不足道，这是他对生活充满激情、对大地无限热爱所必须付出的代价。坦然接受命运就是西西弗的抵抗。

我们也是幸福的，因为我们也对生活充满激情，对大地无限热爱，这也是我们每一个人日复一日的抵抗。

黄荭

2020 年 4 月于南大和园